本丛书受南京大学人文研究基金资助。特此感谢！

中国经济抗战研究
（1931—1945）

马俊亚　主编

抗战时期
贵州山地农业开发研究

许峰　著

中国社会科学出版社

图书在版编目(CIP)数据

抗战时期贵州山地农业开发研究/许峰著.—北京：中国社会科学出版社，2024.6

（中国经济抗战研究：1931—1945）

ISBN 978-7-5227-2973-2

Ⅰ.①抗… Ⅱ.①许… Ⅲ.①山区农业—农业开发—研究—贵州—1931-1945 Ⅳ.①F327.73

中国国家版本馆 CIP 数据核字（2024）第 034386 号

出 版 人	赵剑英
责任编辑	刘 芳
责任校对	李 敏
责任印制	李寡寡

出　　版	中国社会科学出版社
社　　址	北京鼓楼西大街甲 158 号
邮　　编	100720
网　　址	http://www.csspw.cn
发 行 部	010-84083685
门 市 部	010-84029450
经　　销	新华书店及其他书店

印　　刷	北京明恒达印务有限公司
装　　订	廊坊市广阳区广增装订厂
版　　次	2024 年 6 月第 1 版
印　　次	2024 年 6 月第 1 次印刷

开　　本	710×1000　1/16
印　　张	18.25
插　　页	2
字　　数	268 千字
定　　价	98.00 元

凡购买中国社会科学出版社图书，如有质量问题请与本社营销中心联系调换
电话：010-84083683
版权所有　侵权必究

总　　序

　　2015年前后，教育部人文社会科学重点研究基地南京大学中华民国史中心确立了"亚太抗战与民族复兴"为"十三五"重大项目总体规划的主攻方向。中国学界公认，1931年到1945年的15年间，日本侵略造成中国伤亡3500多万人员，直接经济损失约1000亿美元，间接经济损失约5000亿美元。基于这一历史事实，本课题"中国经济抗战研究"被列为五个子课题之一。因此，本课题的设计是南京大学中华民国史中心集体智慧的结晶。2017年，本课题获得立项，成为教育部人文社会科学重点研究基地重大项目（项目批准号：17JJD770009）。本丛书即这一课题的最终成果。

　　1931年9月18日，日本侵略者开启对中国东北的侵略，1937年开始全面侵华。从抗战开始迄今，中国抗战的研究成果斐然，但对这场战争的许多经济问题仍有进一步深入探究的必要。

　　日本无疑是亚洲在工业、军事方面（"器物"层面）近代化最成功的国家，加之武士道传统，使得近代日本军人的地位急剧提高。与此同时，日本没有进行与"器物"层面相对应的精神层面的近代化，日本各阶层，尤其是底层民众没有真正吸收近代启蒙以来的人文意识、人道思想以及核心的文明价值；没有确立国家的发展在于提高本国民众的福祉，进而惠及全人类的宗旨。

　　"器物"层面的畸形近代化极大地增强了日本国家的战争力量，但并没有升华整个日本民族的精神境界，反而拉低了其民族认知，兽化了其民族性格。20世纪二三十年代，面对畸形发展的军人势力、社会极端狂热分子和媒体的片面煽动，日本并没有采取行之有效的程序化体制和厚实的理性力量加以制约，少数理性政治家和知识分子被污名化为全民公敌，愚昧无知、投机欺诈被视为真诚爱国，全社会处于民族主义偏执狂状态。

近代日本上下把岛国忧患意识演化为野蛮时代的丛林思维，把国家间的经济竞争等同于动物界的弱肉强食，时时以战争思维来解决中日之间的分歧。

对于不同的国家而言，军事力量永远是参差不齐、强弱不一的。那些抱着"弱则挨打，强则打人"的观念者，是全人类之公敌，与现代文明谬以千里。当少数野心政客和无良知识分子灌输战争思维和启动不义战争时，一个最基本的常识就是：本国所有民众都成为被这帮伤天害理之徒所绑架的人质。可惜的是，严重缺乏常识的民众往往视这类伤天害理之徒为英雄或圣徒。

日本侵略战争无疑是痛深创巨的历史教训，是日本民族的巨大悲剧，也是其他亚洲国家应该引以为戒的。

日军侵占中国土地后，从工业、农业、矿业、牧业、渔业、金融、贸易、税收、交通、通信等多方面进行掠夺和破坏，以壮大自己的经济势力，打击中国的抗战力量。中国沿海企业大多被破坏和劫占，少数中国内迁企业蒙受巨大的损失。战争的迫切性使这些民生企业不得不服从战时需要，改变企业的社会和自然属性，承担更大、更多的义务和成本。最终结果只能是中国民众接受物资短缺的困难和质次价昂的各类工业品，国家的综合实力无形地消散，人民生活水平一落千丈。日军占据农村后，大肆烧杀、强征夫役、大量捕杀耕畜、破坏农具，造成农业耕作失时，许多县份主要农产品产量不及战前半数。农村副业经济，包括蚕业、林业、棉业、渔业和手工业等均惨遭破坏。这场侵略战争打断了中国不少农村地区的现代化进程，阻断了刚刚起步的乡村改良建设和社会发展。

抗战期间，中国人民的经济牺牲仅从通货膨胀方面可管窥一斑。诚然，抗战时期的通货膨胀与国民政府屡被诟病的执政能力有相当的关系，但主要是日军的劫掠、破坏以及战争本身的巨大消耗所致。1937年6月，南京国民政府在保有关内绝大部分国土和完整的经济体系的条件下，法币的发行额140720.2万元；1945年8月，在重庆国民政府仅保有西南一隅、经济体系残破不堪的情况下，法币发行达55691000万元。后者是前者的396倍，这就难怪中国民众手中的纸币以惊人速度贬值。极其严重的通货膨胀为全民抗战作了一个非常具体的注脚。可以说，抗战期间法币蒸发的价值，可视为被中国政府筹征用于抗战的全民奉献。那个时代的任何一个使用过法币的中国人、任何一个使用过法币的中国家庭，均为抗战做出过伟大的牺牲，为这个国家承受过巨大的重负。而这个牺牲和重负都是日本侵略所强加的。

历来好战分子不敢告诉本国民众的一个最基本而又铁一般的事实，就是一场现代战争的财政耗费，以及这些耗费的主要部分是由本国民众分担的；更不敢去计量本国民众分担这些耗费对其生活水平的影响。好战分子只会以一次次所谓的胜利，甚至是虚假的胜利来刺激民众的盲从心理，营造愚昧的狂欢。

即便日军在全面侵华战争初期取得了巨大的军事胜利，但在前33个月最具军事优势的时期，月均损失战机26架；在1940年前11个月中，月均被击沉战舰（艇）19艘。日本全面侵华三年花费的军费达230亿日元，超过甲午战争和日俄战争总和的10多倍。到1941年3月底，日本预计发行赤字公债310亿日元。而1939年日本全部国民所得仅为210亿日元，该年公债总额达215亿日元。太平洋战争爆发后，1941年12月7日到1944年10月24日，日军在太平洋战场确证被击沉的战舰560艘，可能被击沉245艘，被击伤450艘；非战斗船舰被击沉1310艘，可能被击沉340艘，击伤1280艘。日军飞机被击毁5575架，可能被击毁787架。巨额的军费开销造成日本通货膨胀，使日本百姓与中国民众同样承受沉重的负担。

研究中国的经济抗战是理解抗日战争史非常重要的一环，也可以对中国人民在抗战中所遭受的牺牲进行更准确的量化。

在本课题研究过程中，王荣华和许峰任劳任怨地承担了组织、协调等各式各样的烦琐工作，课题的完成和出版凝聚了他们两位的心血。

季静、王福华、张天政均是在已承担繁重的科研和教学任务的情况下，不辞辛劳地投入本课题的研究中。

　　刘芳编辑很早就关注本课题的研究，从多方面提供了极大的帮助；对本丛书的出版，更是付出了莫大的辛劳。

　　我的首届博士生王春林虽然现在承担着指导博士生的重任，仍然为本课题的完成花费了无数的时间和精力。

　　不过，由于资料分散，时间紧迫，许多问题没有充分展开论述。而且多方原因导致集体讨论次数较少，各子课题之间的有机关联也较弱。总之，竭诚欢迎方家提出批评意见，以助我们完善和改进。

马俊亚

目 录

绪 论 …………………………………………………………（1）

第一章 抗战时期贵州山地农业开发的背景分析 ………（28）
  第一节 贵州的山地自然条件 ………………………（28）
  第二节 明代以来贵州农业发展概况 ………………（31）
  第三节 抗战军兴与贵州山地农业开发 ……………（34）

第二章 健全农事机构，开展农业调查 …………………（39）
  第一节 贵州省农业改进所的成立 …………………（39）
  第二节 县农业推广所的设置 ………………………（60）
  第三节 其他农事机构的设立 ………………………（77）
  第四节 开展农业调查 ………………………………（88）

第三章 引进现代农技，提高农产质量 …………………（94）
  第一节 粮食作物的育种试验
    ——以水稻、小麦为例 ……………………（94）
  第二节 经济作物的育种试验
    ——以烟草、棉花为例 ……………………（102）
  第三节 病虫害防治试验 ……………………………（106）

第四章 加强农业推广，促进技术下乡 ………………………… (112)
- 第一节 推广人员的训练与任用 ……………………………… (113)
- 第二节 农业推广的主要方式 ………………………………… (121)
- 第三节 "技术下乡"的宏观观察
  ——以小麦推广为例 …………………………………… (139)
- 第四节 "技术下乡"的微观观察
  ——基层推广员眼中的推广现场 ……………………… (142)

第五章 开发土地资源，提高利用价值 ………………………… (154)
- 第一节 推广冬耕 ……………………………………………… (154)
- 第二节 号召垦荒 ……………………………………………… (159)
- 第三节 乡镇造产 ……………………………………………… (165)
- 第四节 减糯增籼 ……………………………………………… (170)

第六章 兴修农田水利，开发水利资源 ………………………… (174)
- 第一节 贵州自然灾害的特殊性 ……………………………… (174)
- 第二节 战时贵州农田水利事业概述 ………………………… (176)
- 第三节 战时贵州农业水利工程的兴修 ……………………… (178)

第七章 力促农贷事业，激活农村金融 ………………………… (192)
- 第一节 战时贵州农村金融网的建立 ………………………… (192)
- 第二节 贵州省农村合作金融与农业开发 …………………… (196)
- 第三节 战时农村合作金融的衰落 …………………………… (206)

第八章 抗战时期贵州山地农业开发的绩效与不足 …………… (211)
- 第一节 抗战时期贵州山地农业开发的绩效评估 …………… (211)
- 第二节 抗战时期贵州山地农业开发的不足之处 …………… (220)

结束语 ……………………………………………………………… (226)

参考文献 …………………………………………（228）

附　录 ……………………………………………（234）

后　记 ……………………………………………（279）

绪　　论

一　研究缘起与旨趣

言及贵州，一幅贫穷落后的欠开发图景便十分自然地在人们的头脑中展开，自古迄今，概莫能外。贵州人往往也以"三言两语"（"天无三日晴、地无三里平、人无三分银""夜郎自大、黔驴技穷"）自嘲，或曰"贵州贫瘠甲天下"[①]。明代以前，今贵州省域分属川、滇、湘、桂，直至明永乐年间建省，贵州才以王朝的一个行省的身份出现。但是作为通往西南边陲的必经之地，贵州的战略地位却不可小觑。只因其自然条件恶劣，又非沿海或边疆之地，历代王朝只求贵州社会之安定，忽视其发展。贵州之落后与被忽视，互为因果，恶性循环，欠开发便在情理之中。晚清以降，贵州接受欧风美雨的洗礼虽然比东部省份迟了好几拍，但终究迎来了向外看和走出去的契机，贵州的近代化进程得以启动。无奈政局不宁，军阀混战，严重影响了贵州的发展。抗战军兴，国土沦丧，西南一隅成为守土抗战之大后方，贵州的地位陡升，工厂、企业、学校、人才等纷纷西迁，部分落户贵州，贵州遂迎来了一个短暂但很宝贵的快速发展时期。

贵州的学术资源也是一处待开发的宝藏。近年来，民族学、民俗学、人类学、历史学、社会学等领域的学者将视野扩及贵州民族地区，在原始资料搜集整理、田野调查的基础上出版了一批含金量较高

[①] 刘千俊：《西南边陬中心的贵州》，《边疆半月刊》1937年第2卷第6期。

的学术成果。在史学领域，本土学者也将视角从政治事件研究转向经济、文化、社会等研究，试图理清贵州经济社会发展脉络、分析贵州发展落后的深层次原因、探求贵州"脱贫致富"之路。抗战时期贵州的飞速发展虽因战事而致，其发展模式具有不可复制性，但高速发展的经验却值得借鉴。这正是笔者选择这一时段的贵州作为研究对象的旨趣所在。对抗战时期贵州的研究，学界在工业、文化、教育等方面作了较为深入细致的探讨，这些方面的巨大成就也确实值得认真研究，能为今日贵州工业、文化、教育之发展提供经验借鉴。遗憾的是，无论是本土学者还是域外学者，均忽视了对贵州农业开发的深入研究。在笔者看来，贵州农业发展有其自身的规律和特点，尤其是抗战时期的农业开发可圈可点之处颇多。这一时期的农业发展成就不仅在于养活了多少人和为抗战提供了多少物资，更在于对贵州广大地区的开发、对农民落后观念的改变、对农村建设等所产生的积极作用和深远影响。

就研究的技术层面而言，则基于如下考量。一是贵州地势高、山地多，不利于大规模的作物种植；但是崎岖不平的地理条件加上适中的纬度和适量的光照，却有利于特色作物的生长，如茶叶、马铃薯等。二是贵州一直处于开发滞后状态，但大量待开发的地区潜力巨大。三是贵州土地并不肥沃，农业产量较低，农民素质不高，亟须国家介入，用现代科技来发展农业、武装民众头脑。这些相反相成的因素决定了贵州的农业开发一开始就有其不同于中原地区和东部地区的独特之处。这也就构成了以贵州作为个案研究的学术价值所在。

二 研究现状述评

（一）中国近代农业史整体研究

中国近代农业史的整体研究以20世纪80年代出版的一批教材为代表，如詹玉荣编著《中国近代农业经济史》[①]，郑庆平、岳深编著

[①] 詹玉荣编著：《中国近代农业经济史》，北京农业大学出版社1987年版。

《中国近代农业经济史概论》①,桑润生编著《中国近代农业经济史》②,沈元瀚《简明中国近代农业经济史》③等。这些著作大致的研究思路是,近代中国农业经济如何由封建的农业经济转变为半殖民地半封建农业经济及其发展、演变和最后的崩溃。研究的主要内容包括:第一,近代中国封建地主土地占有制度和封建剥削制度的发展变化过程;第二,近代中国农村经济结构的变化,农业资本主义经济的发展以及农村商品经济发展的性质和特点;第三,近代帝国主义对中国农业经济的掠夺及其影响;第四,新民主主义的农业经济的发展壮大最后战胜并取代半殖民地半封建农业经济的过程。

值得一提的是,80年代末,郭文韬、曹隆恭就从科学技术史的角度编著了《中国近代农业科技史》一书,对近代的耕作栽培、选种育种、土壤肥料、病虫防治、农田水利、农业机具、园艺、畜牧、兽医、蚕桑、渔业、农业机构、农业教育和农业推广等做了较为详细的论述。④

21世纪以来,对中国近代农业史做整体研究的有:王红谊等所编著《中国近代农业改进史略》,内容包括农业机关、团体的设置沿革;农业教育的兴起与发展;粮食作物品种改良;园艺事业的改进;农田水利建设;农业推广事业的发展等。⑤

美国学者珀金斯所著《中国农业的发展(1368—1968年)》从长时段探讨中国农业发展问题,其中心论旨,是探讨明代以来中国传统农业发展的状况、原因和历史前景。作者认为,在这六百年中,中国农业曾有很大的发展。扩大耕地与提高亩产量,是中国农业发展的两个主要途径,但是后者的意义更为重大。在这个时期,中国的农业技术几近于停滞,而土地制度、租佃关系以及商品交换等较前也未有多大改变。但是,在这种情况下,粮食亩产量仍能不断地提高,作者认

---

① 郑庆平、岳深编著:《中国近代农业经济史概论》,中国人民大学出版社1987年版。
② 桑润生编著:《中国近代农业经济史》,农业出版社1986年版。
③ 沈元瀚:《简明中国近代农业经济史》,西南财经大学出版社1987年版。
④ 郭文韬、曹隆恭主编:《中国近代农业科技史》,中国农业科技出版社1989年版。
⑤ 王红谊等编著:《中国近代农业改进史略》,中国农业科技出版社2001年版。

为主要的原因是农民不断地增加了投入单位面积土地的劳动与资本。而增加投入单位面积土地的劳动与资本，又有赖于劳动力的增长。因此，人口的增长从而劳动力的增长，是六百年来中国传统农业发展的主要原因。而中国农业发展的前景，则必然是借助现代农业技术。①

（二）农业改良与农业科技

汪巧红和张俊华分别研究了晚清新政时期和民国北京政府时期的农业改良。汪文认为清末十年官方和民间都积极参与了农业改良，取得了一定的成绩，但由于多方因素的制约，并不能解决农业发展的终极问题。值得指出的是，该文从植树造林、成立改良农业的组织、创办学堂和农业试验场三个方面论述了民间如何参与农业改良。② 张文从政府的角度研究了农业改良。北京政府在中国近代农业危机日益严重和实业救国的热潮下，实行了一系列有利于农业发展的政策和措施，形成了从中央到地方较为完备的农业机构体系。社会民众纷纷做出积极的回应，农业科技得以逐渐推广。③

从区域来看，山东、山西、西北等已有了一定的研究成果，如庄维民对山东的研究④，杨常伟对山西的研究⑤，尹洁对西北的研究⑥。庄维民认为，近代山东，农事试验场是开展农业科学试验和推动农业改良的主体。各主要试验农场大都配置了近代新式科学试验仪器和设备，有专门的试验场地和固定的经费、人员编制，并有常年试验研究课题。因此，试验农场的建立与发展，标志着近代意义上的农业科学

---

① ［美］德·希·珀金斯：《中国农业的发展（1368—1968年）》，宋海文等译，上海译文出版社1984年版。
② 汪巧红：《晚清新政时期的农业改良》，硕士学位论文，华中师范大学，2004年。
③ 张俊华：《民国北京政府的农业改良》，硕士学位论文，华中师范大学，2007年。
④ 庄维民：《近代山东农业科学试验改良的兴起与发展》，《中国农史》1991年第2期；庄维民：《近代山东农业科技的推广及其评价》，《近代史研究》1993年第2期。
⑤ 杨常伟：《近代山西农业科技的发展及其社会影响》，硕士学位论文，山西大学，2006年。
⑥ 尹洁：《西北近代农业科学技术发展研究》，博士学位论文，西北农林科技大学，2003年。

试验的发端。试验内容分为栽培技术试验与良种培育试验,其中尤以后者成效突出。培育成功的农作物良种,产量比普通品种有大幅度提高,推广后,成为山东各地广为种植的作物良种,从而在一定程度上促进了农业商品生产的发展。在考察农业科技推广的内容和方法后,庄总结出四个特点:良种推广在整个农业推广中有突出意义,经济作物推广远大于粮食作物,自耕农是农业推广的基本对象和主要受益者,农业推广与农业合作相辅而行。庄维民对近代山东农业科技推广的研究表明,农业推广机构、农业科技试验在农业开发中发挥了重要作用,农业推广与农业合作具有相辅相成的关系。[①] 史新星、朱宏斌研究了近代农业科学试验在西北地区的引进与技术推广后认为,近代随着西方农业科技的引进和推广,农业试验机构开始逐步建立和发展起来,其中在西北地区,既有主要从事改进棉花与小麦等农作物品种的西北农事试验场、斗口农业试验站等机构,也有以畜牧业为主的西北畜牧改良场、山丹军牧场等试验单位。此外,以西北农学院为代表的培养农业专门人才的教育机构也在诸多领域进行了农业试验和技术推广。近代农业试验在中国西北的兴起和发展,对改变当时这一地区落后的农业生产面貌起到了关键性作用。[②]

以作物新品种的引进、培育为对象的研究有:桑润生对近代江南地区水稻选、育工作的研究[③],庄维民对近代山东农作物新品种的引进及其影响的研究[④],徐丙奇、王志军对民国时期华北小麦生产的研究。[⑤] 如庄文重点分析了两个问题。一是新品种引进的原因与条件:起因于工业化和市场经济发展的需要,中央和地方政府推行的农业政

[①] 庄维民:《近代山东农业科学试验改良的兴起与发展》,《中国农史》1991年第2期;庄维民:《近代山东农业科技的推广及其评价》,《近代史研究》1993年第2期。

[②] 史新星、朱宏斌:《近代农业科学试验在西北地区的引进与技术推广》,《农业考古》2017年第4期。

[③] 桑润生:《近代江南地区水稻选、育工作概况》,《中国农史》1989年第3期。

[④] 庄维民:《近代山东农作物新品种的引进及其影响》,《近代史研究》1996年第2期。

[⑤] 徐丙奇:《论民国时期华北小麦生产的发展》,《古今农业》2008年第2期。

策和改良措施保证了农业推广的连续性和有效性。二是新品种引进对近代农业经济的影响：促进了农业集约经营的发展、形成了专业化的集中产区、推动了农业商品化进程。① 夏如兵认为，近代水稻品种改良对中国近代经济与社会发展产生了重要影响，表现在良种在水稻产区的推广增加了水稻单产和总产，改善了品质，提高了农民的经济效益，对水稻种植制度和分布区域产生了一定影响。良种推广推动了区域农业开发，特别是抗日战争期间后方各省的农业开发。近代的水稻品种改良对现代水稻育种科技和水稻生产的发展产生了深远的影响。近代各农业院校和科研机构培养出一批水稻育种人才，成为新中国成立后水稻育种的中坚力量。②

蒋国宏《民国时期绅士的嬗变与农业科技改良的困境》独辟蹊径，从绅士与农业改良的角度分析。由于绅士拥有较强的号召力与影响力，具备变革意识和领导能力，因而是农业科技改良可能的示范者和理想的领导人，个别绅士也确实曾在肇始于晚清的农业科技改良中发挥过积极的作用。但总体而言，民国时期绅士的城居和劣化使农业科技改良缺乏必要的资金、人力资源和稳定的社会环境，不利于农业科技改良的推进，也使动员和组织实施改良的重任别无选择地落到了各级政府及其官员的身上。③

沈志忠《近代中美农业科技交流与合作研究》从农业科技史的角度分析近代以来尤其是20世纪以来，中美农业科技交流与合作的背景、发展脉络、主要内容（如作物改良与推广、农机具、土壤肥料、病虫害防治、园艺、林业以及畜牧兽医等）等。④ 张瑞胜、R. 道格拉斯·赫特则从中美技术合作的视角研究了1925—1931年的中国作物改良计划。1925年，金陵大学邀请康奈尔大学的洛夫教授来中国

---

① 王志军：《近代山东农作物新品种的引进及其影响》，《近代史研究》1996年第2期。
② 夏如兵：《中国近代水稻品种改良的作用与影响》，《中国农史》2010年第2期。
③ 蒋国宏：《民国时期绅士的嬗变与农业科技改良的困境》，《南通大学学报》（社会科学版）2007年第4期。
④ 沈志忠：《近代中美农业科技交流与合作研究》，博士学位论文，南京农业大学，2004年。

订立了一项五年期的作物改良合作计划。至1931年，康大的洛夫、马雅斯、韦根斯三位作物育种学教授共计来南京六次合作实施这项作物改良计划。计划中金大与康大作物育种人员协力合作，选育了包括小麦、大麦、高粱、玉米和棉花等大量高产抗病的作物品种，推广应用，赈灾济民。同时，合作计划也训练了一批专业的作物育种和推广人员，以继续推进中国的农学事业现代化。作为近代历史上中美首次系统性的作物育种合作项目，该计划为中国农业第一次带来了先进的科研、教育、推广三结合的科技合作模式，在推动中国农业近代化历程中，其成功意义和国际影响值得高度关注。①

郭建新、惠富平研究了《中华农学会报》对农业科技传播的贡献，认为，作为民国时期办刊时间最长和最具有代表性的农业科技期刊，《中华农学会报》在中国传统农学向现代农学转型的过程中发挥了媒介引领作用。它是西方先进农业科技引进的重要桥梁及对外介绍中国农业的窗口，为农业科技工作者提供知识营养，且为其科研创新及学术成长创造了条件，介绍了农业新品种和实用技术，推销了农用物资及农业书刊，有利于现代农业科技的普及推广。②

夏如兵、由毅研究了著名实业家穆藕初与中国近代植棉业改良，认为，晚清时期的棉作改良存在技术与资金、市场分离的问题，棉产改良收效甚微。反思此前植棉业改良失败的原因，穆藕初提出"振兴农业，非财不可，且非才不办"的农产改良理念，在植棉业改良工作中形成了鲜明的特点，即注重农学界与企业界的耦合，以确保科技与资金、市场的配合。通过创办穆氏植棉试验场和穆公正花行、组织中华植棉改良社、主持华商纱厂联合会植棉委员会，穆藕初将这一理念贯穿于植棉业改良实践的始终。③

---

① 张瑞胜、[美]R.道格拉斯·赫特：《中美技术合作视角下的中国作物改良计划（1925—1931）》，《自然辩证法通讯》2019年第3期。
② 郭建新、惠富平：《〈中华农学会报〉与近代农业科技传播》，《西北农林科技大学学报》（社会科学版）2022年第2期。
③ 夏如兵、由毅：《科学与企业的耦合：穆藕初与中国近代植棉业改良》，《中国农史》2021年第3期。

(三) 农业推广与开发

王荣辉、李俊合著的《近代中国农业推广研究：1912—1937》对民国前中期农业推广的缘起、农业推广组织、农业推广与农业调查人员的修养、农业推广计划、农业推广方法、农业推广的运作、模范农业推广区等做了深入研究。①

以下几篇文章从国民政府的角度分析了农业推广的政策和措施：郭从杰、陈雷《抗战前南京国民政府的农业推广政策》②，蒋超群《国民政府三十年代西北开发中的垦殖业》③，王一丁《抗战前国民政府西北开发研究》④，慈鸿飞《1912—1949年西北地区农业资源开发》⑤。王一丁分析认为，抗战前的西北建设，南京国民政府采取了"三步走"的策略：第一步先进行大规模、全方位的调查研究，采取政府调查和社会调查相结合的方法，调查西北的地理、环境、气候、经济、政治、民族、人文风俗等。第二步是在此基础上，制订一系列相关的开发计划，这些计划涉及西北农业、工业、交通、水利等各个方面，而且每个计划都有紧密的安排和资金预算，体现了这些计划具有较高的科学性和系统性。第三步是根据当时国家的实际情况，有选择性地启动一些西北地区当时所急需的建设。在1932—1937年这六年内，西北经济社会，尤其是农业和交通业取得了较大发展。⑥慈鸿飞认为近代西部开发并非只限于农地垦殖，还包括水利开发和林业开发。⑦

---

① 王荣辉、李俊：《近代中国农业推广研究：1912—1937》，四川大学出版社2018年版。
② 郭从杰、陈雷：《抗战前南京国民政府的农业推广政策》，《历史档案》2008年第1期。
③ 蒋超群：《国民政府三十年代西北开发中的垦殖业》，《青海社会科学》2003年第1期。
④ 王一丁：《抗战前国民政府西北开发研究》，硕士学位论文，华中师范大学，2003年。
⑤ 慈鸿飞：《1912—1949年西北地区农业资源开发》，《中国经济史研究》2004年第2期。
⑥ 王一丁：《抗战前国民政府西北开发研究》，硕士学位论文，华中师范大学，2003年。
⑦ 慈鸿飞：《1912—1949年西北地区农业资源开发》，《中国经济史研究》2004年第2期。

严奇岩特别研究了近代四川山货开发问题，阐述了近代四川山货产地、市场分布等概况。文章分析了近代四川山货开发存在的主要问题是商品率低下，其原因在于主、客观等消极因素的影响。他认为近代四川的经济是山货经济，山货在四川经济中占重要地位。山货的开发阶段与农业结构变化过程相适应，也与农民生活的变迁相关联。[①]

陈明研究了近代花生的引种及其商品化问题。他认为，花生的商品化生产是近代中国农业商品化的重要标志之一。随着美种大花生的引种与规模推广，花生逐渐发展成以市场为导向的经济作物，效益显著。从商品化的主要指标来看，花生生产的专业化和区域化程度与其商品量、商品率、流通范围均呈正向关系。近代花生商品化生产的孕育形成和发展过程，与当时口岸贸易的发展、工业化的进程、交通条件的改善、生活方式的转型、农民生存的需求等因素交叉互动，构成了花生由普通生产错综演进为商品生产的连续场景。[②]

台湾方面，沈松侨《经济作物与近代河南农村经济（1906—1937）——以棉花与烟草为中心》的研究表明，近代河南经济作物的栽培发展较快，在相当程度内大幅改变了河南农村的传统面貌，然而，河南近代的经济作物的栽培，本质上却是与其农业经营的内卷化互为表里，息息相关。一方面，内卷化下小农生产中的过剩劳动力为经济作物的种植提供了不可或缺的劳动力来源；而反过来，经济作物却又加深了农业内卷化的程度。在这种结构性的限制下，经济作物的种植所促成的商品化过程虽然曾为河南农业生产提供了一条新技术的传播管道，然而这些新的技术却因完全缺乏现代资本投资的配合，而未能发生任何重大作用。[③] 吕芳上《抗战前江西的农业改良与农村改进事业（1933—1937）》探讨了江西省农业院的农业改良事业，特别分析了其中的政府角

---

① 严奇岩：《近代四川山货开发研究》，硕士学位论文，西南师范大学，2004年。
② 陈明：《从佐餐小食到利用厚生：近代花生的引种及其商品化探析》，《中国农史》2021年第4期。
③ "中央研究院"近代史研究所编：《近代中国农村经济史论文集》，"中央研究院"近代史研究所1989年版。

色，认为江西农业院取得成功的重要因素之一是有良好的政论环境。①

（四）农业机构与农业开发

抗战时期设立农业科研机构的省份甚多，目前有论文研究了甘肃、江西、西康、四川、湖北等省，如侍建华的《甘肃省第一所农业科研机构——甘肃省农业改进所的沿革变迁》②、张宏卿的硕士学位论文《民国江西农业院研究》③、万振凡《论民国地方性农业科研机构的历史命运——以江西省农业院为中心》④、王川《民国后期"西康省农业改进所"的设立始末及其历史意义》⑤、李俊《抗战时期四川省农业改进所研究》⑥、陈刚《湖北省农业改进所研究（1937—1949）》⑦等，除侍文外，其余诸篇均考察了农改所（农业院）的历史沿革、机构、主要工作及成效等。

此外，张宏卿试图用国家与社会理论、制度与技术理论分析国家、地方与民众的互动关系以及制度安排与技术介入之关系，但理论与史实之结合仍显牵强。万振凡认为江西农业院的历史从总体上来说，是一部失败的历史。说它是失败的，主要是从两个方面来看：一方面，在江西农业院存在的十多年时间内，江西农村依然很穷，农民依然很苦，农业依然很落后。另一方面，从农业院本身的发展来看，由于受到社会动乱、战争频繁、经费不足、人员流动、机构搬迁等影响，农业院及其事业日益走向衰败。除战乱和资金缺乏外，缺乏与农

---

① "中央研究院"近代史研究所编：《近代中国农村经济史论文集》，"中央研究院"近代史研究所1989年版。

② 侍建华：《甘肃省第一所农业科研机构——甘肃省农业改进所的沿革变迁》，《古今农业》1994年第2期。

③ 张宏卿：《民国江西农业院研究》，硕士学位论文，江西师范大学，2004年。

④ 万振凡：《论民国地方性农业科研机构的历史命运——以江西省农业院为中心》，《史学月刊》2006年第3期。

⑤ 王川：《民国后期"西康省农业改进所"的设立始末及其历史意义》，《西藏大学学报》2005年第1期。

⑥ 李俊：《抗战时期四川省农业改进所研究》，硕士学位论文，四川大学，2007年。

⑦ 陈刚：《湖北省农业改进所研究（1937—1949）》，硕士学位论文，华中师范大学，2009年。

民的互动也是重要原因。王川认为康农所取得的成绩,从试验与推广相比较而言,试验较多而推广工作较为薄弱。①

李俊特别提到四川省农业改进所在农业推广过程中与农村社会的冲突及互动,政府对农改所农业改良活动的支持与援助以及由于政府政策而导致的机构兴衰。他认为,川农所在改良川省农业,试验、研究、推广良法美种,提高农作物产量,既贯彻国家抗战时期农业改良政策又兼顾农民利益等方面皆作出了重大贡献,对川省农业的振兴及改变农作物分布都起了一定积极作用。但是,由于川农所本身所蕴含的政治使命远远超出其作为技术改进机关所应该具有的经济目的,政府政策又决定着它的兴衰成败,使其在进行农业改良时,不免陷于尴尬之境,其力图从根本上改良川省农业、提高农村生产力、发展农村经济的目的,最终不能达成。②

在农会与农业开发的关系上,魏文享《国民党、农民与农会——近代中国农会组织研究(1924—1949)》③第六章第三节专论农会在农业推广中的作用,这表现在倡导生产、水利建设、耕作技术、病虫防治、品种改良等方面。魏分析道:在农业改良和推广上,农会作为农民团体,可以较为实际地了解本地区之生产状况,并可整合农民,一面向政府请求资源,一面组织改进事宜,完成个体生产者难以完成的任务。他认为这在一定程度上体现出政府—农会—农户的农业推广模式。其《农会与农政:近代农会组织与农业建设(1927—1949)》④一文认为,限于政府之政策弊端及农会之资源整合能力,农会的参与并没有从根本上改变政府农村施政的窘境。魏文享论述湖北和浙江农会的文章也略有提及。⑤

---

① 张宏卿:《民国江西农业院研究》,硕士学位论文,江西师范大学,2004年。
② 李俊:《抗战时期四川省农业改进所研究》,硕士学位论文,四川大学,2007年。
③ 魏文享:《国民党、农民与农会——近代中国农会组织研究(1924—1949)》,中国社会科学出版社2009年版。
④ 魏文享:《农会与农政:近代农会组织与农业建设(1927—1949)》,《华中师范大学学报》(人文社会科学版)2008年第5期。
⑤ 魏文享:《乡村控制与农业建设——论南京政府时期湖北省的农会组织》,《中国农史》2006年第4期;《战时秩序下的浙江省农会组织(1937—1945)》,《浙江学刊》2007年第4期。

程秀梅《政府控制与四川农会组织的发展（1927—1949）》以四川农会为个案探讨政治控制与农会发展的关系，认为农会组织虽然受到资金不足、人才缺乏等因素的限制，但还是积极开展活动，如设置合作及示范农场、推广繁殖先进技术和优良品种、组织生产贷款、协助推进农村合作事业、推进公共造产、举办农业技术讲习所、开展民众教育、设立福利社、进行抗战宣传等，这些活动涉及经济、社会等多方面，促进了四川社会经济的发展，为抗战的胜利提供了物质基础。同时，农会事业的开展也有助于政府加强对地方的控制。[①]

邓丽群研究了中央农业实验所在中国近代作物学发展中的作用，认为，中央农业实验所引领着中国近代作物学发展进入一个新阶段。该所汇聚、培养优秀人才，聘任外国著名专家，积极推广良种和作物栽培技术，开展国内外作物学交流，创办刊物，出版论著等，有力地推进了中国近代作物学的发展。[②]

（五）抗战时期贵州农业研究

尚在抗战时期，就有不少人关注贵州农业的发展情况。最早的如张肖梅《贵州经济》第七章"农业之产销与推广及其改进计划"就搜罗了不少抗战初期水稻、小麦、玉蜀黍、豆类、甘薯、马铃薯、棉花、烟草、油菜等农作物的产销情况及品种改良、病虫害防治、农田水利、农产品运销等情况的资料。[③] 虽然该书为资料汇编，但其严谨的篇章目结构使其不失为一部带有研究性质的著作。1944年，时任贵州省建设厅厅长的叶纪元就撰文回顾了抗战5年来贵州的农林建设、农田水利建设、畜牧兽医等方面取得的成绩。[④]

---

① 程秀梅：《政府控制与四川农会组织的发展（1927—1949）》，硕士学位论文，四川大学，2007年。
② 邓丽群：《中央农业实验所在中国近代作物学发展中的作用》，《南京农业大学学报》（社会科学版）2019年第3期。
③ 张肖梅：《贵州经济》，中国国民经济研究所1939年版，第G1—G64页。
④ 叶纪元：《五年来贵州之农业建设》，《中国农村生活》1944年第1卷创刊号。疑标题有误，应为《五年来贵州之经济建设》，因为该文还涉及了工业与矿业、交通与电讯等方面的内容。

何辑五1947年编著的《十年来贵州经济建设》大致以抗战时期为时限，该书第四章"农业"分农艺、森林、园艺、病虫害防治、农业推广、特殊手工业等方面，他分别就其取得的成就和将来发展计划等做了概述。①

此后，这一领域的研究就基本停止了，直到改革开放以后，才有学者继续这一研究。不过结论一般认为这一时期的贵州农业仍然是停滞不前的。这以周元春等主编的《贵州近代史》为代表。该书认为，国民党直接统治贵州以后，农业、副业和林业产品的商品化虽有较大程度的发展，但由于地主、商业资本、高利贷者和官僚资本的盘剥，广大农民所获的实利也很少。贫穷农民朝不保夕，无力改进生产技术，不仅仍旧沿袭清代末期的耕作方法，而且缺乏耕牛、农具、肥料和水利设施。田地耕作不施肥种白地栽白秧的现象在全省较为普遍。因此，农业生产长期停滞不前。②

到了20世纪90年代，学术界开始肯定抗战时期贵州农业发展的成就。林建曾认为"战时贵州农业的发展在量上的表现，远不如在质上的变化引人注目、意义深远"，这表现在两个方面，一是面向市场的经济作物和农村副业进一步商品化，二是现代农业科技的全面引入。③ 这一判断是比较客观的。《贵州六百年经济史》认为抗战时期贵州农业在许多方面都发生了可喜的变化，其原因主要是抗战带来的种种契机。但这种变化主要集中在公路沿线和城市附近的局部地区，在全省大部分农村仍然保持着传统的落后耕作方式。④ 这与顾朴光的观点一致。⑤ 戴斌武在重点分析了贵州当局采取的发展农业的措施及其绩效后指出，这种有限的发展主要是扩大种植面积所致，而非生产

---

① 何辑五编著：《十年来贵州经济建设》，南京印书馆1947年版，第119—162页。
② 周元春等主编：《贵州近代史》，贵州人民出版社1987年版，第333—338页。
③ 林建曾：《抗战时期贵州农业的发展及其特点》，《贵州社会科学》1996年第6期。
④ 《贵州六百年经济史》编辑委员会：《贵州六百年经济史》，贵州人民出版社1998年版，第363—375页。
⑤ 顾朴光：《抗日战争时期贵州农林牧业概述》，《贵州民族学院学报》（哲学社会科学版）2001年第4期。

力的提高和生产技术的进步所致。① 21 世纪之初出版的《贵州省志·农业志》客观地记录了这一时期贵州农业发展状况。②《贵州通史》第 4 卷《民国时期的贵州》认为抗战时期贵州农产品商品化有很大程度的提高，该书特别肯定了贵州省农业改进所在引进近现代农业科学技术方面的贡献。③ 杨伟兵以民国时期（主要是抗战时期）黔东南由糯改籼为个案，认为，籼稻的胜利实质上是该地区农业经济发展的巨大成就的体现。④ 何长凤则讨论了贵州省主席吴鼎昌主黔时期（1937 年 12 月—1945 年 1 月）在农业生产方面的施政思路和措施，认为正是因为吴鼎昌高度重视发展农业生产，并提出了行之有效的施政方针，在农业政策、农事机构、农业人才、涉农经费方面给予尽可能的支持，才有了农业生产的显著成绩。⑤ 杨伟兵通过近年的深入研究认为，抗战时期贵州的农业技术推广活动是"继明末至清嘉道年间贵州地区农作结构变化以来的又一大革新和进步，并成为宝贵的农业遗产为新中国成立后农业建设所继承，历史作用和地位不可忽视"⑥。这代表了学术界对该问题的最新最高评价。有学者专门研究了抗战时期政府采取的茶叶改革举措对茶叶发展的影响，认为，抗战军兴，茶叶成了政府维护国家安全和换取外汇的重要输出产品。贵州省政府采取了促进茶树栽培、改良制茶法，开办茶叶讲习所以及与高校院所及研究机构合作等积极的茶业举措，一定程度地促进了黔茶的发展。抗战时期是贵州茶业发展的重要历史时期，这次茶业改革一定程度地改变了黔省茶区的落后局面，使其茶业迎来了近代第一次快速发展，并开

---

① 戴斌武：《抗日战争时期的贵州农业》，《黔南民族师专学报》2000 年第 1 期。
② 贵州省地方志编纂委员会编：《贵州省志·农业志》，贵州人民出版社 2001 年版。
③ 《贵州通史》编辑委员会：《贵州通史》第 4 卷，当代中国出版社 2002 年版，第 170—178 页。
④ 杨伟兵：《由糯到籼：对黔东南粮食作物种植与民族生境适应问题的历史考察》，《中国农史》2004 年第 4 期。
⑤ 何长凤：《吴鼎昌与贵州》，贵州人民出版社 2010 年版，第 129—145 页。
⑥ 杨伟兵：《贵州省农艺作物的品种改良与农业发展（1938—1949）》，《贵州文史丛刊》2012 年第 2 期。

始逐步形成了现代化的茶业体系。①

还有不少学者从不同角度对战时贵州农业作了富有成效的研究。

1. 贵州省农业改进所与农业开发

20世纪八九十年代出版的一批文史资料中,有些篇什专门介绍了贵州省农业改进所的基本情况,如科研成果、历史沿革、机构设置等。②《贵阳市志·科学技术志》专列一节介绍了贵州省农业改进所的工作概况。③ 此后,孔玲专文研究了贵州省农业改进所对农业开发的贡献,认为,贵州省农业改进所的成立,对贵州农业经济的开发起到了重要的推动作用,其成就主要体现在:粮食作物品种的改良、推广及耕作技术的改进,美烟等经济作物引进倡种与推广,农作物病虫害的防治,畜禽的引种改良及畜疫的防治等方面。④ 韩义义对贵州省农业改进所作了较为细致的考察,认为,其对贵州农业的贡献主要表现在管理方面引入现代科学机制和采用科学技术新成果两个方面。⑤

2. 农业科技与农业开发

林建曾还从农业经营管理和农业生产两方面论述了现代科技在贵州农业经济中的运用,其中作者以烤烟为例分析了农业科技与市场的互动关系。⑥ 韦华培的研究基本沿袭林文的分析框架。⑦ 吴遵林则总

---

① 马国君、聂雨欣:《抗战时期贵州茶政及其影响研究》,《古今农业》2021年第1期。
② 陈年生、徐道恒、卢玮:《贵州省农业改进所简介》,政协贵州省贵阳市委员会文史资料研究委员会编《贵阳文史资料选辑》第11辑,1984年,第10—21页;杜松竹:《抗战时期创办的贵州省农业改进所》,政协贵阳市南明区委员会文史资料委员会编《南明文史资料选辑》第13辑,1995年,第158—163页;梅开:《贵州省农业改进所的科技成果》,载政协西南地区文史资料协作会议编《抗战时期西南的科技》,四川科学技术出版社1995年版,第119—124页。
③ 贵阳市志编纂委员会编:《贵阳市志·科学技术志》,贵州人民出版社1990年版,第14—18页。
④ 孔玲:《抗战时期"贵州农业改进所"对贵州农业经济开发的推动作用》,《贵州社会科学》1995年第3期。
⑤ 韩义义:《贵州省农业改进所发展概况》,载贵州省档案馆编《贵州省农业改进所》,贵州人民出版社2006年版,第1—49页。
⑥ 林建曾:《抗战时期贵州农业经济与现代科技》,《贵州文史丛刊》1999年第1期。
⑦ 韦华培:《抗战时期贵州经济的跨越式发展》,硕士学位论文,贵州师范大学,2008年。

结了抗战时期贵州农业科技发展的几点启示：一是改变旧式农业的模式，必须以科技为先导，培育新的支柱产业，寻找新的经济增长点；二是要重视发挥科技人才的作用；三是农业科技发展离不开工业的支持；四是落后地区应该且必须得到国家和发达地区的财力、人力、物力和智力支持；五是农业科技推广方法应采取一般推广与重点推广相结合的原则。[1]

3. 农村合作与农业开发

《贵阳文史资料选辑》"金融专辑"就收录了《贵州解放前的合作金融事业》《抗战时期的贵阳农本局》等有史料价值的文章。[2] 时任中国银行贵阳支行负责人钱存浩回忆了战时贵州发展农村信用合作社和合作金库的情况。[3]《贵州省志·供销合作志》《贵州省志·金融志》等地方志也记录了抗战时期贵州农村金融合作的发展概况。戴斌武等考察了贵州农村合作社的创立和发展、农村合作金库、农村合作业务以及农村合作事业的历史作用，认为，抗战时期贵州农村合作社以信用合作社占主要部分，生产合作社虽渐有发展，但比例较少。此外，还实行合作社合伙借款，以鼓励农民合作经营，增加生产。[4] 傅宏认为，抗战时期贵州农业合作运动在一定程度上为农业发展提供了农贷金融的方便，促进了贵州农业的生产发展，但是并没有起到挽救农村经济危机的作用。[5]

4. 农业教育与农业开发

曾庆于、李国志分别对竺可桢领导浙大农学院因地制宜开展科研工作，为湄潭农业尤其是茶叶的品种之改良、病虫之防治等工作做了

---

[1] 吴遵林：《抗战时期贵州农业科技发展的启示》，《贵州社会科学》1997年第3期。
[2] 政协贵州省贵阳市委员会文史资料研究委员会编：《贵阳文史资料选辑》第37辑，1993年。
[3] 钱存浩：《抗战时期贵州的合作金融》，政协西南地区文史资料协作会议编《抗战时期西南的金融》，西南师范大学出版社1994年版，第427—436页。
[4] 戴斌武等：《抗战时期的贵州农村合作事业》，《贵阳金筑大学学报》2004年第2期。
[5] 傅宏：《抗战时期贵州的农业合作运动》，《贵州师范大学学报》（社会科学版）2000年第4期。

介绍。① 贵州大学校史回顾了抗战时期农工学院在农业科学方面的教学科研活动。②

此外,李良品、莫子刚各有侧重地细致论述了抗战时期贵州的民众教育问题,但讨论的重点都是识字与抗战宣传,并未言及农业科技知识在农民中的推广。③

从以上粗糙且不完全的综述中,我们不难发现以下几点。

第一,学术界对抗战时期贵州农业开发的研究多以针对某个具体问题加以论述的论文的形式出现,尚未有专著做出较系统深刻的考察。因此,无论就研究的广度还是深度,都存在不足。

第二,论文数量不少,创新之处不多。对近代农业科技和农业推广的研究,较高水平的论文大都出现在20世纪90年代,此后较有新意的文章不多。

第三,尽管研究抗战时期贵州农业开发的成果数量不在少数,可突出贵州山地特色的论著尚未出现。实际上,对贵州而言,山地这一自然环境正是其区别于其他地区的最重要的特征之一。

第四,在资料运用上,多利用资料汇编和民国报刊,对档案资料利用较少。这是诸多相关研究成果的共同缺陷。

三 研究思路和方法

(一) 研究思路

本书围绕农业开发的各环节各领域分别展开论述。这里包含两个大的方面的内容。一是"农业改进"的流程或步骤。首先,就是农业开发体系的建立,包括组织机构的设置和农业政策的制定。我们可

---

① 曾庆于:《浙大农学院西迁湄潭时的科研活动》,《贵州文史丛刊》1989年第1期;李国志:《竺可桢与贵州》,《贵州文史丛刊》2001年第3期。
② 贵州大学校史编委会编著:《贵州大学校史丛书·贵州农学院分册》,贵州大学出版社2007年版,第1—8、101—104页。
③ 李良品:《论国民政府时期贵州的民众教育》,《贵州文史丛刊》2004年第4期;莫子刚:《试论抗战时期国民政府发展"民众教育"的政策与措施——以贵州为例》,《贵州社会科学》2008年第2期。

以称之为农业开发的顶层设计。然后开启"农业改进"的"三部曲"：第一步，为了掌握贵州山地农业的基本状况，摸清"家底"，省农改所甫一成立，就紧锣密鼓开展了农业普查工作，为下一步的试验和推广工作打下基础。第二步，就是根据调查的结果引进改良种子进行区域试验，将适宜、高产、少病害的种子选出来。第三步，将优选出来的良种运送到各地进行推广，将良种和技术送到乡村，这称之为"技术下乡"。至此，让农民自觉自愿改种良种，学会新的种植技术，"农业改进"就走完了最后一步。这"三部曲"表明：贵州传统的"经验型"农业开始向现代"实验型"农业转型。二是为"农业改进"保驾护航的举措。农业开发是个系统工程，光有上述步骤还不足以言"开发"，还必须有一些保障或者推进措施。第五章讨论了推广冬耕、号召垦荒、乡镇造产、减糯增籼等增加种植面积、提高单位面积产量，从而提供土地利用率的举措；第六章则探讨农田水利建设对农业开发的积极贡献；第七章从农村金融的角度讨论了农村合作金融对农业开发的积极意义及不足。这两个方面就如同一体两翼的关系。

（二）研究方法

在史学研究中，各种研究方法或研究范式在方法论意义上没有高下、优劣之分，要不"抱有倾向性，而是根据所论问题的需要和资料等条件的可能，作出选择"①。实际上，今天的史学研究，已经很难只用一种分析方法去研究问题，一般都会自觉或不自觉地使用多学科的知识来分析问题。具体到本书而言，有以下几种方法。

第一，基于充分占有史料的实证研究。做史学研究，首先就要有傅斯年先生所说的"上穷碧落下黄泉，动手动脚找东西"的精神，这也是传统史学精神。在资料收集阶段，笔者充分挖掘了贵州省档案馆的相关档案资料，深入贵州省部分市（州）、县档案馆查阅了不少档案；利用大成故纸堆数据库（含民国期刊、民国图书等），全国报

---

① 吴承明：《中国经济史研究的方法论问题》，《中国经济史研究》1992年第1期。

刊牵引数据库，读秀，国家图书馆民国期刊、民国图书、地方馆资源等电子资源，以之与档案史料相互补充、相得益彰。对史料进行加工整理后，再进行分析，坚持论从史出，坚持胡适先生倡导的"有一分证据，说一分话"，不预设立场，不先下结论。对于背离常理的资料尤其是数据，即使再重要，也弃而不用。

第二，比较分析方法。这也是史学研究中常用的方法之一。作为区域研究，只有在比较中才能凸显其特点、价值和意义。本书在写作中，十分注意纵向和横向的比较，纵向比较是跟贵州的过去比，横向比较是和同时期的兄弟省比，在论述某个问题时尽量进行对比，在总结全篇时更是尽可能多角度进行比较。

第三，农业推广学的相关知识。农业推广学是研究农业创新活动扩散、采纳规律及其方法的一门科学，包括农业推广对象行为改变、农业推广沟通、创新的采用与扩散、农业推广的基本方法、农业推广写作与方法选择、农业推广试验与示范、农业推广培训与咨询等。农业推广是本书研究的一个重要问题，故需要借鉴现代农业推广学的相关知识。

此外，本书在研究中还借鉴了经济学、统计学、心理学等学科的研究方法。

四 相关概念界定与重难点问题

这里需要对本书的两个关键词作一解释。

一是"山地农业"。全国科学技术名词审定委员会对山地的权威定义如下："山地是山岭、山间谷地和山间盆地的总称，是地壳上升背景下由外营力切割形成的地貌类型。"[①] 农业是人类通过对土地合理经营，生产出符合人类需要的产品的社会生产部门。不同地区有着不同的自然生态条件，从而形成了不同的农业生产结构和生产力布

---

① 全国科学技术名词审定委员会：《资源科学技术名词2008》，科学出版社2008年版，第32页。

局，构成农业经济的区域差别和区域分工。从自然环境对农业经济活动的制约作用，可把农业划分为"山地（山区）农业、平原农业、水域（海洋）农业"三大类型。山地农业是人类通过对山区土地合理经营的农业生产方式，是山区农业的发展和延伸，因其特别强调山地在农业经济中的作用而得名。① 贵州山地的特点将在后文交代。

"农业"的界定，则回到历史中去，以民国时期对农业概念的界定为准。"农业者，以耕种为主体，而往往兼营养畜之业之谓也。耕种者，耕耨土地，培育作物，换言之，即利用光线温度及风雨等天然要素于土地之上，而以植物生产为目标之业也。养畜者，从耕种所得之生产物或属其管理范围内之植物用以饲育，且利用畜力之业也。"② 从外延上来看，包括作物栽培、土地利用、农田水利、造林、畜牧等方面。但在具体行文中会有所侧重。

二是开发。《现代汉语词典》对"开发"的解释为：①以荒地、矿山、森林、水力等自然资源为对象进行劳动，以达到利用的目的。②发现或发掘人才、技术等供利用。开发的对象似乎单指未曾利用或发现的事物。③ 本书所指的"开发"，而是就更广泛的意义而言，既包含对未曾利用事物的改造利用，也包括对原来只是初步利用，仍有改进余地事物的进一步改造、推进。它不同于抗战时期常用的"改进农业""农业推广"，改进、推广更多的是从技术层面而言的，而本书的"开发"除了包含上述两层意思外，还有一层含义：基于贵州近代以来基本处于停滞的"欠开发"状态，在抗战时期突然"急转直上"呈抛物线式上升，这种上升是全方位的，沉寂多年的贵州终于迎来了一段开发的黄金期，故站在这个高度来说，农业的开发是战时贵州整体开发的一个重要领域，对战时贵州农业开发的研究一定程度上丰富了抗战时期贵州开发史研究。具体到本书而言，开发则涵盖农

---

① 曹世雄：《试论山地农业》，《农业考古》1997年第1期。
② 贵州省地方行政干部训练委员会编：《农业》，贵州省地方行政干部训练委员会印行，出版时间不详，第2页。
③ 中国社会科学院语言研究所词典编辑室编：《现代汉语词典》，商务印书馆2005年版，第755页。

业开发的全过程及其所引起的经济、社会、制度、观念等一系列的变化。

本书研究的重点问题同时也是难点问题。

抗战时期贵州山地农业开发有何特点，是本书研究的一个重点和难点问题。总结出特点，才能凸显本书写作的价值，故这是本书研究的一个重点问题。有比较才能凸显特点。从横向比较而言，需要收集、阅读大量兄弟省份的战时农业发展的资料然后才能比较，这本身就是一项比较大的工程。从纵向比较来看，贵州在1935年才结束军阀混战，在这之前很少有资料保持至今。少部分如一些报纸因为太过珍贵，而封存在图书馆或档案馆，不能调阅。故总结特点就成为本书研究的一个难点问题。

农民在农业开发中的态度和行为，是本书研究的重点，也是难点问题。农民作为中国社会的底层群体，其声音往往被埋没，加上过低的识字能力和书写能力，使得其生命轨迹随着生命的消逝而消失，正如英国著名历史学家霍布斯鲍姆所言："许多底层历史很像古代的犁迹，它似乎随着许多世纪前犁地的人一起，杳无踪迹了。"[1] 我们只能通过其他群体，尤其是基层推广员对农民的观感来分析，无形中增加了问题的研究难度。

五　框架结构与主要内容

本书除绪论和结语外，共分为八章。

绪论部分主要交代本书写作的缘起与旨趣，国内外研究现状述评，研究思路、方法、重难点，研究框架结构与主要内容，主要史料及利用情况说明等。

第一章主要对抗战时期贵州山地农业开发的背景进行分析。首先，从贵州的自然地理环境入手来分析贵州的"山地"特色。贵州

---

[1] ［英］埃里克·霍布斯鲍姆：《史学家：历史神话的终结者》，马俊亚、郭英剑译，上海人民出版社2002年版，第242页。

平均海拔1100米，主要由低山、宽谷和浅盆组成；贵州"地无三里平"，山原、山地约占贵州全省总面积的87%，丘陵占10%，盆地（坝子）、河谷台地和平原仅占3%。山地多而平地少，历史上粮食产区主要集中在农业条件较好的平坝地区，耕地面积有限，"八山一水一分田"。贵州高原植被和土壤类型多样，为发展多种农林业经营提供了条件，但由于长期以来自然和人为因素造成水土流失、土性偏劣、熟化程度不高等现象较为普遍。其次，对明代以来贵州农业发展情况作一简单介绍，目的是看看贵州传统农业是如何发展的，或者说，为抗战时期贵州农业开发提供了怎样的基础。明代以来贵州农业得到一定发展，主要表现在改进耕作制度与耕作技术、推广牛耕、改进农具、兴修水利、引进和推广新的作物品种等方面。但到了清末民初，当西方现代农业科技传入中国，加快了中国农业近代化的步伐时，在偏远的贵州山区，生产工具及技术继续维持原状，农业处于基本停止状态。最后，分析为什么贵州农业会在抗战时期迎来发展"黄金期"。一是国民政府和本省政府从政治的角度考量，特别重视战时农业的开发，为之提供了很多政策支持、经费支持和人才支持；二是前方战事的"军需"和内迁人口的"民用"对贵州农业提出了严峻要求；三是本省工矿业的发展对原材料的需求刺激了农业生产的发展。

第二章主要回答两个问题：农业开发体系的建立和农业普查的开展。前者包括组织机构的设置和农业政策的制定。我们可以称之为农业开发的顶层设计。后者则是为了掌握贵州山地农业的基本状况，所进行的摸"家底"行动，这是技术本土化的重要前提。本书特别对省农改所的人员及其构成作了简要考察。

第三章紧承第二章，摸清家底后，就要开展技术本土化的实验工作。平原型的农业技术"拿来"到山地型的贵州后，肯定有一个"水土不服"的过程。这就需要根据调查的结果对引进的改良种子进行区域试验，将适宜、高产、少病害的种子选出来。本章分别从粮食作物的育种试验、经济作物的育种试验和病虫害防治试验三个方面来展开。

第四章考察的是如何把优选出来的良种送到乡下并被农民接受，这一过程我们可以称为"技术下乡"。这主要依靠农业推广人员尤其是县农业推广所的推广人员去完成这项工作。因此，首先就要完成推广员的训练和任用工作，试图建立一支稳定高效的推广员队伍。紧接着考察农业推广员所采取的主要的推广方法。再次，分别从宏观和微观的角度试图回到推广现场去看看各推广主体在其间的心态和行为。至此，农业改进的"三部曲"已走完，这一流程表明，贵州传统的"经验型"农业开始向现代"实验型"农业转型。

第五章则是基于农业推广对土地资源提出的新要求，贵州省采取多种措施来增加种植面积和提高单位面积产量。推广冬耕是以"时间换空间"，即提高复种指数，把冬季闲置的田地充分利用起来，种植冬作，如小麦、油菜等。垦荒则是扩大种植面积的传统手段，不过已经摆脱了过去"刀耕火种"式的垦荒。乡镇造产则是以增加乡镇财力推进新县制为目的的一种行为，一般有垦荒、春季造产（春耕）、冬季造产（冬耕）等形式。减糯增籼是舍低产作物、改种高产作物的一种方式，主要针对黔东南民族地区的糯稻区。虽然少数民族爱吃糯食，但因糯稻产量低，故政府强制推行用籼稻替代糯稻，以提高单位面积产量。

第六章探讨的是为解决农田灌溉问题而进行的水利建设。这一时期的农田水利建设有几个特点：第一，虽然多河流，多地表水，却因喀斯特地貌而留不住水，因此，贵州的农田水利设施绝大部分是为灌溉而建，因排洪而建者极少；第二，贵州高原复杂的地质条件和农田分布的分散性，决定了贵州兴建大型农田水利设施的难度太大，故贵州的农田水利建设以小型水利工程为主，如筑堤、筑堰、挖塘、推广龙骨车水车等；第三，战时贵州修筑的几个大型农田水利工程，是贵州第一次采用现代工程技术，依据科学原理，遵循科学程序而建成的。

第七章讨论了农村合作金融为贵州农业开发所提供的资金支持。在机构上，建立了从中央、省、县、乡、（联）保的五级金融网，依托这一网络，将农贷资金输送到农民手中，用于生产性事业如赎地、购买农具、购买耕牛、购买种子、购买肥料等。这些低息的农业贷款资金流向农村，对缓解贵州农村金融枯竭、维持农业的简单再生产具有一定的推动作用，也在一定程度上打击了猖獗的高利贷。但是，农村合作金融受益者大多为中等以上的家庭，而最需要贷款的低收入家庭，则较少或较难享受到合作金融的好处。

第八章总结了战时贵州山地农业开发的绩效与不足。通过案例和数据说明：这一时期贵州农业种植结构发生了明显变化，农业发展质量得到较大提高，农民生活状况得到一定程度的改善。但是，这种高歌猛进的跨越式增长，是脆弱的增长，尤其是随着战事结束，人员、资金、技术的回流，给贵州农业生产造成重大挫折，故这一时期的农业开发对贵州摆脱农村经济的困境没有起到根本作用。

六　主要史料及利用介绍

本书在研究中主要利用了档案、民国报刊及资料汇编三个方面的资料。兹将主要史料集利用情况简单说明之。

（一）档案史料

本书利用较多的是贵州省档案馆所藏的贵州省农业改进所、贵州省农田水利贷款委员会、中国银行贵州分行的档案资料。

贵州省农业改进所档案共1179卷，是本书利用的最主要的档案资料。本书在研究过程中使用较多的是下列内容。

第一类：综合类。

省农改所制颁的各类规程、制度、办法。各项工作通令、函电。省农改所、所内各机构、所附属机构各时期工作统计、计划、总结、报告等；所务会议记录，省农改所概况等。

第二类：业务类。

各县农村综合调查、农业概况调查、农田水利和农产品价格调查、各类植物调查、病虫害调查函电、报告。对水稻、玉米、小麦、马铃薯、大豆、蓖麻、棉花、蚕桑、五倍子、茶、烟草、柑橘等进行研究、引种、引养、制种、推广的工作报告。举办植桐人员训练班、美烟训练班有关文件。农业类科普著作、讲稿等。

第三类：组织人事类。

省农改所及其下属机构人员名册，职员履历表，调查报告等。

第四类：财务类。

省农改所及下属各机构经费预、决算书，薪俸表册。

另外，2006年，贵州省档案馆从省农改所档案中选取了一部分编辑成书，并以《贵州省农业改进所》为书名出版。这为笔者利用该档案带来了一定的便利。

贵州省农田水利贷款委员会档案共有874卷。对本书研究有助益的是如下几种。

第一类：综合类。

贵州省政府及该会等制定颁布的有关水利行政的各种规程、章程、办法、细则；水利工程查勘与调查、施政报告、业务报告、工作报告、行政与工作计划、各工程计划；各工程处、测量队、水文站工作计划、报告、工程进度报表、水文报表、秋收调查表；各县、工程处有关农田水利工程勘测、施工、灌溉面积、受益田亩之统计材料等。

第二类：业务类。

该会及所属工程处、测量队对各地农田水利、航运、水力发电等工程的查勘、测量、设计、施工的报告、图表及工程计划（说明）书；有关工程招标发包、征工、贷款、工程占用或受益田亩清丈、补偿、水费征收等文卷；该会及所属工程处、测量队、工务所有关工程进度表报、工程概述、水文旬报月报、工程工款统计、工程验收及成果成效统计；各县拟办农田水利工程区域、地点及概况的调查报告等。

第三类：财务类。

该会与所属机构以及工程经费概算、预算、决算等。这些材料主要用在第六章中。

中国银行贵州分行档案共948卷，对本书写作较有价值的是：农贷专卷；各县合作金库往来、各县制定的合作金库章程、理事会办事细则；农贷督导员往来函件，农贷员工作周报（旬报），农贷员合作社访问记录，农贷员对于合作事业之观感及工作心得等。本书第七章较多地使用了这些档案。

（二）报刊史料

《农业推广通讯》系农林部农产促进委员会主办的刊物，旨在使各省农业推广能够"彼此密切联络，互相借鉴"，检讨"得失利弊成效"①。1939年8月创刊于四川成都，1943年迁往重庆出版，1946年迁往南京，1948年终刊。主要设有：论著、各省推广概况、报告、文献资料、通讯、会务近况、人事消息等栏目。其在成渝期间，主要刊登西南、西北诸省农业推广方面的内容。这有助于本书进行比较研究。其中涉及贵州的内容较多。除了"各省推广概况"动态地反映了贵州的推广实况外，其他栏目刊登的如《贵州小麦推广之回顾与前瞻》《贵州之粮食增产》《贵州之棉花》《湄潭农村经济之分析》《一年来定番农业推广之实验》《黔北之柞蚕业》《黔东杉木分布概况》等都是比较重要的文献资料。

《中农所简讯》是经济部中央农业实验所于1938年7月在重庆出版的一份刊物，正如其刊名所示，该刊反映的是中农所及其派出机构（工作站）的工作动态，"为综合各方报告，连同所内工作状况，摘取大要编印为《中农所简讯》，每月出版一次，俾各省工作人员及附属机关得互相观摩，共同策动，力谋工作上之联系，并供社会人士作为战时农业改进之参考"②。该所派驻贵州的名为贵州工作站，沈宗翰任主任，系与贵州省农业改进所合署办公。故虽然该刊反映的是贵州工作站的情况，实际上也是省农改所的工作情况，对本书助益较大。主要内容有贵州小麦、水稻、棉花、柞蚕等的改良试验、推广，作物病虫害防治等。

同样是中农所主办的《农情报告》，创刊于1933年。其主要价值

---

① 《创刊辞》，《农业推广通讯》1939年第1卷第1期。
② 《创刊绪言》，《中农所简讯》1938年第1期。

在于对全国各省农情逐月报告，如农作物产量估计、农村副业估计、农村物价指数等。

（三）资料汇编

1950年，贵州省人民政府财政经济委员会编印了《贵州财经资料汇编》，凡800页，以抗战时期的经济资料为主，涉及自然环境、工业、矿业、农林、财政、金融、贸易、盐务、交通、公用事业等。其中，农林篇又分为耕地、农产、林产、畜牧、农田水利、农村副业、农林机构等方面。这对本书进行纵向比较研究裨益甚大。类似的经济资料统计还有《贵州统计年鉴》（1947年），贵州省政府统计室编印；国民政府主计处统计局编《贵州省统计资料汇编》（1942年）等。

中国银行经济研究部主任张肖梅在贵州省政府主席吴鼎昌的支持下，自1938年起派员入黔进行调查收集，于次年编成《贵州经济》一书。该书资料主要来源于"主管官方之档案及自行调查之记录"，少部分"由最近报章杂志中摘萃而来"。洋洋1000余页，以1937—1938年的资料为主，与本书相关的则有第一章"经济之自然赋予与利用"，第三章"疆界与土地"，第六章"农村经济之实况与农业合作"，第七章"农业之产销推广及其改进计划"，第八章"森林材积及其采伐运销与副业产销"，第九章"灾荒与赈济"，第十六章"县地方经济之雏形"及第十七章"经济法规"。

《贵州社会科学》编辑部等编的《贵州近代经济史资料选辑（上）》第1卷主要是农业方面的资料，主要从地方志、民国时期的出版物中摘录相关内容分专题编辑之。

秦孝仪主编的《革命文献·抗战建国史料——农林建设》（一、二、三、四）（中国国民党中央委员会党史委员会1986年版）主要收录中央和各省在农林建设方面的政策措施、工作报告、总结性的论著等，对本书进行横向比较研究很有帮助。

第一章 抗战时期贵州山地农业开发的背景分析

第一节 贵州的山地自然条件

贵州平均海拔 1100 米，主要由低山、宽谷和浅盆组成；贵州"地无三里平"，"尺寸皆山，欲求所谓平原旷野者，积数十里而不得袤丈"①，山原、山地约占贵州全省总面积的 87%，丘陵占 10%，盆地（坝子）、河谷台地和平原仅占 3%，"八山一水一分田"。因此，历史上粮食产区主要集中在农业条件较好的平坝地区，耕地面积有限。多山还造成贵州省内外交通不便，长期相对封闭。地理环境内部差异突出，区域生态受垂直地势、气候的影响（高度影响能源分布）呈现出不同的景观。"一山有四季""十里不同天"绝非简单的气象景观，也适用于对动植物、土地利用、民族聚落分布等的描述。喀斯特地貌突出，伴随喀斯特地貌而来的是农地土质差和干旱化问题严重，并因人类活动增强和植被的逐渐贫乏而走向石质荒漠化（石漠化），这在高原腹地更为明显。贵州高原以黄壤和石灰土为多，原生植被主要是中亚热带常绿阔叶林和岩生性、旱生性灌丛（现次生植被多为常绿落叶阔叶混交林、灌丛等）；黄壤分布区是贵州稻麦两熟重要的农耕和经济林种植地区。贵州高原植被和土壤类型多样，为发展多种农林业经营提供了条件，但由于长期以来自然和人为因素导致水

---

① 《黔书》卷一，转引自杨斌《贵州历代人才地理分布变迁》，《中国历史地理论丛》1994 年第 3 期。

第一章 抗战时期贵州山地农业开发的背景分析

土流失、土性偏劣、熟化程度不高等现象较为普遍。贵州大部分地区年均气温在15℃左右，据资料显示，抗战时期，最高温一般出现在7月，不超过30℃，最低温出现在1月，不低于0℃（如表1-1）；年均降雨量在1100mm左右，雨量充沛，雨季一般集中于5—10月。据贵州省政府统计室的统计，黔北、黔西的降雨量相对较少，如桐梓县年降雨量只有976.4mm，毕节县更少，仅825.9mm（如表1-2）。

表1-1　　　　抗战时期贵州省部分县市月平均气温统计　　　　单位：℃

县市	平均	1月	2月	3月	4月	5月	6月	7月	8月	9月	10月	11月	12月
贵阳	15.7	5.0	6.3	11.9	16.1	19.9	22.8	24.6	23.6	21.4	16.8	12.1	7.3
遵义	15.0	4.5	4.7	12.1	13.2	19.9	22.8	25.7	23.9	21.6	15.5	9.8	6.1
铜仁	17.3	4.3	6.8	12.3	16.6	21.4	25.7	28.5	26.2	24.3	17.5	13.7	8.2
镇远	17.5	5.5	6.7	13.1	17.5	21.4	25.9	28.1	26.0	24.9	17.8	14.9	7.9
独山	17.3	5.3	6.3	12.6	17.3	22.9	25.3	27.0	22.9	21.5	17.0	12.1	7.7
兴仁	15.8	6.5	5.8	14.2	18.3	19.7	22.1	22.2	22.1	20.4	17.6	12.5	7.1
毕节	13.3	3.5	4.6	9.5	13.2	17.5	19.6	22.1	24.3	18.2	14.5	9.7	5.8
平均	16.0	4.9	5.9	12.2	16.0	20.3	23.4	25.6	24.1	21.8	16.5	12.4	7.2

资料来源：贵州省政府统计室编：《贵州省统计年鉴》，1947年，第40—42页。

表1-2　　　　抗战时期贵州省部分县市降雨量统计　　　　单位：毫米

县市	贵阳	镇远	独山	兴仁	毕节	桐梓	铜仁
1月	20.6	44.0	22.2	28.4	12.0	32.4	23.3
2月	30.8	33.3	53.9	45.9	15.8	9.1	30.0
3月	39.7	43.3	60.7	48.!	28.2	39.7	59.4
4月	94.6	61.1	102.4	58.7	47.4	82.9	103.5
5月	161.2	124.8	175.8	125.8	99.7	121.4	218.0
6月	205.1	225.8	225.2	261.9	153.7	166.2	213.4
7月	170.5	119.6	219.7	190.3	142.4	94.3	147.6
8月	153.2	133.6	223.9	260.3	149.3	195.1	140.6
9月	101.6	77.8	67.9	170.0	86.9	65.6	34.1

续表

县市	贵阳	镇远	独山	兴仁	毕节	桐梓	铜仁
10月	100.5	135.7	93.9	94.4	59.4	98.7	73.0
11月	45.8	64.1	74.0	33.4	16.2	53.4	60.5
12月	31.9	23.4	41.2	19.4	14.9	17.6	19.0
月平均	96.3	90.5	113.3	111.4	68.8	81.4	93.5
年总量	1155.5	1086.5	1359.8	1336.6	825.9	976.4	1122.4

资料来源：贵州省政府统计室编：《贵州省统计年鉴》，1947年，第43—44页。

耕地面积少是贵州农业的最大制约因素。民国时期，多种文献的统计数据差异较大，但最高也没超过3000万亩，占该省土地总面积的11.45%；最低的1700多万亩，占土地总面积的6.81%；除了省农改所的农业普查所得数据较高外，其余统计数字，耕地面积占土地总面积的比重均未达到9%（如表1-3）。贵州耕地之紧张，可见一斑。这也是"八山一水一分田"的山地自然条件的真实状况。

表1-3　　　　民国时期贵州省耕地面积及比重统计　　　单位：市亩

资料来源	资料年份	土地总面积	耕地面积	耕地面积比重
省农改所农业普查贵州省统计资料汇编	1938	256644665	29383585	11.45%
贵州省概况统计	1941	255294330	22468335	8.80%
贵州省统计年鉴	1945	255294330	17398881	6.82%
省建设厅统计室资料	1946	255353373	17508381	6.86%
全国各省县农业基本数字统计	1947	255405670	17537868	6.87%
省农改所农业概况调查	1947	256264038	21561308	8.41%
农林部统计手册	1948	264721000	23173000	8.75%
贵州省统计手册	1948	255353373	17398275	6.81%

资料来源：贵州省人民政府财政经济委员会编：《贵州财经资料汇编》，1950年，第295页。

水田少旱地多也是贵州山地农业的特点之一。根据农业部农业计划司的统计，新中国成立初，贵州省的水田旱地比例为 37.54：62.46，这一比例也符合抗战时期的水田旱地情况。水田最多的为炉山县，占该县耕地面积的 91.12%，但水田在 60% 以上的仅有普定、镇远、黄平、施秉、平越、荔波、黔西、金沙等县，旱地占 80% 以上的则有清镇、息烽、岑巩、沿河、大定、威宁、赫章、纳雍、桐梓、绥阳等县。总的来看，水田较多的主要是在黔东南、黔南一带，自东向西、自南向北，水田渐少、旱地渐多。①

第二节 明代以来贵州农业发展概况

明代以前，贵州的农业处于比较粗放的阶段，广大地区还停留在"刀耕火种"层面上。明初，朱元璋采取"移民就宽乡"的政策，采用"移民实边"的办法，把"地狭民稠"区域的居民，移往"地广人稀"的边疆，贵州便是重点区域之一。同时，出于军事上的考虑，在贵州遍设卫所，驻扎军队。这样，以人为载体，把中原长期积累起来的先进农业生产技术传到贵州，引起了一系列连锁反应。首先，这些移民，包括卫所官兵，都是来自全国各地的农民，他们按照中原的方式进行农业生产，实际上是传播了一种新的、先进的生产力。其次，数以千计的屯堡、村坞，星罗棋布地分布在各地，与当地少数民族村寨相互交错，并在其中建立起若干"中原式"农业生产基地，无形中起到了示范作用。再次，各卫所皆有"样田"，由有经验的屯军耕种，借以确定屯田的标准，这对于农业技术的传播起到了积极的推动作用。最后，卫所皆有"种子田"，专门培育良种，事实上成为种子改良、推广站。② 在这些因素的推动下，贵州农业有了新的进展，

---

① 贵州省人民政府财政经济委员会编：《贵州财经资料汇编》，1950 年，第 298 页。
② 《贵州六百年经济史》编辑委员会：《贵州六百年经济史》，贵州人民出版社 1998 年版，第 107 页。

表现在改进耕作制度与耕作技术，推广牛耕，改进农具，兴修水利、引进和推广新的作物品种等。

经过明清两代的推广，贵州许多地方已经按照中原的方式进行农业生产。耕作方法大有改进，稻田须三犁三耙然后撒秧，旱地则二犁二耙或一犁一耕即可播种，至收成前薅两到三次。到了民国，一些地区已经掌握套种技术。大定县农民在玉米的行间加种黄豆，甚至种一点高粱，在地周围加种大豆，一到秋收，"千仓万箱，黍稷稻粱"，好一派丰收的景象；秋收之后，瘠土可种荞麦，肥土可种麦子。① 在农具方面，耕种普遍使用犁、耙、锄、锹，施肥用簸箕、高箕、秧马，灌溉用筒车、龙骨车、戽牛，收获用镰刀、掼斗、撮箕、木耙、风簸。"既无肥土"的情况逐渐改变，农家普遍积肥，园圃多用人粪，田土多用畜粪、绿肥、灰肥及茶枯、油饼，在基肥之外又增加追肥。

牛耕技术，在中原地区早已十分普遍，但对贵州来说，却是一种新的技术。贵州虽然很早以前就已经养牛，但并不用于耕田，而是作为财富的象征，或用作祭祀的牺牲，或盟誓时宰牛。翻耕多用钱镈和踏犁。明代以来，牛耕渐次推广，到明末徐霞客游历贵州时，民间已广泛使用牛耕。徐氏途经独山、都匀、新添、龙里、贵阳、平坝、安顺、镇宁、安庄、普安等地，看到许多地方都已"犁而为田"②。

贵州水利事业兴起较晚。1503年始命按察副使毛科提调贵州学政并兼理水利屯田。1533年设提学道，屯田水利之事乃责成各分巡道经理。由于朝廷重视，各地又有官员分管，加之水田农业的发展，贵州的农田水利出现了新气象。在坝子多利用天然河流开沟渠引水入田，有地下水的地方常开泉凿井，在水低田高的地方或筑堰抬高水位或以水车提灌，利用山涧溪水挖塘蓄水以供灌溉，还利用枧槽、连筒等输水。这些新的灌溉方法推动了各种各样的"梯田"的出现，扩大了水田面积，如利用溪涧或地下水灌溉的"冷水田"，终年积水的

---

① 杨万选：《贵州省大定县的农民》，《东方杂志》1927年第24卷第16号。
② 徐宏祖：《徐霞客游记》，成都出版社1995年版，第449页。

"滥田",筑堰引水灌溉的"堰田",用水车提灌的"水车田",沿山造田的"梯子田",环绕山腰的"腰带田"等。① 改土为田,种植产量较高的水稻,有效提高了土地利用率。

农作物新品种的引进和推广又是一大进步。引进一种新的作物,同时就引进了一种新的栽培技术,增加了一种新的开发手段。在广大山区,旱地多种植燕麦、红稗、小米、苦荞等低产作物,明末清初原产美洲的玉米传入贵州。玉米是旱地之王,产量高、耐干旱、宜粗放,入清以来很快得到推广,成为杂粮的大宗。此后,马铃薯、番薯等相继传入,增加了粮食品种和产量。到清末,贵州西部的威宁、水城等地已成为马铃薯的主产区。明代以来,油菜种植面积逐渐扩大,成为主要的油料作物,烟草、花生等经济作物的发展,改变了农业的种植结构。

清末民初,西方现代农业科技渐次传入中国,加快了中国农业近代化的步伐,然而在偏远的贵州山区,生产工具及技术继续维持原状,农业生产水平停滞不前。从生产工具来看,民国以来,多数地区还和明清时期一样,仍以牛耕为主,偏远地区还用人拉木犁,牛踩田。所用农业工具多系沿用多年的简易铁木农具,不仅未曾使用近代农业机械,就连外地已经开始使用的改良农具也很难被引进,个别地区还在使用木耙、石耙、木锄、木耒、石轮等。耕种、管理技术大都比较粗放,除中心地区已使用自然选种、施用农家肥、中耕除草等技术外,不少地方仍停留在种"望天田""白水田"的水平。到1920年代末,"瓮安、余庆、铜仁、印江、省溪、江口、思南、安顺、兴义等地,耕种方法,一沿旧制"。雷山、台拱、剑河、永从、紫云、望谟、纳雍、威宁等边远山区则保持刀耕火种、赶山吃饭、广种薄收等原始、粗放的生产方法。② 据民国学者吴泽霖等的调查,定番县农民所使用的农具都是因袭几十年来的制造法,而不知改良,所以仍保

---

① 张幼琪、史继忠、王菂幸子:《贵州:开发引出的考量》,贵州人民出版社2008年版,第139页。
② 《贵州六百年经济史》编辑委员会:《贵州六百年经济史》,贵州人民出版社1998年版,第302—303页。

留着极幼稚的形式耕田，所用的犁耙扒等均是本地的粗笨手工业产品，使用起来需要很大力气才能收获相当效力（如图1-1）。①

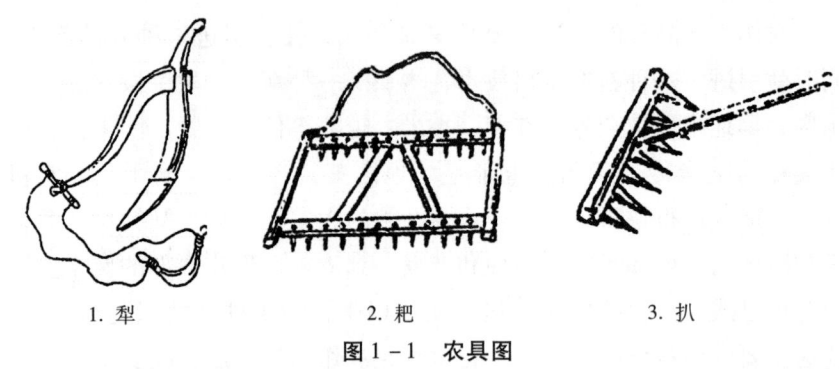

1. 犁　　　　2. 耙　　　　3. 扒

图1-1　农具图

资料来源：吴泽霖等：《定番县乡土教材调查报告》，《中国地方志集成·贵州府县志辑》第27册，巴蜀书社2006年版，第211页。

军阀混战导致劳动力减少，大量土地被抛荒。"大定——可说全贵州——在有军事发生时，官道两旁的地土，没有人敢去种，已种的，没有人敢去耘耨或收获。因为'拉夫'太利害了。"②战乱频频引起政局不稳，人心不安，较少开展水利设施建设，已有水利工程也往往年久失修。如定番县当局与地方人士，对于农田水利，并不重视，"即有少数河坝的兴修，亦属简而易举者，大都由私人兴筑，常因人心不齐，或财力不敷，或因修而又毁，较大工程难得有成功者"③。

第三节　抗战军兴与贵州山地农业开发

抗战爆发后，随着东南、华中、华南等广大地区的相继沦陷，

---

① 吴泽霖等：《定番县乡土教材调查报告》，《中国地方志集成·贵州府县志辑》第27册，巴蜀书社2006年版，第210页。
② 杨万选：《贵州省大定县的农民》，《东方杂志》1927年第24卷第16号。
③ 吴泽霖等：《定番县乡土教材调查报告》，《中国地方志集成·贵州府县志辑》第27册，巴蜀书社2006年版，第209页。

中国农业较为发达的地区被日军侵占,在农业方面损失极为惨重。仅东南地区,1937年至1938年,稻麦种植面积损失达38%,棉花种植面积损失达70%,烟草种植面积损失达32%;而产量分别减少22%、68%、33%。① 与此同时,由于沿海地区的沦陷,对外贸易严重受阻,粮食进口几乎断绝。严峻的局势迫使国民政府不得不把经营的重点逐渐转向经济上相对落后的四川、云南、贵州、广西等省,将其作为战时衣食所出的根据地,以维持抗战时期数额巨大的军民粮食供应。在这样的情况下,1938年3月,国民党召开临时全国代表大会,大会主旨就是发展战时农业。会议宣言强调:"中国为农业国家,大多数人民皆为农民,故中国之经济基础在于农业。抗战期间,首宜谋农村经济之维持,更进而加以奖进,以谋其生产力之发展。"② 大会通过的《抗战建国纲领》,将农业摆在工业、交通各业之前,提出"以农立国、以工建国"的口号,确立了战时国民政府发展大后方农业经济的政策:"全力发展农村经济,奖励合作,调节粮食并开垦土地,疏通水利;尽力维持农村之秩序,安定农民生活;增加有用作物,如米、麦、杂粮之生产,禁止鸦片等有害作物的种植;设立仓库,积存大宗农产品,以调节各地需要。"③ 次年4月,国民政府召开第一次全国生产会议,根据上年国民党武汉临时全国代表大会制定的政策,确定了战时农业生产政策的要点:"开发农林资源,利用未垦荒地增加生产;改良旧式农业经营,推广农业科技应用,包括改良种子,防治病虫害,改进肥料、农具、兴修水利;调节农村金融和组织农村合作社等。"④ 为实现上述目标,国民政府于是年设立了行政院农产促进委员会。1940

---

① 侯宣杰、陈炜:《抗日战争时期广西农业发展的原因及特点》,《广西师范大学学报》(哲学社会科学版)2005年第3期。
② 《农村复兴委员会章程》,载中国第二历史档案馆编《国民党政府政治制度档案史料选编》上册,安徽教育出版社1994年版,第189页。
③ 《抗战建国纲领》,载荣孟源编《中国国民党历次代表大会及中央全会资料》(下册),光明日报出版社1985年版,第509页。
④ 周开庆主编:《经济问题资料汇编》,台湾文海出版社1979年版,第327页。

年7月，在经济部农林司的基础上成立农林部，管理全国农林行政事务。中央农业实验所划归农林部管理，作为全国改进农业技术的中枢并扩充力量。至此，国民政府建立起了较为完整的农业行政体系。

随着东中部省份的相继沦陷，国民党政治、经济重心西移，大批机关、学校、工厂等迁入包括贵州在内的大后方，再加上难民的大量涌入，使得贵州的人口出现较大幅度的增长。据学者统计，1936—1944年，贵州人口由991.88万人发展到1082.72万人，净增90.84万人，平均每年净增11.36万人，年均递增率为1.1%（如表1-4）。人口的陡增，需要发展农业来解决衣食问题；同时，人口的内迁，为发展农业提供了劳动力资源。人口压力和动力的双重作用，客观上促进了贵州农业的发展。

表1-4　　　　1936—1944年贵州省人口增减情况　　　　单位：万人

年份	人口数	较上年净增（减）人口数
1936	991.88	/
1937	1030.25	38.37
1938	1032.63	2.38
1939	1025.59	-7.04
1940	1021.27	-4.32
1941	1055.20	33.93
1942	1072.86	17.66
1943	1079.25	6.39
1944	1082.72	3.47

资料来源：潘治富主编：《中国人口·贵州分册》，中国财政经济出版社1988年版，第67页。1939—1940年贵州人口呈负增长，这与1938年全省性霍乱流行，1940年全省性疟疾流行有关（参见贵州省图书馆编《贵州省历代自然灾害年表》，贵州人民出版社1982年版，第389页）。

抗战时期，贵州对农业的依赖度加深。这一时期，贵州近代工业刚开始起步，矿业亦刚开始开发，全省其他税收亦多间接或直接取之于农，财政收入则以田赋为主，人民生活，也都仰赖于农业，如食用的米粮果蔬、衣着的棉麻毛皮、建筑和交通工具所需的木材，皆取之于农林。因之，农业生产为贵州最主要的经济基础，农业技术不改进，农村经济便无法繁荣，农民生活无从提高，工业亦缺乏发展的基础，更无力支持抗击日寇的侵略战争。①"黔省产业落后，人民生计困难，达于极点。救济之方，自以开发生产为根本要图；而尤以增加农林生产为目前急需。"②

而抗战爆发前后，贵州的粮食产量却是逐年下降。中央农业实验所的调查显示，抗战前夕，贵州农作物的产量下降到平常年份的60%左右。晚稻的产量更是下降到了50%（如表1-5）。

表1-5　　　　　1936年贵州农作物产量占常年产量的比重

作物	比重	作物	比重	作物	比重	作物	比重
早稻	66%	小麦	65%	油菜籽	66%	甘薯	56%
中稻	62%	大麦	64%	高粱	65%	棉花	67%
晚稻	50%	豌豆	60%	玉米	70%	花生	63%
糯稻	61%	蚕豆	61%	大豆	63%	烟叶	69%
小米	67%	糜子	66%	芝麻	64%		

资料来源：张肖梅：《贵州经济》，中国国民经济研究所1939年版，第A12页。

但是，如果与1938年的产量比起来，1936年的产量还不算最坏的。1938年的水稻产量只有1936年的79%，小麦仅有43%（如表1-6）。"七七事变"后，贵州大量劳动力被征兵征工，导致从事农业生产的劳力不足，在没有新技术支撑的情况下，农业生产进一步恶化就在所难免。而随着内迁步伐的加快，军需民用均对贵州的农业生产又提出了严峻的要求。

---

① 熊大宽编著：《贵州抗战时期经济史》，贵州人民出版社1996年版，第46页。
② 胡嘉诏：《一年来之贵州省建设》，《中国建设》1937年第15卷第1期。

表1-6　　　1936年与1938年贵州各种农作物产量之比较　　　单位：斤

年份	稻谷	小麦	大麦	小米	大豆	高粱	甘薯	棉花	花生	烟叶
1936	1023202	463353	164242	135487	119731	153809	354435	20726	55323	13010
1938	811232	200483	95102	26441	41362	36170	266758	5506	22291	8871
比重	79%	43%	58%	20%	35%	24%	75%	27%	40%	68%

资料来源：中国农村经济研究会编：《抗战中的中国农村动态》，新知书店1939年版，第224页。比重栏数据有修正。

第二章 健全农事机构，开展农业调查

第一节 贵州省农业改进所的成立

中华民国成立后，贵州省成立了实业司垦殖局，负责管理垦殖荒地，因地制宜栽种作物等事宜。1915年，贵州省政府为了发展实业，于贵阳成立蚕桑总局。次年，各县成立蚕桑分局与桑区，设置劝业员或桑区管理员。1927年，农工厅职掌农政管理，全面负责农林牧副渔和农垦的生产和建设，以及相关政策和措施的制定。翌年，省政府同意农工厅制定的《贵州省农工厅奖励种植暂行条例》，鼓励利用荒地，积极种植麻、棉、茶、桑、桐、漆等植物。1929年，省农工厅改组为省农矿厅，内设三科，其中第二科掌管农、林、蚕、牧、渔、垦、水利、气象、农村经济及农村改良等业务。次年7月，省政府核准《贵州省农矿厅附设农业推广处简章》，在厅内附设农业推广处，设主任1人，推广员4—8人，明确推广处以普及农民科学知识，提高农民技能，改进农民生产方法，改善农村组织农民生活，促进农民合作为主要任务。[①] 同年，省立农业试验场成立，以培养纯良种籽苗木、研究栽培饲养调制等法之改良、在规定之服务区域内实行示范之推广工作为主要职责。分设事物、农作物、园艺、畜牧、蚕桑、推广6部。[②] 1931年5月，"简章"修订为《贵州省农矿厅农业推广处组织章程》。1932年

---

① 《贵州省农矿厅附设农业推广处简章》，《贵州农矿公报》1930年第3—4期合刊。
② 《贵州省立农业试验场组织规程》，《贵州农矿公报》1930年第1期。

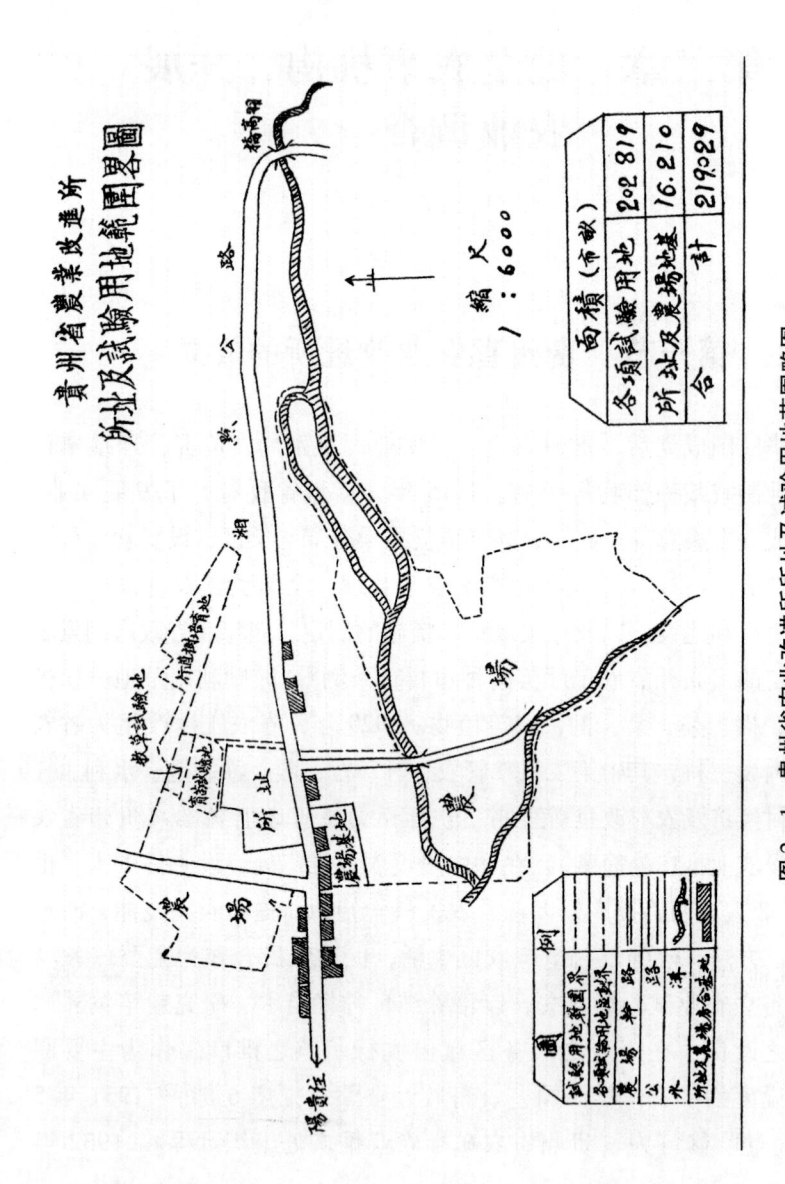

图 2-1 贵州省农业改进所所址及试验用地范围略图

资料来源：贵州省农业改进所 M62-2-64，贵州省档案馆藏。

11月，省农矿厅撤销，原有关农政管理业务移交省建设厅。省建设厅共有三科，其中第三科主管农业。1935年，国民政府确立了在贵州的统治地位后，提出了治黔应"发展天然富源及改良农业，以为根本补救之方"①。

1937年12月，因上海棉纱交易市场事件被免去实业部部长一职的实业家、报业家吴鼎昌被任命为贵州省政府主席。时人颇为看好这位集学识、资历、地位、声望、能力于一身的前实业部长来黔主政，"贵州这地方，百纲待振，正需要培本治标的计划和实干的毅力，以他（指吴鼎昌——引者注）来主持省政，是颇适合的"②。吴鼎昌到任伊始，看到贵州农业因政局动荡、政策朝令夕改而"致三十余年，终鲜成效"，遂决定"以革新本省农业、繁荣农村经济、增加后方生产、加强抗战力量为主要施政方针"。他感到欲发展贵州农业，先得从改革农业机关入手，遂邀请经济部中央农业实验所副所长沈宗瀚来贵阳"洽商整顿旧有农林场圃办法"，几经商讨，在"省库万分支绌"之时，仍决定拿出经费与经济部合办贵州省农业改进所。1938年4月1日，"贵州省农业改进所"（以下简称省农改所）成立，专统筹负改进全省农业之责。③ 该所行政属贵州省政府建设厅管辖，技术由经济部中央农业实验所负责指导。

一　职责和任务

省农改所以"改进贵州农业，增加生产"为宗旨，故名曰"改进所"④。其职责与任务是：（1）研究、改进贵州农艺、蚕牧、兽医、森林及其他农业技术及方法；（2）推广各改良品种、优良苗木、防疫血清及其他改良已有成效之农产品；（3）训练本省各行政区域及

---

① 《蒋委员长治黔之根本策》，《外论通讯稿》1935年4月9日。
② 韦熙鸿：《建设新贵州的一线曙光》，《西南导报》1938年第1卷第3期。
③ 《贵州省农业改进所史略》，贵州省农业改进所 M62-2-64，贵州省档案馆藏。
④ 改进一词的含义有两层，一是改变旧有状况，二是在改变的基础上有所进步或提高。或者说，提高某事物的价值或质量使之更有利可图、更优良、更受人欢迎。故不叫"试验"，也不叫"推广"，而是二者兼而有之。

各县之农业推广指导人员暨农业技术人员；（4）调查及研究农村经济及组织；（5）调查研究并指导防治水旱灾及植物病虫害之方法；（6）协助省、县政府及其他机关，推行有关改进本省农业的各种计划或解决农业问题；（7）办理中央农业实验所委托之农业实验事项。① 1940年修正"组织章程"，在"任务"中增加"研究及设计制造新式农具暨农村交通工具"一条。② 1942年再次修正章程，在上条中添入"试验各项农田水利工程"一项。③ 由此可见，省农改所主要负责全省农业技术的改良、推广，防治水旱和病虫害等工作，在全省农业发展中具有举足轻重的作用。

从其职责和任务来判断，省农改所不同于其前身省立农事试验场，已不是一个纯粹的学术研究机构，"推广""训练""指导""协助……推行"这些词语出现在其组织章程中，表明省农改所是一个带有一定行政管理职能的研究型机构。

二　组织机构沿革

1938年3月11日，贵州省政府委员会第415次会议通过《贵州省农业改进所组织章程》及实施办法，并核准由中央农业实验所推荐的经济部技正皮作琼任农改所第一任所长，会同本省建设厅共同商讨并开展工作。3月17日，组设筹备处于建设厅内，选定贵阳南门外油榨街原省立林场为所址，并将原省立农事试验场、模范林场及第一、第二棉场合并，以资统筹办理，统一事权。

贵州省农业改进所成立之初，内部组织分设农艺系、森林系、畜牧兽医系、柞蚕系、农业经济系5系，防治水旱研究室、总务室2室，分任各项技术研究及事务工作。又应事业之需要，先后设立施秉棉业试验场、农事试验场及农具制造厂。

1939年2月，防治水旱研究室改为农业工程室，并增设植物病虫

---

① 贵州省档案馆编：《贵州省农业改进所》，贵州人民出版社2006年版，第326页。
② 贵州省档案馆编：《贵州省农业改进所》，贵州人民出版社2006年版，第330页。
③ 贵州省档案馆编：《贵州省农业改进所》，贵州人民出版社2006年版，第332页。

害研究室,设置遵义柞蚕试验场。

改第二林场为植桐试验场,于清镇、锦屏、铜仁3县设置区植桐推广区。1940年7月,总务室改为事务室,柞蚕室改为蚕丝系,农业经济室、农业工程研究室、植物病虫害研究室均改"室"为"系",并在10—15县设置农业推广室。

1942年1月,修正《贵州省农业改进所组织章程》,设农艺系、植物病虫害研究系、森林系、蚕桑系、畜牧兽医系、农业经济系、农业工程研究系、农业推广委员会、总务室。4月,省农改所所长皮作琼辞职,省政府派虞振镛为所长,增设秘书室及会计室,改六广门外农场为园艺试验场,植桐试验场为经济林场。

1943年,成立园艺系,先后设立第一、二、三、四、五行政督察区区农场。1944年增设第六行政督察区区农场。至此,贵州省形成了以省农改所为中心,以各区农场和县农业推广所为辐射点的集农业科研和试验推广于一体的综合性机构。

1945年2月,将园艺试验场迁到省农改所本部。同年11月接收镇远农林部经济林场,并入第一区区农场。当年与湄潭农林部西南兽疫防治站合办血清菌苗制造厂。1946年1月,接收农林部平坝农场,改为直辖区区农场;6月接收打鱼寨华侨农场;9月,接收社会处平坝乾溪农场。

到抗战胜利前夕,贵州省农业改进所内设机构有农艺系、森林系、园艺系、畜牧兽医系、农作物病虫害系、农业经济系、蚕桑系、农业工程系8系,及秘书室、会计室2室,1个农业推广委员会。附属机构有农艺系直辖的农艺试验场及施秉美棉繁殖场,园艺系直辖的园艺试验场,森林系直辖的图云关第一林场及长坡岭经济林场,蚕桑系直辖的遵义柞蚕试验场,农业推广委员会直辖的推广辅导区及平坝乾溪农场,第一、第二、第三、第四、第五、第六、直辖区7个行政督察区区农场,详见图2-2。

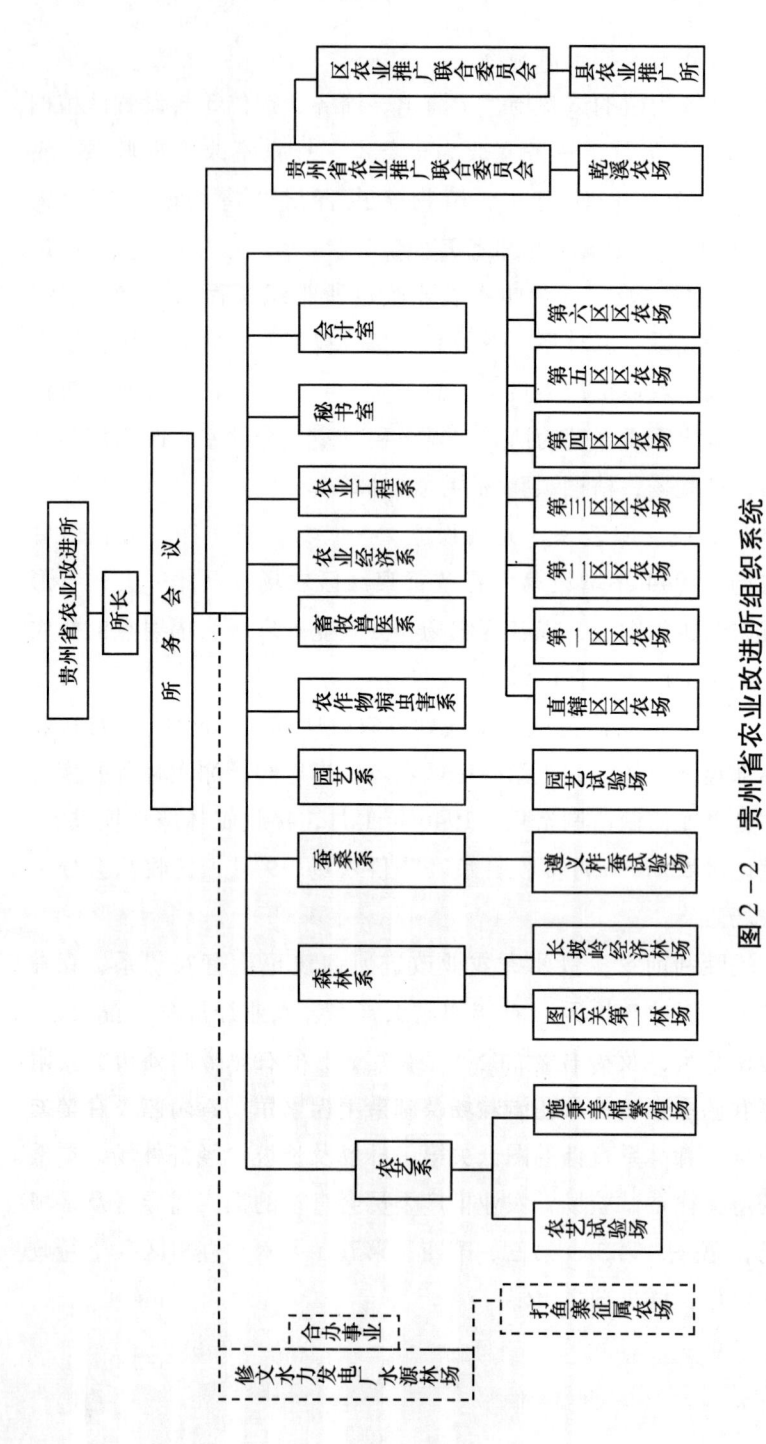

图 2-2 贵州省农业改进所组织系统

三 人员的构成和选任

《贵州省农业改进所组织章程》于1938年3月经贵州省政府委员会第415次会议通过，先后于1939年3月、1940年8月、1942年6—7月修正，1943年4月据行政院仁参字第8744号指令修正（见表2-1）。为行文方便，本书依次称之为第一案、第二案、第三案、第四案、第五案。

表2-1　　　　贵州省农业改进所技术人员编制情况　　　　单位：人

组织规程	技正	技士	技佐	助理员	推广员	练习生
1938年3月制定	5—15	10—20		15—30		
1939年3月修正	5—15	10—20		15—30		
1940年8月修正	5—15	10—20		15—30		
1942年6—7月修正	5—10	10—20	15—25	20—30	若干	若干
1943年4月修正	10	10—20	15—25		依需要	依需要

注：在前三案中，技正为技术专员，技士（技佐）为技术员。
资料来源：贵州省档案馆编：《贵州省农业改进所》，贵州人民出版社2006年版，第326—336页。

"规程"第四条单独讲所长配置问题。设所长一人，不设副所长。人选由中农所推荐，由省政府任命："由中央农业实验所向贵州省政府建设厅推荐，呈请贵州省政府派充。"第四案则规定，所长由"贵州省政府遴员，商得农林部同意"，所长遴选任命权收归地方。从第二任所长开始，均为在贵州农林建设领域工作多年、有深厚人脉关系的人士。这或许与省农改所的经费自1942年起由省部平摊变为全部由省拨款有关。

技术人员编制的重大变化也出现在第四案中。首先，明确将技术专员改称技正，技术员改称技士和技佐。其次，减少技正的编制数，增加技士和技佐的编制数。再次，依据工作需要，可设推广员、练习生若干人。更为显著的变化是，省农改所的人事权逐渐增大。在前三案中，技术专员得由"所长商经中央农业实验所同意后，呈请建设厅转请贵州省政府派充"，技术员、助理员则"由所长遴请建设厅派充"。到了第四案，则改为：技正、技士和技佐"均由所长遴员，呈经建设厅转请省政府呈荐任命或核委"，不再征求中农所的意见；助理员、练习生和推广员"均由所长派用，呈报建设厅转请省政府备案"，不再由建设厅派充。在第五案中，练习生、推广员、雇员等不必再到省建设厅备案。行政人员的选任则由所长拍板，报省建设厅转请省政府呈荐或核委。财务方面，由建设厅派会计员1人，"主持岁计会计事宜"。在第四案中，设会计主任一人，"由国民政府主计处依法任用，直接对国民政府主计处负责，受省政府会计长之监督指挥，承所长之命主办岁计、会计事务"①。

农改所成立之初，其人员首先来自中央农业实验所的委派，如皮作琼、沈骊英、朱凤美、塞先达、喻锡璋、雷男、刘廷蔚、卜慕华等。其次，"派技术专员赴中央农业实验所短期研究，或派其他技术人员参加中央农业实验所短期训练班训练"②。再次，就是引进人才。省农改所十分重视人才。该所在人才的"入口关"上把关甚严，其所订定的任用人员标准可谓严苛。详见表2-2。

表2-2　　贵州省农业改进所任用人员标准及工资标准　　单位：元

职别		任用人员标准（符合所列条件之一即可）	工资标准
技术人员	技正	大学毕业，曾任技士或专题研究8年以上，对于所任工作确有成绩之表现，并能训练人员有方及负责主持所任工作之全部者	240—400
	技士	1. 大学毕业，曾任技佐或专题研究2年以上，持有证件者。 2. 农专毕业，曾任技佐或专题研究2年以上，对于所任工作之技术能独当一面，负责推进，用心研究，确有成绩，并能主持工作之局部者	145—245
	技佐	1. 大学毕业。 2. 农专毕业，曾工作2年以上，持有证件者。 3. 任助理员3年以上，对于所任工作之技术确有成绩，并能用心研究求进者	100—150

---

① 贵州省档案馆编：《贵州省农业改进所》，贵州人民出版社2006年版，第326—336页。
② 贵州省档案馆编：《贵州省农业改进所》，贵州人民出版社2006年版，第327页。

续表

职别		任用人员标准（符合所列条件之一即可）	工资标准
技术人员	助理员	1. 高农毕业。 2. 高中毕业，曾在公私机关、团体服务1年以上，持有证件者。 3. 大学肄业1年以上。 4. 任练习生2年以上，对于所任工作之技术确有进步并能听从上级职员之指导，用心研究者	90—130
	练习生	1. 高中毕业。 2. 初中毕业，曾在公私机关、团体服务1年以上，有证件者。 3. 高小毕业，曾在公私机关、团体服务4年以上，持有证件者。 4. 充当技工6年以上，确有成绩而持有证件者	50—100
事务人员	科员	高中以上毕业，公私机关、团体服务5年以上，持有证件者，文理清〈精〉通，能负责主持所任工作之全部，并训练与指挥下级职员确有成绩者	130—240
	办事员	高中毕业或有同等学力，文理清〈精〉通，任事忠实，并能独当一面负局部责任者	100—180
	助理员	高中毕业或有同等学力，能听从上级职员之指导，任事忠实者	85—135

资料来源：《贵州省农业改进所任用人员标准》，贵州省农业改进所 M62-2-35，贵州省档案馆藏。

除了上述条件外，在录取之前，还要进行考试和面试。① 由于大量人口西迁贵阳，就业市场面临"僧多粥少"的状况，不少人通过种种关系想方设法挤进省农改所。农改所并非照单全收，而是坚持原则、坚持标准。如，国立贵阳医学院院长李宗恩致函农艺系主任沈骊英，请求录用金陵女大社会经济系毕业生朱玉凤。虽然朱女士毕业于名校，又有多年工作经验，但因其专业不对口，沈骊英仍婉言谢绝。②

数据表明，省农改所职员情况基本符合上述要求。在现有人员

---

① 《单位和个人推荐相关人才来所的往来函件》，贵州省农业改进所 M62-2-42，贵州省档案馆藏；《黄平县立初级职业学校公函 报送本校园艺科毕业男生管德华、黎运柄，女生石国英、李秀英、任桂芬、白蕙珍、石正翠等七名请予收录由》，贵州省农业改进所 M62-2-42，贵州省档案馆藏。

② 《单位和个人推荐相关人才来所的往来函件》，贵州省农业改进所 M62-2-42，贵州省档案馆藏。

中，以1946年的统计为例，呈现如下几个特点：一是技术人才多，事务人员少。在总人数为105人的队伍中，技术人员为77人，占73.3%，事务人员为28人，占26.7%，专业技术人员的数量占绝对优势。二是职别越高，学历越高。如，9名技正全部为大学学历，技士中大学学历也逾五成；而推广员、练习生和事务人员中以中学学历居多。三是有工作经历的多，无工作经历的少。其中，仅12人在任现职前无工作经历，占11.4%。四是外省人多，本省人少。外省人达57.1%，其中以广西、湖南、浙江、广东等地居多。五是年龄结构合理，年轻者居多。数据表明，50岁以上的仅5人，其中60岁以上的仅2人，40—49岁的有12人，平均年龄为34.4岁，是一支年富力强的队伍。具体情况详见表2-3、表2-4。

表2-3　　　　　贵州省农业改进所职员统计（1946年）　　　　单位：人

职别		人数	学历		任该职前的工作经历		籍贯		平均年龄
			大学	中学	有	无	本省	外省	
技术人员	技正	9	9	0	9	0	5	4	44
	技士	17	10	7	17	0	5	12	35.6
	技佐	18	9	9	10	8	7	11	31.1
	推广员	26	1	25	23	3	11	15	29.3
	练习生	7	0	7	6	1	4	3	30.9
事务人员		28	4	24	28	0	13	15	35.7
合计/平均		105	33	72	93	12	45	60	34.4

资料来源：《贵州省农业改进所职员录》（民国三十五年），贵州省农业改进所M62-2-27，贵州省档案馆藏。

表2-4　　　　　贵州省农业改进所职员履历

职别	姓名	年龄	籍贯	性别	简历
所长	杨汝南	44	贵州	男	国立北平大学农学士，日本北海道帝国大学研究员，曾任该所技正、厂长、经理等职

续表

职别	姓名	年龄	籍贯	性别	简历
秘书	徐承镕	49	贵州	男	国立北平农业专业学校林科毕业，曾任教授、秘书科长、技正等职
技正	商承烈	48	贵州	男	北平农大毕业，曾任秘书、技正等职
技正	龚于道	37	四川	男	兽医学校大学部本科毕业，曾任兽医主任、技正等职
技正	唐桂馨	34	上海	男	上海兽医专科学校毕业，曾任技术员、主任等职
技正兼主任	万勖忠	58	贵州	男	日本帝国大学毕业，曾任教授贵州农事试验场场长等职
技正	饶钦兴	35	四川	男	国立北平大学农学院毕业，曾任教员、校长、技正等职
技正	侯翼如	43	江苏	男	国立北平大学农学院毕业，曾任中央地质调查所土壤研究室主任
技正兼主任	周治昭	48	贵州	男	国立北平农业专门学校林科毕业，曾任农林部珠江水系林区主任等职
技士兼场长	叶俊藩	38	湖南	男	中央大学植棉班毕业，曾任技术员、指导员、场长、主任等职
技士兼场长	杨椿年	30	广西	男	国立广西大学毕业，曾任技士、技术员等职
技士兼场长	黄希陶	35	贵州	男	江苏省立苏州农业专校毕业，曾任技术员、指导员等职
技士	雷作霖	60	贵州	男	省立农业学校毕业，曾任技师、管理员等职
技士	张天鹏	43	河南	男	金陵大学毕业，曾任技士
技士	郑月樵	35	山东	男	西北农学院毕业，曾任场长、主任等职
技士	罗良构	33	湖南	男	浙江大学毕业，曾任技士、主任等职
技士	熊良	38	江苏	男	浙江大学毕业，曾任技士、调查员等职

续表

职别	姓名	年龄	籍贯	性别	简历
技士	劳作新	34	广西	男	广西畜牧兽医养成所毕业,曾任技佐、宰坊主任等职
技士	陈进亨	35	广西	男	广西畜牧兽医养成所、中央兽医训练班毕业,曾任指导员、技佐等职
技士	徐中	35	江苏	男	江苏省立苏州高级农业学校毕业,曾任技佐、助理员等职
技士	胡礽同	32	贵州	男	金陵大学毕业,曾任技佐、助教、校长、翻译等职
技士	陈杰生	39	江苏	男	江苏省立教育学院农专毕业,曾任技术员、技士等职
技士	许宗衡	35	河北	男	新农农业专科学校毕业,曾任技士、推广员等职
技士	张鹏翔	40	安徽	男	北平农业大学毕业,曾任场长、副主任等职
技士	刘盛明	46	贵州	男	贵州省立甲种农业学校毕业,曾任教师、局长、总务组长等职
技士	石化和	32	贵州	男	贵阳高农与农建会编学院农干班毕业,曾任督导员等职
技佐	李春生	42	湖南	男	湖南省立农高毕业
技佐	何学政	32	安徽	男	浙江大学毕业
技佐	袁侨仪	31	贵州	男	中大农学院毕业,曾任技术员、建设科长等职
技佐	邓乃朋	28	河北	男	浙江大学毕业,曾任教员
技佐	柴祖泽	27	贵州	男	浙江大学毕业
技佐	林维治	30	浙江	男	湖南行政干部学校农技班毕业,曾任技术员、教员等职
技佐	李海芳	32	广东	男	国立广西大学毕业
技佐	徐端常	27	贵州	男	贵州行政干部训练团建设组毕业
技佐	周大鹄	29	贵州	男	贵州省立镇远师范毕业,曾任推广员、助理员等职

第二章 健全农事机构，开展农业调查

续表

职别	姓名	年龄	籍贯	性别	简历
技佐	于世齐	27	贵州	男	贵州大学毕业
技佐	高岳峰	33	热河	男	浙江大学毕业
技佐	定正喜	28	湖南	男	湖南常德中学肄业，曾任技术员、助理员等职
技佐	王德惠	32	贵州	女	浙江大学毕业
技佐	陈健伟	33	广东	男	广东省立梅县高级农业学校林科毕业，曾任技术员、管理员等职
技佐	陈万青	33	江苏	男	江苏省立宜兴高级农业学校林科毕业，曾任技佐、林区主任等职
技佐	李会轩	33	广西	男	陆军兽医学校畜牧科毕业，曾任兽医佐
技佐	王国枢	31	贵州	男	贵阳高级农校毕业，曾任兽医佐
代理技士	杨国武	32	贵州	男	金陵大学农业高修科毕业，曾任指导员、主任等职
会计主任	赵旭东	35	河北	男	北平萃文大学肄业，北平商业学校毕业，曾任军需科长等职
会计佐理员	余次侯	29	湖北	男	黄梅县立中学毕业，上海立信会计学校桂林分校毕业，曾任股员、军需等职
会计佐理员	赵永龄	28	贵州	男	榕江国师毕业，曾任小学校长、指导员等职
会计佐理员	于世光	32	贵州	男	贵阳正谊中学毕业，曾任会计员、事务员等职
会计员	和绍铭	34	贵州	男	北平求实中学毕业，曾任教员、科员、管理员等职
人事管理员	高佩基	35	贵州	女	贵州省立贵阳女子师范学校毕业，曾任小学教员、事务员、科员等职
事务员	何烺	57	贵州	男	贵州大学肄业，曾任科长等职
事务员	燕明璿	35	贵州	女	贵州省立女师第三期毕业，曾任小学教员、助理干事、科员等职
事务员	刘贵山	44	贵州	男	遵义师范中学肄业，曾任科员等职
事务员	王云龙	36	贵州	男	正谊中学毕业，曾任图书管理员等职

续表

职别	姓名	年龄	籍贯	性别	简历
事务员	张孝昌	34	湖南	男	湖南广益中学毕业，曾任科员、会计员等职
事务员	沈方朔	34	江苏	男	上海正风文学院毕业，曾任科员、督导员等职
事务员	刘熙治	35	湖南	男	湘乡中学毕业，曾任事务员、会计文书等职
事务员	陈若希	34	湖南	男	旅邵湖南中学毕业，曾任办事员、股员等职
事务员	吉云波	41	河北	男	深县县立中学毕业，曾任中上尉书记等职
事务员	卜青桢	39	安徽	女	凤阳女子中学毕业，曾任办事员、小学教员
事务员	熊勉哉	34	贵州	男	贵州省立第一中学毕业，曾任科员、事务员、办事员等职
事务员	冉从坚	33	贵州	男	贵阳县立高中毕业，曾任办事员
事务员	蔡光泽	32	安徽	男	太湖县立中学毕业，曾任书记、办事员
事务员	袁玉昆	31	贵州	男	三民中学毕业，青年会计补习学校毕业，曾任军事会计、佐理员等职
事务员	郭家泽	53	湖南	男	湖南高等师范毕业，曾任科员、注册员等职
事务员	江一之	45	安徽	男	上海法政大学法律系毕业，曾任科员、站长等职
事务员	王永铭	32	贵州	男	贵州省立镇远师范毕业，曾任麦仓员、主任等职
事务员	陈光藻	38	湖南	男	湖南广雅中学毕业，曾任科员、助理员等职
事务员	张伦伯	49	贵州	男	贵州南明中学毕业，曾任法院书记等职
事务员	钟增辉	33	广东	男	广东省立梅县高级农业学校毕业，曾任会计、佐理员
管理员	齐修民	37	湖北	男	北平商业学校毕业，曾任佐理等职

续表

职别	姓名	年龄	籍贯	性别	简历
管理员	沈羽廷	33	浙江	男	浦江私立中学毕业,曾任科员等职
推广员	覃章乾	32	湖南	男	石门中学师范班毕业,曾任少尉科长、中尉服务员等职
推广员	何季常	62	贵州	男	曾在本所服务有年
推广员	颜志德	27	湖南	男	湖南私立修业高级农校毕业
推广员	徐润锋	36	江西	男	金陵中学毕业,曾任材料员、出纳、税务员等职
推广员	游炽辉	39	四川	男	邻木县立初中毕业,曾任宣传员、办事员等职
推广员	龙全健	32	贵州	男	黔江中学高中师范科毕业,曾任职教员等职
推广员	何玉琳	32	贵州	男	贵阳高级农校毕业,曾任技佐、教员等职
推广员	李瑞良	34	贵州	男	贵州省立师范学校毕业,曾任助理员、小学校长等职
推广员	韦善书	24	广西	男	陆军兽医学校大学部畜牧科毕业,曾任上林中学教师
推广员	蔡朝阳	27	贵州	男	平越县立初中毕业
推广员	侯芸	28	广西	男	广西省立柳州高级农业职业学校畜牧兽医科毕业
推广员	沈仕俊	29	贵州	男	镇远初中肄业,曾任干事、主任等职
推广员	吴绍陵	32	江苏	男	省立贵阳高农毕业,曾任县府技士
推广员	李际成	27	贵州	男	湖北省立宜昌高级中学毕业,曾任指导员、助理员等职
推广员	蔡稗卿	32	浙江	男	绍兴县立中学毕业,曾任技术助理员等职
推广员	朱子英	31	广东	男	广东市立第一中学高中毕业,曾任党部干事
推广员	戴世友	32	四川	男	桐梓县立中心学校毕业,曾任技术助理员

续表

职别	姓名	年龄	籍贯	性别	简历
推广员	王正权	29	贵州	男	遵义明德中学毕业，曾任教员
推广员	杨淑铭	33	广东	女	番禺县师范毕业，曾任办事员、干事等职
推广员	杨文顺	34	贵州	男	贵阳高级中学毕业，曾任助理员、上尉科员等职
推广员	罗国栋	32	湖南	男	湖南私立成章中学毕业，曾任事务长等职
推广员	谢金芝	27	江西	男	湖南私立成章中学毕业，曾任管理员等职
推广员	徐正中	27	浙江	男	浙江省立二中高中部毕业，曾任助理员等职
推广员	卢钟书	31	贵州	男	省立贵阳高农毕业
推广员	黎起文	30	贵州	男	贵州省麻江县立中学毕业，曾任事务员等职
雇员	高奈华	23	贵州	男	贵阳私立达德中学毕业，曾任办事员
练习生	王昌益	28	贵州	男	惠水县立初级职业中学毕业，曾任教员等职
练习生	罗传书	29	贵州	男	惠水县立初级职业中学毕业，曾任教员等职
练习生	张柏林	30	江西	男	安徽县立第一高小毕业
练习生	张卓君	32	北平	女	贵阳中学高中毕业，曾任办事员、会计员等职
练习生	王青	33	贵州	女	省立贵阳女中肄业，曾任办事员、教员等职
练习生	龙灵	31	贵州	男	天柱初级中学肄业
练习生	萧习甫	33	四川	男	铜梁县立中学毕业，曾任技工班长七年

资料来源：《贵州省农业改进所职员录》（民国三十四年），贵州省农业改进所 M62 - 2 - 27，贵州省档案馆藏。

第二章　健全农事机构，开展农业调查

省农改所所长一职由农业方面的专家充任。自1938年至1949年，先后有4人担任省农改所所长。第一任所长皮作琼任职时间最长，他曾任北平大学农学院院长，从经济部技正任上被聘为省农改所所长。第二任虞振镛也是外省人，曾任清华大学农学系主任、北平大学农艺系主任等职，从贵州省建设厅主任技正任上转任省农改所所长。第三、四任所长均为贵州人，均为本省成长起来的、有丰富基层工作经历的人才。详见表2-5。

表2-5　　　　　　　贵州省农业改进所历任所长一览

任次	姓名	任职时间	主要经历
第一任	皮作琼	1938年4月至1942年4月	湖南沅江人。1897年生。早年毕业于法国国立朗西森林学校。先后任国立北平农业大学森林系主任、湖南大学农科筹备主任、国民政府农矿部农政司长等职。1931年任国立北平大学农学院院长。1936年12月任中央模范林区管理局局长。1938年2月，任经济部技正
第二任	虞振镛	1942年4月至1945年10月	浙江慈溪人。1890年生。1902年入鸣鹤场教堂读书，同年受洗为基督教徒。以后转入宁波崇信书院、上海中西书院。1907年考入上海圣约翰大学。1911年赴北京参加清华学堂（清华大学前身）留美预备学生的甄别考试，于当年秋季被保送入美国伊利诺伊大学攻读畜牧学。1914年毕业，获畜牧学学士学位。之后又考入康奈尔大学研究生院。1915年毕业，获畜牧学硕士学位。同年，受清华学校聘请回国任教。先担任教授兼农场主任，20年代初，清华大学创设农科，被任命为农学系主任、农场场长。1928年，清华学校改名国立清华大学，以理工科为主，取消农科，虞应北平大学农学院聘请，任该校教授兼农场主任。翌年，赴东北担任辽宁省通辽县钱家店三畲堂农事试验场场长。1931年"九·一八事变"后，返回北平，任北平大学农学院代理院长。1932年年初，就职于中国华洋义赈会，先在北平任农利股主任。1933年去西北任该会绥远民生渠水利委员会委员兼总干事。1934年，民生渠移交绥远省政府管理，虞重返北平，任北平大学农学院教授兼农艺系主任，并着手整顿畜牧场。1937年11月，任国民政府实业部渔政司长兼种畜场场长。抗日战争开始后，随国民政府机关内迁到大西南。1939年3月后任贵州省政府建设厅技正、主任技正

续表

任次	姓名	任职时间	主要经历
第三任	杨汝南	1945年11月至1948年4月	贵州锦屏人。1901年生。早年毕业于国立北平大学农学院农学系，农学士。1925年3月加入中国国民党。后入日本北海道帝国大学研究院农学部，任研究员。曾任国民政府农矿部视察。1929年8月至1933年9月任贵州火柴公司龙里林场场长。1933年10月至1938年8月任北平大学农学院讲师、江西农村建设试验区主任、国立江西农学院技师、实业部江西农村服务区管理处视察。1938年5月至1939年8月任贵州省合作委员会视察、设计委员。1940年2月任贵州企业公司专员室专员兼贵州企业木行副主任；同年7月任贵州企业公司专员室专员兼贵州企业木行主任。1941年5月，任贵州企业公司专员室专员兼贵州制糖厂股份有限公司经理、厂长。1945年9月任贵州省农业改进所技正兼总干事
第四任	赵发智	1948年4月至1949年9月	贵州兴义人。1909年生。1931年国立中央大学农学院毕业。1937年任贵州省农业试验场场长，后任贵州省农业改进所农艺系技术员、第四区专署建设科科长、第四区农场场长、贵州省立贵阳农业职业学校校长、大夏大学讲师、大夏中学校长、中兴公司经理、复兴公司经理等职。1946年3月当选为贵州省参议会参议员；同年4月任贵州地方自治协会理事

资料来源：贵州省档案馆编：《贵州省农业改进所》，贵州人民出版社2006年版，第827、844、847、861页。

从所长的更替来看，有着明显的代际传承的规律。自首任所长由留过学、教过书、当过官、搞过研究的皮作琼担任以来，就无形中确立了所长应有之资质。次任所长虞振镛亦有相似的经历，且在省建设厅任职多年，非常熟悉省内外农林建设情况。抗战之后的两任所长，均由本省人充任，但二者并非庸才：毕业于国内名校，农学专业，杨汝南还曾在日本从事研究工作，在省内多家农林机构和公司任职，工作经历丰富。作为一个技术类机构的一把手，所长的资历对该所的影响至关重要。陕西省农业改进所的前三任所长均由该省建设厅厅长兼任，配置虽高，但实无暇顾及农改所工作；学历虽高，却非科班出身；直到第四任所长才是专任，且是农业方面的专门人才。因此，该所的发展相较于其他省就要弱一些。[①]

---

① 吴瑞娟：《陕西省农业改进所研究》，硕士学位论文，陕西师范大学，2011年。

四 经费来源

贵州省农改所所有经费在1940年以前由贵州省政府与经济部平均负担，各承担50%。后分担比例有所变化。另外，省农改所还可根据实际需要，向经济部申请事业性经费补助，"各省农业改进经费，因特殊情形，得请求本部补助……补助用途为事业费，并得由本部指定其事业之范围或种类"[①]。1942年贵州省预算由中央统筹后，除由经济部补助一部分特殊研究之事业费外，全部由贵州省政府拨款。农改所经费，主要是由国库开支，因为是事业机关，除经常费、临时费用外，还有各种名目的经费补贴，如农林部补助的各种推广增产经费、省机械增产经费、棉花推广机构经费、县机构经费、贵阳兴仁辅导区经费等（见表2-6）。

表2-6　　　贵州省农业改进所历年各项经费收支　　　单位：元

年度	部分别	经费别	预算数	支付数	给字缴款数	备考
1942	本所	经常费	27519500	27892372	27128	镛字第1号
1943			65326500	65325493	1007	镛字第3号
1944			84924500	84717938	6562	镛会字第2号
1945			246114300	246076107	38193	所字第1号
1942		临时费	13800000	13787220	12780	镛字第2号
1943			53429700	53428522	1179	镛字第4号，支出□字第4号
1944			80812800	80771303	47497	镛会字第2号
1945			300000000	299912940	87060	所字第2号
1942		岁入类	480000		480000	镛会字第1号库据
1943			520000		520000	镛会字第1号库据
1944			520000		520000	镛会字第1号库据
1945			1040000		1040000	岁入字第001号

---

① 《经济部补助各省农业改进经费办法》，《金融周报》1938年第6卷第5期。

续表

年度	部分别	经费别	预算数	支付数	给字缴款数	备考
1942			31800000	17874204	19325796	转入基金
1943		粮食增产经费	45000000	25149434	19850566	转入基金
1944			54000000	50811110	3188890	转入基金
1945			80000000	79951884	48116	转入基金
1942			1090000	503811	586189	转入32年度
1943		棉花增产经费	10586189	10584346	1843	解缴农推会
1944	合作经费		150000000	13169081	1830919	解缴农推会
1945			40000000	39924770	75230	解缴农推会
1942			6143299	5370497	772802	转入32年度
1943		省县机构	6772802	5999864	772938	汇缴农推会
1944			18000000	16115762	1884238	汇缴农推会
1945			20000000	19951606	48394	汇缴农推会
1945		蔬菜经费	100000000	62720613	37279387	汇缴农推会
1945		贵阳兴仁辅导区经费	140000000	139341690	658310	汇缴农推会

资料来源：贵州省档案馆编：《贵州省农业改进所》，贵州人民出版社2006年版，第189—190页。

我们再来作一个对比。1943—1945年，贵州省的农林建设经费逐渐增长，尤其是1945年的增长幅度比较大。（见表2-7）但与周边省份相比，贵州省投入农林建设的经费是比较少的，但占总经费的比例并不低，这与全省的财政收入较低有关。然而，这一增长速度似乎仍然跟不上物价涨速。

表2-7　　　　　　1943—1945年各省农林经费一览

省份	农林经费（元）			占总经费比例（%）		
	1943	1944	1945	1943	1944	1945
贵州	1912306	2628302	5017930	1.35	1.35	0.88
四川	5480920	9916615	14801533	0.92	1.13	0.31

续表

省份	农林经费（元）			占总经费比例（%）		
	1943	1944	1945	1943	1944	1945
云南	1395779	1921555	9345585	0.79	0.64	1.15
广西	2103352	2799801	4403723	1.30	1.09	0.61
湖南	3656533	3577342	2199286	0.73	0.89	0.25

注：该表的经费与上表《贵州省农改所历年各项经费收支》出入较大，或是因为统计口径不一，或是因为折算之故。此处存疑。

资料来源：李力庸：《走出实验室——抗战时期农产促进委员会的农业推广事业（1938—1944）》，《两岸发展史研究》第6期，台湾："中央"大学历史研究所2008年12月，第61页。

与中部地区的江西相比，贵州省农改所的经费也优于江西省农业院。（见表2-8）

表2-8　　　江西省农业院1939—1941年经费情况　　　　单位：元

年度	经常费及事业费	临时费	合计
1939	403150.34	71986.98	47537.32
1940	516091.68	35893.68	551985.36
1941	1019666.44	756180.00	1775846.44

资料来源：《江西省农业院历年经费》，《江西统计》1942年第2期。

贵州省农改所成立后，"后方各省如四川、湖南、湖北、陕西、云南、甘肃等均参照贵州成例，合并零星农业机关，成立省农业改进所，负责农业试验与推广工作"[①]。贵州省农改所是抗战爆发后全国最早成立的农业改进机构，湖南、四川等省均晚于贵州数月才成立。

---

① 沈宗瀚：《抗战时期的粮食生产与分配》，《中华农业史：论集》，台湾商务印书馆1979年版，第320页。当时沈宗瀚建议吴鼎昌成立农改所时，本想应邀担任所长一职，自信凭借其能力，一定能将贵州省农改所建成示范所，无奈其被委任为中农所副所长，故未能如愿。

故省农改所所长皮作琼在工作报告中认为"查各省农业改进所之组织，本所实为嚆矢，且系应抗战之需要而产生"①。贵州省农改所在美烟、美棉的引进与推广，水稻、小麦、玉米、油菜等作物的品种改良和推广及病虫害防治，牲畜的引种改良与畜疫的防治等方面，取得了一定成绩，不但提高了全省的农业生产水平和人民生活水平，而且为大后方提供了生产生活资料。

第二节 县农业推广所的设置

除了省农改所外，还以省农改所为中心，建立起了一整套纵横交错的组织体系。从纵的方面来看，一是县级农业推广机构的建立健全，二是区农场的设立，三是各级农会组织的建立；从横的方面来看，有贵州省农田水利贷款委员会、贵州省农业推广（联合）委员会、中国蚕桑研究所、浙江大学农学院、军政部清镇种马牧场等机构的成立和内迁。本节专述县级农业推广机构的设置，其余留待第三节阐述。

时人对在县一级设立农业推广所之重要意义有深刻体认。从大处讲，"政治之重心在于县，县政隆替成败，直接影响于整个国家之治乱与盛衰"，新县制施行以来，"谋管教养卫四大县政建设之均衡发展"，而"养"是四大要政之中心。"养的事业，范围正广，农工商业交通等皆属其内，唯基本切要者，莫如衣食住行四大需要之满足，而丰衣足食，安居顺行，多属农业生产范围之内，促进农业生产之途径，当以农业推广是赖，更需运用农业推广之机构与方法，以完成农业之改进与农业之建设。"从小处说，"县政能否为地方人民所欢迎，县长能否为人民造福利，端赖众多农民之拥护"，若"县政忽视农

---

① 皮作琼：《贵州省农业改进所两年来工作概况报告》，贵州省农业改进所 M62-2-5，贵州省档案馆藏。细究起来，皮所长的判定还是失之偏颇的。比贵州更早成立农改所的是湖北省，早在抗战爆发前的1937年7月1日就成立了。只是，随着1938年武汉沦陷而解散，后于1939年1月在恩施复设。因此，较为准确的说法应该是，贵州省农改所是抗战爆发后最早成立的。

业，县长不以农林建设为己任，则不足以为众人办事，政府于众多人民之脱节，势所必然"。因此，"主持县政者，为永铸地方之恩典，则舍推行农林建设之一途，别无他道"。"挽救政风，改正人民对官府之歧视，首应加强县级农林建设，尤当以建立县农推所之机构始"，如此方能"使新兴之农业推广事业，为社会人士所重视，群策群力，以奠立农业推广百年无疆之基业"①。还有人直白地指出，"县农推所是亲农之官，正是农业推广的中心。它的事业成败，关系整个农推系统与农政前途"②。

农业推广业务在县级，不再是设计督导等项"运筹帷幄"的工作，而是要"现身说法"，以切实的实际行动来表现。诚如乔启明先生所云，县农业推广所仿佛是一种漏斗，中央、省、区的一切良法美意，最后都要灌入漏斗，分流到乡村中的农民。③

与省的机构不同，县的农事机构并未沿用农业改进所的名称，而是称为农业推广所。可见，县一级的农事机构其职责不在研究，而在推广。行政院县政计划委员会1940年拟定的《县农业推广所组织大纲草案》等就明确规定，所有职员，都必须深入农村实地指导扶助农民，将中央及省的科研成果如优良种子、农具、肥料等，推广于农村，使农民能普遍实地应用于农场，以增加农业生产、发展农村经济，并改善农民生活。这项工作，在战时尤为必要和迫切。④

1941年起，各县陆续设立农业推广所，配备专兼职人员。具体情况如表2-9所示。

---

① 沈曾侃：《县农业推广所之重要性》，《安徽农讯》1947年第4期。
② 吴华宾、朱甸余：《农业推广机构之回顾与前瞻》，载秦孝仪主编《革命文献·抗战建国史料——农林建设（二）》，中国国民党中央委员会党史委员会1985年版，第195页。
③ 吴华宾、朱甸余：《农业推广机构之回顾与前瞻》，载秦孝仪主编《革命文献·抗战建国史料——农林建设（二）》，中国国民党中央委员会党史委员会1985年版，第202页。
④ 陈济棠：《抗战四年来之农业》，载秦孝仪主编《革命文献·抗战建国史料——农林建设（一）》，中国国民党中央委员会党史委员会1985年版，第32页。

表2-9　　　　　　　　贵州省各县农业推广所概况

县份	成立时间	人数	县份	成立时间	人数	县份	成立时间	人数
贵筑	1941	8	罗甸	/	/	水城	1943	5
龙里	1944	3	丹寨	/	1	金沙	1943	5
贵定	1944	4	三都	1944	6	纳雍	1943	8
平越	1944	5	榕江	1943	7	织金	1943	7
瓮安	1943	2	黎平	1943	4	遵义	1941	7
开阳	1944	2	从江	/	/	仁怀	1944	8
息烽	1943	5	兴仁	1941	3	赤水	1943	6
修文	/	/	册亨	1944	/	习水	/	/
平坝	1944	3	望谟	1942	4	桐梓	1942	3
清镇	1941	4	贞丰	1943	3	绥阳	1944	5
长顺	1944	2	安龙	1943	4	正安	1944	/
惠水	1942	11	兴义	1943	5	道真	1943	5
镇远	1941	1	盘县	1944	6	务川	1944	3
施秉	1943	4	普安	1942	4	凤冈	1943	5
黄平	1944	3	晴隆	1944	1	湄潭	1943	5
炉山	1943	4	关岭	1944	3	铜仁	1944	/
台江	/	/	郎岱	1943	5	玉屏	1943	4
剑河	1944	6	镇宁	1942	5	江口	1943	1
锦屏	1943	2	安顺	1942	/	松桃	1944	4
天柱	1944	4	普定	1943	2	石阡	1943	3
三穗	1944	5	紫云	1944	/	思南	1943	3
岑巩	/	/	毕节	/	/	印江	1944	
余庆	1942	3	大定	1942	1	沿河	1942	9
独山	1942	10	黔西	1943	5	德江	1942	5
都匀	1942	1	威宁	1943	5	合计		277
平塘	1944	5	赫章	1944	5	平均		4

资料来源：《贵州省各县农业推广所概况调查（33年度）》，贵州省农业改进所M62-2-44，贵州省档案馆藏。

第二章 健全农事机构，开展农业调查

从人数来看，最多的是惠水县，达 11 人，这可能与惠水县是实验县有关。另外，8 人以上的有独山、沿河、贵筑、纳雍等县。平均每县（不计没有成立推广所的县份）为 4 人。

在已成立农推所的 69 个县中，1941—1944 年分别成立了 5 个，12 个，26 个，25 个（见表 2-10）。可见，1943 年和 1944 年是高峰期。这是省政府强力推动的结果。1942 年 7 月，省农改所呈请省政府，以新县制推行为契机，要求各县尽快成立农推所。省农改所的建议得到省政府的肯定。① 于是，短短两年间，就有 51 个县成立了农推所。贵州在短短 4 年内就在全省绝大部分县（69 个县）建立了农业推广机构，是值得称道的。而陕西 92 县中，仅有 54 县成立了县农推所，广西、甘肃则更低，分别只有 10 县和 12 县成立了县农推所。

省农改所之所以要借助省政府的权威来推动此项工作，又与各县对成立农推所并不积极有关。如威宁县就认为该县"地广人稀，气候寒冷"，"地壤贫瘠，满山旷野，土少石多"；农村经济衰败，人民穷苦，生活艰难，"繁殖力量衰弱"；再加上威宁"机关林立，所有公地庙宇早被占用"，如成立农推所，还要租赁民房办公，而且威宁物价高昂，实在不划算，故婉拒在该县成立农推所。②

表 2-10　　　抗战时期各省成立县农业推广所进度

省份	县数	1938 年前	1939	1940	1941	1942	1943	1944	不详	合计
广西	99					4		2	4	10

---

① 《呈省政府为呈请通饬本省各县于三十二年度一律成立县农业推广所及农林场并将经费列入预算内祈核示由》《为据建设厅签以奉交农业改进所呈请通饬各县于三十二年度一律成立县农业推广所及农林场暨凤冈县政府呈请令发农业改进所经费标准各一案祈核示等情令仰知照由》，贵州省农业改进所 M62-1-184，贵州省档案馆藏。

② 《职奉派在威宁成立推广室，谨将困难情况称述于后拟请将推广室移至水城县设立如何之处》，贵州省农业改进所 M62-1-184，贵州省档案馆藏。

续表

省份	县数	1938年前	1939	1940	1941	1942	1943	1944	不详	合计
陕西	92					10	39	5		54
福建	64						10	8	2	20
浙江	76					9	33		2	44
甘肃	69				4	4	4			12
湖北	70		9	1		10	8	3		31
湖南	76				1	71	1			74
贵州	78				5	12	26	25	1	69
广东	98					2	14	5		21
江西	83				2	45	10		2	59
四川	137			65	8	5	21	11	1	11	122
安徽	61	1			1	10	1	3		16

资料来源：吴华宾、朱甸余：《农业推广机构之回顾与前瞻》，秦孝仪主编《革命文献·抗战建国史料——农林建设（二）》，中国国民党中央委员会党史委员会1985年版，第196—197页。

从各县农推所人数来看，人数从1人到14人不等。其中，1人的有3县、2人的有5县、3人的有12县、4人的有9县、5人的有18县、6人的有4县、7人的有3县、8人的有3县、9人的有1县、10人的有1县、14人的有1县。总的来看，人数在3—5人之间的县是最多的。从籍贯来看，贵州籍的最多，为196人。外省人最多是湖南人，有18人；其次是四川人，有9人。东部省份人数最多是江苏人，有7人。其他按人数多少分别是，江西（7人）、浙江（5人）、安徽（4人）、湖北（3人）、广西（2人）、河南河北各1人。从学历来看，基本上具有小学以上文化，其中初中及以上文化占一半以上，另有大学学历的3人。从性别来看，有女性6人。

表 2-11　　贵州省各县农业推广所职员简况

县份	姓名	职别	年龄	籍贯	月薪（元）	履历
贵筑	李堃	主任	30	湖南	200	金大农学士，黔直辖区联合农场技术主任
	张耕道	指导员	24	湖南	180	湘省立高农卒业，本所助理技术员
	傅炜	指导员	24	贵州	180	昆明求实中学卒业，安顺民教馆馆员
	刘德贵	指导员	23	贵阳	180	贵阳高中卒业，本所森林系推广员
	方家伦	助理员	21	贵州	140	惠水农校卒业，定番农场助理员（助理指导员的简称，下同）
	皮国宝	同上	23	湖南	140	湘省立高农卒业，沅江县农推所指导员
	唐名糠	同上	23	湖南	140	湘省立职校高农部卒业，安化推广所指导员
	谢纶华	同上	32	湖南	140	南京教导总队学生队卒业，惠丰实业公司驻筑办事处主任
龙里	蒋孟正	主任兼	28	南昌	180	国民革命军遗族学校高农毕业，省训团毕业，建设科长
	艾一华	指导员	25	贵阳	140	女，贵阳女师毕业，林场苗圃管理员
	黄湘霭	事务员	25	桃源	85	沅陵乡村师范毕业，曾任中心学校教员及短期小学校长
贵定	李宗贤	主任兼	32	贵定		川大肄业，省地方干训团建设科长班毕业，威宁瓮安开阳县政府科长（建设科长兼任不支薪水）
	姚治国	指导员	21	都匀		省立都匀师范毕业，省地方干训团农业行政班毕业，都匀奎就中心小学校长，炉山县凯里征收分处主任
	张新民	指导员	26	贵定		省立农业学校肄业，贵定县政府科员，中心学校教员
	银杰	助理员	23	武冈		湖南宝郡县立中学毕业，中央军校书记，武冈邮局文牍土地陈报办事处编查组长

· 65 ·

续表

县份	姓名	职别	年龄	籍贯	月薪	履历
平越	胡绳祖	主任				
	尹立业	主任	25	湖北应城	180	省立高农毕业，省地方干训团农林行政班毕业，农林部国营农场代理助理员，清镇县农推所指导员
	刘建相	指导员	28	麻江		省立都匀中学毕业，省地方干训团农林行政班毕业，麻江县立苗圃管理员及小学教员
	程应平	助理员	25	金沙		黔西省立初中毕业，乡镇公所干事、省军管区兵役巡宣查队书记
	陆定勋	练习生	20	麻江		省立都匀初中肄业
瓮安	陈显珊	主任	31	浙江浦江	200	惠水县立农业职业学校教员，省直辖区农场技佐
	赵明馨	指导员	29	瓮安	180	省合作委员会指导员，清镇县政府合作视导员，瓮安县政府合作指导员
开阳	张荣鑫	主任	26	开阳	180	省立瓮安中学毕业，省干训团农林行政组毕业，小学校长，科员
	陈继先	指导员	24	开阳	140	贵筑县立职校森林科毕业，小学教职员
息烽	马玉崑	主任				省立旧制二中及干训团技士班毕业，校长，教员，督学，技士
	杨世明	指导员				贵州□训练所毕业，达中肄业，事务科员
	曾显达	助理员				贵阳私立西南中学高中肄业，小学教导主任，事务员
	杨治方	事务员				贵州导久中学毕业，科员
	陈捷	雇员				息烽孙永靖中心小学毕业，事务员
平坝	陈应禧	主任	28	惠水		农村建设协会乡政学院农业推广干部人员训练班、省训团建设科员班毕业
	陈登明	指导员	28	惠水		
	唐光星	指导员	27	罗甸		惠水农校、安顺职校及省训团财政科长组毕业
清镇	周建	主任				
	张振海	指导员	26	江苏		职业学校卒业
	杨荣威	指导员	28	贵州		职业学校卒业
	段绪国	助理员	24	四川		□三中

第二章 健全农事机构，开展农业调查

续表

县份	姓名	职别	年龄	籍贯	月薪	履历
长顺	刘文治	主任	29	清镇		重庆市私立治平中学毕业，黔所推广员、长顺县政府指导员（由该职兼主任）
	赵家祥	助理员	23	长顺		惠水县立农业职业中学毕业，中心学校教员，助理员、科员
惠水	邓桂森	主任	33	黄梅		技士、讲师、研究员
	李定华	指导员	30	贵阳	280	教员、校长
	李士学	指导员	35	南昌	280	清镇县农推所指导员
	吴国安	助理员	28	惠水	200	曾任本所助理员四年
	张瑞珍	助理员	32	长顺	200	教员、副乡长
	李荣	助理员	20	江西	200	
	计方贵	助理员	19	江西	200	
	方若先	助理员	31	芜湖	200	贵筑县花溪镇中心小学教员1年
	乔一民	助理员	32	淮阴	200	镇江县黄墟小学校长2年
	吴光明	助理员	25	开封	200	
	谭广文	助理员	22	潾水	200	四川潾水县政府书记、惠水地方法院录事、庶务员
	罗永源	助理员	30	惠水	200	曾任本所助理员3年
	罗永和	助理员	22	惠水	180	
	洪家培	会计员	31	惠水	200	小学教员、会计员、助理员
镇远	陈惠卿	主任	47	湘靖		岑巩、镇远技士
	施秉					
	杨泮生	主任				
	张长安	指导员				
	杨伯权	助理员				
	杨祥荣	事务员				
黄平	荣世怡	主任兼	37	贵定		省立师范毕业，社教研究员、军队政训员，现任县政府建设科长
	徐上达	指导员兼	46	九江		江西省立农业专门森林科毕业，庐山森林局技士、南京和平牧场经理、省建设厅技佐，黄平县立职业中学园艺科主任，贵州第三区联合农场技术员兼代主任，私立中正中学测量教员，现任本县政府技士
	胡文鼎	助理员兼	26	黄平		黄平县立职业中学毕业，省建设厅气象所测候员，黄平私立中正中学农场管理员、教员，现任本县政府事务员

续表

县份	姓名	职别	年龄	籍贯	月薪	履历
炉山	龚泽霖	主任兼		务川		现任建设科长
	彭济才	指导员		黄平		现任县府指导员
	黄懋疆	办事员		炉山		曾任平越合作室指导员
	罗继琨	助理员		都匀		现任技士
剑河	谢君仲	主任	29	平越		中央大学文学院文史学系及军事委员会西南运输处管理班毕业
	潘年槐	技士	26	剑河		武昌高级中学及省训团毕业
	周文彬	指导员	28	剑河		天柱中学及省训团毕业
	陆中春	技士	37	剑河		剑河达人小学毕业
	杨胜文	事务员	27	剑河		黔省农改所推广人员训练班毕业
	杨建一	书记	26	剑河		天柱中学毕业
锦屏	苏肇眉	主任	34	锦屏	180	建设科长、技士、乡长、校长
	姚俊宁	事务员	24	锦屏	80	小学教员、教导主任、保长、校长
天柱	伍绍吉	主任兼	29	天柱		天柱县职业学校毕业，贵阳市政府土地测量人员训练所毕业，测量员，天柱县田管处稽征股长，现任天柱县政府技士
	伍永芬	指导员兼	28	天柱		天柱县职业学校毕业，市政府土地测量人员训练所毕业，测量员
	蒋启镐	助理员兼	30	天柱		天柱县中学毕业，省干训团毕业，联保主任，副乡长，现任天柱县政府合作指导员
	萧永瑞	雇员	40	宝庆		湖南宝庆中学肄业
三穗	杨培荫	主任	27	剑河		省立贵高农卒业，科长，技士、视导员
	曹汉臣	指导员	28	南京		省立江口农校卒业，科员、指导员
	龙康琮	指导员	25	锦屏		镇远后期师范卒业，科员、省立锦屏职中技术员
	黄绍文	助理员	34	湖南		湖南省立第六职业学校卒业，练习生、技术员
	魏玉华	练习生	39	江西		江西兴国县立小学毕业，省立中学肄业，小学及乡公所书记

续表

县份	姓名	职别	年龄	籍贯	月薪	履历
余庆	陈振玉	主任	34	浙江		本县政府技士
	蔡如南	指导员	39	余庆	140	余庆芝洲联保主任，白汲镇民政干部
	罗吉利	雇员	38	四川	100	本县田受处书记
独山	贺绥世	主任	32	长沙	200	湖南省第十职业学校高级农艺科毕业
	饶永荣	事务组长	36	独山	160	省立师范十六期毕业
	罗怀钦	技术组长	32	独山	130	独山县立职业中学毕业
	罗怀椿	助理员	32	独山	130	独山县立职业中学毕业
	黄发祥	助理员	31	独山	130	独山县立职业中学毕业
	黄春廷	助理员	30	独山	130	独山县立高级小学毕业
	徐寿春	练习生	31	长沙	100	湖南私立开阳职业学校肄业
	李登奎	练习生	32	独山	100	独山县立高级小学毕业
	赵佑仪	练习生	32	长沙	100	湖南省立初级农校毕业
	岑华清	练习生	30	独山	100	独山县立初级学校毕业
都匀	吴毓泉	代理主任				
平塘	谌兴福	主任	31	安化	200	湖南高级农业学校毕业，湖南农改所技士，贵州第二区视导员
	周锷	指导员	30	湘阴	120	湖南省立初级文艺中学毕业，湖南农改所指导员，湘桂铁路业务科科员
	车克定	指导员	30	江西	120	湖南私立高级农校毕业，湖南农改所会计员
	罗世敏	事务员	26	罗甸	85	罗甸简易师范毕业，罗甸助理会计员
	苏克芳	雇员	28	平塘	75	都匀中学毕业，初级小学教员
丹寨	唐光星	主任				
三都	宋有仁	主任兼	35	贵州		黔省训团毕业，三合县科长，从江县科长，现任三都县建设科长
	王殿琦	指导员	26	贵州	120	黔省训团农林行政组毕业，三都县政府事务员，独山农推所总务组长
	胡德潜	助理员	34	贵州	85	都匀师范肄业，三都县事务员

续表

县份	姓名	职别	年龄	籍贯	月薪	履历
荔波	钟戎	主任	33	汉阳		广西农事试验场农业训练班毕业，广西农事试验场技佐，桂平县苗圃主任
	李耕民	指导员	34	广西		广西省立三中、广西农事试验场农业训练班毕业，广西第二区农场技佐
	王明思	助理员	28	独山		独山县立职业学校毕业，小学教员、事务员
	蒙志农	助理员	29	独山		独山县立职业学校毕业，小学校长、教员
	秦永熙	练习生	23	荔波		独山县立中学毕业，小学教员
	韦瑛	事务员	30	广西		广西南丹简易师范毕业，小学教员、事务员
榕江	颜志城	主任	31	岳阳	160	□治农专毕业，农场主任，组长，中学教员
	何其寿	指导员	29	榕江	120	省训团毕业，科员、技士
	谭镜源	指导员	38	武陵	120	省训团毕业，科员、技士
	杨春暄	助理员	23	黎平	100	县政人员训练班毕业，合作指导员
	爱崇文	助理员	29	榕江	100	县政人员训练班毕业，合作指导员
	王松坡	办事员	26	榕江	70	省训团毕业，科员、组员
	欧诗音	办事员	25	萍乡	70	省训团毕业，科员、组员
黎平	左洪涛	主任	43	黎平	180	贵阳甲种农业学校及省干训团卒业，黎平永从建设局长，专员
	张家嵩	助理员	24	黎平	120	黎平中学第三期毕业
	宋枝繁	办事员	25	黎平	85	小学及民政干事班毕业
	胡春林	办事员	19	黎平	85	国立贵州师范学校肄业，独山土木工程班毕业
兴仁	唐士宾	主任	24	贵定	200	校长、科员、技士
	岳吉林	指导员	27	龙里	120	省立中学肄业，小学校长、教员
	方文光	助理员	25	兴仁	85	兴仁中学毕业，教员
望谟	杨恩宽	主任	25			师范学校毕业，合作室主任
	黄有文	技士	20			省立高中毕业，学校职教员及县政府技士
	韦宣华	指导员	28			省训团农林行政组毕业
	黄维坤		27			省训团县指导员班毕业，县指导员

续表

县份	姓名	职别	年龄	籍贯	月薪	履历
贞丰	时俊志	主任	35	云南	180	云南农业学校蚕科毕业
	蒋功惠	指导员	22	贞丰	120	达德女师毕业
	彭致中	雇员	41	广顺	70	贵阳巡警教练所毕业
安龙	邹蔚章	主任	54	安龙	180	省立中学农业学校第一期蚕本科毕业，安龙建设局长、科长
	宋炜仁	助理员	50	安龙	160	农业讲习科肄业，安龙县立农场场长
	罗文专	练习生	35	安龙		
	张应光	练习生	38	安龙		
兴义	宋穆	主任	50	兴义	200	省立甲种农业学校毕业，技士、建设科长
	邹泽江	助理员	35	兴义	120	兴义中学毕业，农场管理员
	田河清	技术员	31	兴义	100	兴义靖南小学毕业，农场管理员
	钟垚	办事员	30	兴义	120	省干团通讯班毕业，助干科员、稽征员
	卢传慧	办事员	20	兴义	120	女，兴义中学毕业，学校职员
盘县	赵振环	主任	30	关岭		镇宁建设科长，现任盘县建设科长
	陈志炯	指导员	24	盘县		盘县县政府技士
	高范群	指导员	28	盘县		盘县县政府技士
	冯德初	指导员	32	盘县		盘县第二股主任
	张家惠	助理员	29	盘县		盘县建设科合作股股长
	朱宗培	办事员	26	关岭		建设科事务员
普安	吴荣光	主任	57	普安		
	张敖铭	指导员	24	普安		
	罗李琴	事务员	49	普安		
	郭虎丘	事务员	46			
晴隆	徐永康	主任				
关岭	周光甫	主任兼	41	关岭	180	贵州地方行政人员训练班毕业，现任建设科长
	赵安义	指导员兼		关岭		省农业学校高中部毕业，现任建设科技士
	宋英	办事员	36	关岭	85	建设科员、主任科员

续表

县份	姓名	职别	年龄	籍贯	月薪	履历
郎岱	张湘蛉	主任	28	安顺	180	省立高级农业学校毕业
	王开业	指导员	27	郎岱	140	简易师范卒业
	康进业	助理员	25	郎岱	120	中学卒业
	谢石卿	书记	50	郎岱	80	高小卒业
	秦华先	练习生	30	郎岱	80	同上
镇宁	黄志统	主任兼	28	贵阳	180	农村建设协会推广人员训练班卒业，推广员、指导员、技士、科长，现任建设科长
	罗洪德	指导员	27	镇宁	100	安顺中学毕业，科员、技士
	熊思戈	助理员	29	四川	100	初中毕业，事务员、科员、技佐
	吴启贤	助理员	24	镇宁	100	黔干训团农政组卒业，助理员
	杜良源	事务员	22	镇宁	100	贵阳毅成中学卒业，事务员、科员
普定	胡彪	主任	23	常德	200	小学教员、办事员、科员、技士
	张振玉	助理员	23	贵定	80	小学教员
大定	陈孝侯	主任				
黔西	张无畏	主任	28	桐城	200	安徽省立芜湖高级农校毕业，黔县府合作主任暨建设科长
	姚大金	指导员	23	清镇	120	省地方行政干训团技士组毕业
	周元卿	助理员	31	黔西	100	贵州干训团农林行政组毕业，省农改所推广员
	郑永康	技术员	25	平南	100	贵州赈济会模范农村助理员，清镇私立普益农场技术员
	吴山	雇员	23	黔西	100	女，贵阳正谊中学毕业，小学教员
威宁	李龄	主任	35	安顺		
	萧崇仁	指导员	36	威宁		
	李清素	技术员	40	务川		
	赵鹏远	雇员	28	威宁		
	张广明	助理员	26	威宁		
赫章	陈宗俊	主任	24	大定	180	省立高级职业学校卒业，技士、指导员、技术员主任
	王德明	指导员	25	毕节	140	大定县立初级职业学校卒业，小学教员
	张政	助理员	26	宜昌	100	武昌私立中学卒业
	陈贞慈	练习生	20	大定	80	大定中学高中部肄业
	游泽惠	雇员	22	遵义	70	女，遵义师范卒业

第二章 健全农事机构，开展农业调查

续表

县份	姓名	职别	年龄	籍贯	月薪	履历
水城	张俊龙	主任	42	水城	120	
	王志彭	指导员	45	水城	80	
	施治伦	办事员	31	水城	80	
	邹集善	雇员	30	水城	60	
	尹照国	工友	30	水城	50	
金沙	虞文达	主任		遵义		省立遵义师范道路工程人员班卒业，贵州公路局技佐
	陈宗俊	指导员	24	大定		省立高级职校农林科卒业，农林技士及指导员
	黄永爵	助理员	25	大定		省立高职修业，教员
	罗永福	练习生	25	金沙		初中毕业，小学教员
	李怀宝	办事员	22	大定		初中修业，小学教员
纳雍	萷逾凡	主任	44	纳雍	160	贵州公立法政专门学校政治本科毕业
	陈仲山	雇员	32	纳雍	75	大定正蒙小学毕业
	张泽	练习生	23	纳雍	70	织金城区小学毕业
	梁明	公役	30	织金	40	
	祁斌	公役	30	四川	40	
	张谦伦	公役	25	纳雍	40	
	何厚发	公役	18	纳雍	40	
	宋子清	公役	23	纳雍	40	
织金	谌志立	主任兼	38	织金		织金农林场长，现任建设科长
	王格	指导员	22	织金	100	陆军五四军部一等兽医佐
	金运生	指导员	27	郎岱	100	省训团农组毕业
	傅镜陶	技术员	42	织金	90	织金事业劝业员
	彭德怀	助理员	35	遵义	80	贵州公路局工务员
	王文科	练习生	32	织金	60	织金化起小学教员
	杜振权	雇员	32	织金	70	东安小学教员、第三区公所书记

续表

县份	姓名	职别	年龄	籍贯	月薪	履历
遵义	贾明	技士兼主任	29	邯郸	160	南京国民革命军遗族学校高农毕业，农业指导员、县政府技士
	何正邦	会计	34	遵义	160	初中毕业，自治讲习所九九军校行训班毕业，自治指导员
	罗有文	指导员	25	遵义	140	初中毕业，政治指导员、农业助理员
	汪化极	指导员	23	遵义	140	初中毕业，本所练习生、助理员
	何瑾瑜	书记	27	汉寿	75	女，国立三中毕业，小学教员
	张正伦	助理员	18	巴县	80	初中肄业，民生工厂学徒
	何仁义	助理员	18	遵义	80	初中肄业，小学教员
仁怀	尚钟明	主任	28	浙江	200	国立中央大学农学院毕业
	王训	指导员	24	仁怀	180	仁怀县政府技士
	何振声	指导员	32	仁怀	180	仁怀县政府合作指导员
	罗隆	助理员	28			四川荣昌农业推广所助理员
	唐世模	助理员	27	仁怀		中央茶场助理员
	王剑凡	事务员	29	仁怀		中心小学教员
	张大森	书记	25	仁怀		中心小学教员
	陈坤中	练习生	17	仁怀		三合中心小学毕业
赤水	王德禄	主任兼	46	赤水		省甲种农校毕业，赤水农林试验场场长、技士、建设科长
	沈旭初	指导员	36	赤水		省甲种农校毕业，技士
	刘德修	指导员	27	合江	160	华西大学农林毕业，合江农推所指导员
	罗盛择	助理员	32	赤水		赤水中学毕业，小学校长及教职员
	刘期桂	办事员	27	合江	85	赤水中学毕业，保长、教员
	王盛春	书记	25	赤水	70	赤水土城小学毕业，保长、教员
桐梓	王是议	主任	42	江苏	120	女，江苏省立蚕业学校毕业，无锡、四川三台、西康西昌新运总会、乐山丝蚕实验区等处任指导主任、工作站主任等职15年
	李新治	指导员	23	桐梓	100	本县苗圃练习生，技术员、县府事务员
	李毓麐	技士	45	江苏		江苏省立第一农业学校毕业，国立北京农业专门学校林科肄业，江苏宝山金山江阴吴江等县农场，浙江建设厅、西康西昌省场新运总会、乐山蚕丝实验区等处任技术员、管理主任、技士等职17年

第二章 健全农事机构，开展农业调查

续表

县份	姓名	职别	年龄	籍贯	月薪	履历
绥阳	岳代兴	代理主任	36	绥阳	180	桐梓县农推所指导员，县建设科技士，小学校长
	江光灿	指导员	36	绥阳	140	二十五军教导师三等秘书，绥阳县府科员、宝澜乡乡长
	李少初	助理员	39	绥阳	120	绥阳第一区区长
	贺应章	技术员	32	正安	120	
	韩全忠	雇员	20	绥阳	70	黔江县警察所所员、绥阳县户珍乡户籍干事
道真	樊树金	主任	35	道真	140	省区长训练班毕业，第八区区长
	樊树茂	指导员	21	道真	120	正安中学及重庆农高修业，正安农场管理员
	程邦彦	助理员	25	巴县	110	复旦大学垦殖专修班毕业，中国动力酒精技士
	廖璧禄	练习生	30	道真	100	小学毕业，保长
	樊林茂	雇员	21	道真	90	正安初中修业
务川	胡孝璧	主任	25	浙江		
	田应芝	指导员	38	务川		
	蒋智新	助理员	22	务川		
凤冈	邹晓东	主任	42	湄潭		贵州甲种农学校及省训团技士班毕业，农推所主任、建设科长
	王宗礼	指导员	30	湄潭	180	贵州省立高中毕业，建设科长
	吴文雄	指导员	26	湄潭	180	贵州高中农科毕业，小学校长
	邓德贵	助理员	25	湄潭	120	黄平职中毕业，玉屏农场助理员
	陈登瀛	助理员	45	湄潭	120	湄潭旧制高小毕业，县府秘书、小学教员
湄潭	金逸民	主任	29	绍兴	200	浙大农学系毕业，惠水农业学校农专主任，省直辖区农场技士
	徐庭耀	指导员	26	安徽	160	浙大农学系毕业
	秦国宾	助理员	25	安徽	120	同上
	周宗俊	雇员	26	湄潭	70	湄潭县兵役人员训练班二期毕业，保长
	陈义周	练习生	29	湄潭	60	浙大农场技士

· 75 ·

续表

县份	姓名	职别	年龄	籍贯	月薪	履历
玉屏	郑德诚	主任	45	玉屏		省立甲种农校毕业，技士、科长
	谢先汶	副主任	28	玉屏		省训团农林行政班毕业，县府户籍主任，建设科员、军事科长
	曹汉臣	指导员	20	江苏	120	江口农校毕业，农推员
	于华	指导员	22	江苏	120	江口农校毕业，农推员
江口	黄俊华	主任				
松桃	陆从秀	主任	28	松桃	140	松桃简易师范毕业，小学教员、党部干事、科员、征收主任
	滕建业	指导员	25	江口	120	江口农校毕业
	戴明广	助理员	24	松桃	100	初中毕业，小学教员
	滕代阳	雇员	55	松桃	80	松桃实业学校毕业，书记
石阡	周文渊	主任	25	180	石阡	石阡中学及干训团农林组毕业，教员
	张国鼎	指导员	24	160	石阡	石阡中学毕业，政府雇员
	李国治	助理员	24	160	石阡	石阡中学毕业，教员
思南	杨胜铭	主任	30	180	思南	思南乡中心小学校长兼副乡长
	覃朝璧	助理员	38	120	思南	联保主任，合作社联合社长
	黎守身	雇员	31	70	思南	小学教员
沿河	童国材	主任兼	36		印江	省立高中毕业，科长、校长
	张献有	指导员	27	沿河	140	四川省立龙潭中学毕业，本府书记、事务员
	冯祖相	助理员	20	沿河	85	沿河县立初级中学肄业，教员、户籍干事
	张献朋	工头	24	沿河	60	
	张嘉业	工人	18	沿河	40	
	萧国强	工人	25	沿河	40	
	张珍连	工人	20	沿河	40	
	杨树昌	工人	25	沿河	40	
	杨福昌	工人	26	沿河	40	

续表

县份	姓名	职别	年龄	籍贯	月薪	履历
德江	梅天休	主任	43	德江	400	省立农业中学及大型矿科毕业，德江建设局长，农业试验场场长
	宋仰仁	技士	21	浙江	350	浙大农艺系修业
	梅步天	推广员	25	德江	200	贵阳省立职业中学毕业
	安时雍	管理员	20	德江	120	德江初级中学毕业
	梅天溶	书记	44	德江		德江县立简易师范及省立国语讲习所毕业，德江中心小学校长

资料来源：《贵州省各县农业推广所概况调查》，贵州省农业改进所M62-2-40，贵州省档案馆藏。

第三节 其他农事机构的设立

其他农事机构的设立情况简述如下。

一 区农场

省农改所认识到："作物均富有地域性之关系，各项农作生产，每以地域性之差别而异，故各项良种美法推广，亦非经分区举行试验不可。"[1]

省农改所成立后，省政府决定撤销各县县农场，代之以在各行政专区设置区农场。并委托中央农业实验所就区农场的设置问题进行调研。中农所驻贵州工作站技正沈骊英、戴松恩拟具设立区农场之意见，认为："黔省政府决定裁撤各县县农场，而以其经费集中设立区农场，此既可增厚工作效力，又可助成贵州省农业改进所办理适应地方性之试验工作。"[2]

关于区农场选址，中农所建议：

---

[1] 陈玉伦编：《贵州省第五区区农场概况》，1947年，第9页。
[2] 《建议贵州省政府筹设区农场之步骤》，《中农所简报》1938年第4期。

场址之选择，似不仅以政治中心为前提，而应以与试验推广有关之各项环境因子同时加以考虑，根据此项原则，1. 交通。场地至贵阳及该场辖境内各县之交通，有无公路或可走之大小道路。2. 治安。附近之秩序是否良好，民情是否驯善，是否容许试验推广工作之持续进行。3. 气候及土宜。区农场所在地之气候土宜，是否可代表辖区内大部分区域之情形，可耕地之多寡，亦须顾及。4. 场地。选择之县份内是否有公有空地，可资划用，注意其面积大小，地势高低，土质优劣，排水灌溉是否便利。5. 农作物之分布状况及生长情形。若在该地设场，有何项作物可推广或试验，该项作物是否辖区内重要作物。6. 注意专员公署所在地之交通、治安、气候土宜、农作物及可能获得之场址等等条件，如在该区专署所在地设场，最合理想，因即可节省行政费用，复便于管理也。①

关于区农场的职责与任务，中农所认为：

各区环境既未必相同，则其任务亦不必完全相同，应由本所派员实地调查后再行洽商，惟应以下列三点为选定任务之原则，尤以第一二两点为重要。1. 所办事业应以适合当地之农事实情。2. 所办事业应与本所工作大纲内所规定之事业相符合。3. 准备执行向农民示范推广之任务。②

根据中农所的建议，从1938年起，贵州省政府在各行政专员公署所在地成立联合农场，后改为区农场，举办各种农作物区域试验，繁殖优良种苗，并协助区辖各县办理农业推广事宜。此外，还设立了两个专业农场，即遵义柞蚕试验场和施秉美棉繁殖场，接收了贵州省赈济委员会的平坝乾溪农场。详见表2-12。

---

① 《建议贵州省政府筹设区农场之步骤》，《中农所简报》1938年第4期。
② 《建议贵州省政府筹设区农场之步骤》，《中农所简报》1938年第4期。

表2-12　　　　　　　　　省农改所附属农场概况

农场名称	概况
第一区区农场	成立于1943年，原设镇远县青溪镇。1945年迁移至镇远县大菜园，并接收了前农林部第一经济林场。有水田18.59市亩，旱田2市亩，旱地31.91市亩，山地2135市亩，共计2187.5市亩
第二区区农场	成立于1943年，设于独山县羊凤乡。有水田50市亩，园地5市亩，旱地200市亩，荒山1000市亩，共计1255市亩
第三区区农场	成立于1943年，设于兴仁县顾所，有水田20市亩，旱田38.36市亩，共计58.36市亩
第四区区农场	成立于1943年，设于毕节县清毕路之侧。有旱地94.46市亩，水田12.9市亩，共计107.36市亩
第五区区农场	成立于1939年，设于遵义县鲤鱼田，租用田土共68亩，地势平坦
第六区区农场	成立于1944年，设于铜仁县东门外，有水田4市亩，旱地25市亩，共计29市亩
直辖区区农场	成立于1938年，原设惠水，系与农村建设协进会乡政学院农业组合办。1944年由惠水迁至平坝县夏云乡，接收了农林部国营第三农场。有旱地925市亩，水田68市亩，山地1975市亩，共计2968市亩
施秉美棉繁殖场	成立于1939年，场址设于施秉县，场地面积82市亩，有职员4人，工人7人
遵义柞蚕试验场	于1938年在遵义设立柞蚕试验区，从事柞蚕试验研究工作。嗣后改称遵义柞蚕试验场，该场曾于1943年自河南购入蚕种13万枚，在黔北各县推广，颇著成效
平坝乾溪农场	设于平坝县乾溪，为贵州省赈济委员会于1940年所创立的模范农村，1944年交省农改所接办。有水田50市亩，复荒水田250市亩，垦荒旱地100市亩，复荒旱地700市亩，林地5000市亩，生荒地400市亩，共计6500市亩

资料来源：贵州省档案馆编：《贵州省农业改进所》，贵州人民出版社2006年版，第35—40页。

区农场一般下设总务股、技术股、视导股、会计股等，技术股又设农艺组、园艺组、森林组、畜牧组、农经组等。①

二 农会

农会是农业推广的重要组织，乔启明先生认为，农会在农业推广中具有举足轻重的作用，二者密不可分，"农会如无农业推广，则空泛而无内容，农业推广无农会，则工作失所凭藉，成效无从发挥"②。还有人认为，农会的宗旨任务和农事机关的并无殊异，所不同的只是前者是"农民间自动的互助"，而后者是"以外力来补助农民"③。贵州省各级农会组织成立普遍较晚。一般是乡镇农会先行成立，然后是县农会，最后才是省农会。尽管省农会在民初即已成立，但因政局不稳，农事不举，会务停顿，无形中即告解散。抗战胜利后，1945年11月，省农会才再度成立。时人对农会颇寄希望："以县农推所来直接和每个农民接触，不但力有未逮，鞭长莫及，即使能够做到，亦不胜其烦。如果农会成为专业推广的基层机构，县农推所以它作为推广对象，那么，以简取繁，效率自然大增。"④定番县推广员黄志统也认为，推广工作"若无一定组织，一切义务，碍难推动"，他建议"组织农会，以联保为单位，发动农会一切业务"⑤。

以资料较为翔实的锦屏县农会为例，1938—1943年，共成立了32个乡镇农会，1个县农会，共有会员7000余人。乡镇农会平均会员数为128人，低于全省平均数（见表2-13）。

---

① 陈玉伦编：《贵州省第五区区农场概况》，无出版地，1947年，第6页。
② 乔启明：《农会与农业推广》，《农业推广通讯》1939年第1卷第4期。
③ 吴华宾、朱甸余：《农业推广机构之回顾与前瞻》，载秦孝仪主编《革命文献·抗战建国史料——农林建设（二）》，中国国民党中央委员会党史委员会1985年版，第210页。
④ 吴华宾、朱甸余：《农业推广机构之回顾与前瞻》，载秦孝仪主编《革命文献·抗战建国史料——农林建设（二）》，中国国民党中央委员会党史委员会1985年版，第210—211页。
⑤ 《县农业推广人员工作月报表（定番县黄志统，二十八年九月一日）》，贵州省农业改进所M62-2-308，贵州省档案馆藏。

表2-13　　抗战时期锦屏县各级农会成立情况

序号	农会名称	会址所在地	成立时间	会员人数
1	县农会	附设县农推所	1943年12月	3960
2	隆里乡农会	隆里乡公所	1938年6月	308
3	平寨乡农会	平寨乡公所	1938年6月	120
4	兴中乡农会	胞寨溪	1938年7月	111
5	敦在乡农会	敦在乡公所	1940年9月	213
6	偶里乡农会	偶里寨	1940年9月	130
7	六寨乡农会	中正保校	1940年10月	342
8	新民乡农会	新民保校	1940年10月	89
9	亮司乡农会	亮司保校	1941年3月	110
10	小江乡农会	龙氏宗祠	1941年7月	150
11	边沙乡农会	启蒙寨	1942年1月	89
12	平略乡农会	平略场	1943年	78
13	新化乡农会	新化乡公所	1943年5月	142
14	在格乡农会	在格保办公处	1943年6月	111
15	瑶光乡农会	瑶光中心学校	1943年6月	117
16	锦宗乡农会	锦宗寨	1943年6月	93
17	文斗乡农会	文斗保办公处	1943年6月	104
18	嘉池乡农会	嘉池寨	1943年6月	115
19	中仰乡农会	中仰保校	1943年6月	95
20	塘东乡农会	塘东保办公处	1943年6月	104
21	裕合乡农会	裕合保办公处	1943年6月	122
22	魁胆乡农会	魁胆保校	1943年7月	79
23	江口乡农会	江口街	1943年7月	114
24	西河乡农会	西河寨	1943年7月	102
25	平秋乡农会	九寨乡第二保办公处	1943年7月	208
26	石引乡农会	石引保校	1943年7月	94
27	黄门乡农会	黄门保校	1943年8月	111
28	彦洞乡农会	彦洞保校	1943年8月	120

续表

序号	农会名称	会址所在地	成立时间	会员人数
29	高洪乡农会	平归仁	1943年8月	138
30	壁所乡农会	壁所保校	1943年8月	79
31	救民乡农会	救民保办公处	1943年8月	72
32	瑶日乡农会	瑶日保办公处	1943年8月	99

资料来源:《锦屏县各级农会一览表》,贵州省农业改进所 M62-1-236,贵州省档案馆藏。

县农会以发展农民经济,增进农民知识,改善农民生活为宗旨。1931年,都匀县开始建立农会,到1944年已在20个乡镇建立农会。乡镇农会各有理事长1人,会员共有4000多人,1949年才建立县农会。农会开展了为贫穷会员解决困难,帮助借款买米、买耕牛等活动。①

1943年,剑河县先后成立了柳川镇、南明乡、观摩乡、大广乡、磻溪乡、南嘉乡、岑松乡农会,次年,成立南哨乡农会,1945年,先后成立久吉乡、德威乡、温泉乡、太拥乡农会,共有会员5124人。各乡镇农会设理事、监事会。1945年9月15日,剑河县农会成立,吴泽安任理事长,设理事9人,监事21人。不定期举行工作会议,提出培植森林,发放积谷,防御水旱虫害,推进农村卫生,培养干部,治理疾病等议案。②

1941年2月,惠水县农会成立,早在1936年就在开明镇成立了该县第一家农会,1941年全县有25个乡镇先后建立农会组织,会员5016人。③

---

① 贵州省都匀市史志编纂委员会编:《都匀市志》,贵州人民出版社1999年版,第203页。
② 贵州省剑河县地方志编纂委员会编:《剑河县志》,贵州人民出版社1994年版,第311页。
③ 惠水县史志编纂委员会办公室编:《惠水县志》,贵州人民出版社1989年版,第112页。

龙里县农会成立于1945年9月28日,乡镇农会最早成立于1936年,至1945年共建立了13个乡镇农会,会员人数4536人(见表2-14)。①

表2-14　　　　民国时期龙里县农会成立情况

农会名称	成立时间	成立时会员人数	理事长
县农会	1945年9月28日		韦山长
普利乡农会	1937年7月	67	罗会斌
龙坪乡农会	1937年10月	714	李正帮
永定乡农会	1940年7月	570	罗永祥
永安乡农会	1940年9月	76	罗显志
洗马乡农会	1941年11月	158	姚祖才
四维乡农会	1941年11月	128	罗兴国
南阳乡农会	1941年11月	115	王继周
谷龙乡农会	1942年12月	70	陈发魁
龙山镇农会	1943年11月1日	258	张子元
巴江乡农会	1943年11月12日	150	王天仲
醒狮乡农会	1943年12月7日	200	韦龙渊
藕溪乡农会	1945年8月29日	22	熊裕芳
麻若乡农会	1945年9月30日	54	雷德先

资料来源:贵州省龙里县地方志编纂委员会编:《龙里县志》,贵州人民出版社1995年版,第184页。

横向比较来看,1944年,贵州省乡农会总数为565个,高于全国平均水平的431个。有乡农会之县数为73个,占全省总县数的93.59%,远高于全国平均水平近一倍,在全国排名靠前(见表2-15)。但是,从乡农会占乡镇总数比重、平均每县乡农会数、乡农会会员人数、平均每会人数等指标来看,均低于全国平均水平,这几个指标恰恰是衡量农

---

① 贵州省龙里县地方志编纂委员会编:《龙里县志》,贵州人民出版社1995年版,第184页。

会发展状况的重要因子。由此可见，贵州省的农会发展速度的确较慢。

表 2-15　　抗战时期各省乡农会组织状况

省份	全省县数	全省乡镇总数	乡农会数	乡农会占乡镇总数比重（%）	有乡农会之县数	成立乡农会的县占总县数比重（%）	平均每县乡农会数	乡农会会员人数	平均每会人数
广西	99	1838	492	26.77	58	58.59	8	135193	275
陕西	92	974	621	63.76	71	77.17	9	290282	467
福建	64	1242	695	55.96	61	95.31	11	214545	309
浙江	76	3168	2051	64.74	51	67.11	40	229550	112
甘肃	69	388	129	33.25	9	13.04	14	80244	622
河南	111	2488	571	22.95	23	20.72	25	91042	159
湖北	70	1758	113	6.43	9	12.86	13	95170	842
湖南	76	1608	271	16.85	26	34.21	10	69939	258
贵州	78	1435	565	39.37	73	93.59	8	88061	156
广东	98	2718	261	9.60	22	22.45	12	51992	199
江西	83	2168	473	21.82	37	44.58	13	182166	385
四川	137	4423	507	11.46	111	81.02	5	104884	207
安徽	62	2203	150	6.81	6	9.68	25	56384	376
宁夏	13	140	120	85.71	13	100.00	9	80148	668
西康	46	301	1	0.33	1	2.17	1	93	93
青海	19	234	148	63.25	9	47.37	16	31363	212
云南	112	1430	165	11.54	64	57.14	3	215717	1307
平均	77	1677	431	25.70	38	49.35	11	118634	275

注：福建、湖北、湖南、贵州、江西、广西、陕西、甘肃系 1944 年的数据，其余系 1943 年的数据。

资料来源：吴华宾、朱甸余：《农业推广机构之回顾与前瞻》，载秦孝仪主编《革命文献·抗战建国史料——农林建设（二）》，中国国民党中央委员会党史委员会 1985 年版，第 213—215 页。

本省农会发展缓慢的原因，据贵州省农业推广委员会董鹤龄的分析,综合起来,有如下数端。一是民众文化水平很低,加上少数民族众多,对农会这一组织难有正确之认识。如定番县全县受过大学教育的仅3人,联保主任和保甲长都不识字,少数民族人口占全县总人口的58.3%。二是农民太穷,交不起会费。故董氏建议少收或不收会费,改由"经营经济事业所获盈余拨用"。三是农民居住分散,加上交通不便,匪患频繁,以乡为单位的农会很难组织起来。四是乡村派系林立,难以找出有权威的农会领袖。①

三 省农田水利贷款委员会等农事机构

此外,贵州省农田水利贷款委员会、贵州省农业推广联合委员会等农事机构也相继成立。

为增进全省农业生产以支援抗战,贵州省政府与经济部农本局于1938年5月3日联合成立贵州省农田水利贷款委员会(以下简称农贷会)。会址设省建设厅内。该会为当时贵州省唯一水利行政机关,专门负责兴办农田水利,包括查勘、测量、设计、施工及贷款等事项。农贷会采取委员制,设主任委员1人,由省建设厅厅长兼任,主持会务;由省农改所所长、省财政厅厅长、省农村合作委员会委员长、省政府指派的代表、经济部农本局贵阳办事处主任等为委员;另设总工程师1人,掌理一切工程事宜;总工程师下设工务、会计、总务3组。

1940年冬,为增加粮食生产、统筹推进全省农业推广事宜,加强组织推广机构建设,以应战时需要,由贵州省农业改进所会同农林部贵州省推广繁殖站、农林部中央农业实验所贵州省联合办公室、农林部农产促进委员会及贵州省粮食增产总督导团,共同组建贵州省农业推广联合委员会。该委员会的主要职责有:督导各县粮食增产;增进农业生产及办理一切农业推广事宜;协助建立县农业推广机构;普及农业知识,改良农业技能;倡导农民合作社,改善农村组织与农民

---

① 董鹤龄:《定番组织农会的困难问题及其解决办法》,《农业推广通讯》1939年第1卷第4期。

生活等，其中心工作为推广冬耕，协助乡镇造产。委员会挂靠在省农改所，设主任委员1人，由省农改所所长兼任；委员5—11人，除联合5机关的主管长官为当然委员外，其余的委员从农业推广技术人员中聘任。委员会内设技术、执行两部，分别办理有关推广的技术设计及执行事宜。

内迁贵州的中国蚕桑研究所、浙江大学农学院、军政部清镇种马牧场等机构，也为贵州农业发展作出了贡献。抗战时期成立的贵州农学院（系贵州大学所属分院之一）、省立贵阳高级农业职业学校、省立江口农业职业学校、省立锦屏森林科初级实用职业学校、省立湄潭实用职业学校、惠水初级农业学校、习水初级农业学校等农业类学校，培养了一批高、中、初级农业技术人才，在一定程度上推动了贵州农、林、牧业的发展。

总之，这些机构的设置，不仅为行政性的推动提供了组织保证，而且也为技术推广提供了组织载体。这些组织化的机构加上农业推广的各项规章制度，一起构成了农业推广制度化体系。

四　完备的农业推广体系——横向与纵向的比较

先从横向来看。滇黔桂三省由于民国前期军阀混战，农事机构有名无实，农事活动几近停滞。抗战爆发后，1938年3月，国民党武汉临时全国代表会议确立了"以农立国"的方针，贵州省政府立即响应号召，经与经济部协商，于次月1日就成立了贵州省农业改进所，作为战时成立的首家农业改进所，甫一成立，就开展了农业调查和农业试验工作。同年，各行政督导区区农场相继建立。国民党推行新县制后，贵州省立即对原县农场进行整顿，在此基础上设置县农业推广所，至1944年，全省78县，仅有9县未设置，设置比例与四川省持平，远远高于除湖南以外的各省。此外，如中央农业实验所贵州工作站、省农业推广联合委员会、省农田水利贷款委员会、省农村合作委员会等机构纷纷成立，构成了一套完备的农业推广体系。

云南省也有成立省级农业推广所的动议，并且制定了《云南省农

第二章 健全农事机构，开展农业调查

业改进所组织规程》，甚至对次年的农事计划都做出了安排。但是，云南省政府认为，经济部补助的经费太少，不足以维持改进所的正常运转，遂决定"暂缓成立"①。后来就不了了之。代之以的是稻麦改进所、茶叶改进所、棉业改进所、蚕桑改进所、畜产改进所、园艺改进所、烟草改进所等，这些所均隶属于省建设厅。中央农业实验所等中央机构也向云南派出机构。在县级农业推广所方面，省建设厅也责成各县成立农业推广所，计划自1945年起在全省分3年完成县一级的农业推广机构的组织工作。②也就是说，在抗战时期，云南省并未设立县一级的农业推广机构。

广西则是基本延续战前的组织机构，保留了省农事试验场、家畜保育所等，而鉴于县农场"许多不须经过试验而要推行的事项，反无人管理"，加上经费支绌，故将之撤销，而成立区农场（全省分为六个区）。③各县的农业改进和推广工作，则改由新成立的县农业管理处负责。但不到两年，为缩小编制，将各县农业管理处并入县政府第四科。④ 1941年，省政府虽然也在宜山、临桂、柳城等农业推广试验县成立了农业推广所，但总数也仅有10所，相较于广西近百县来说，无疑是少得太多的。

再从纵向来看。中华民国成立后，贵州省成立了实业司垦殖局，管理垦殖荒地，因地制宜栽种作物等事宜。1927年，农工厅职掌农政管理，全面负责农林牧副渔和农垦的生产和建设。1929年，省农工厅改组为省农矿厅，内设三科，其中第二科掌管农、林、蚕、牧、渔、垦、水利、气象、农村经济及农村改良等业务。1932年11月，省农矿厅撤销，原有关农政管理业务移交省建设厅。虽然贵州省在农矿厅也设立了农业推广处，省立农业试验场等科研机构也渐次成立，甚至县里也成立了县农林场，但是，要么是好景不长（如农推处仅存

---

① 《准经济部咨复关于设立云南农业改进所各情形一案仰即遵照》，云南省政府秘书处《云南省政府公报》1939年第11卷第17期。
② 李珪：《云南近代经济史》，云南民族出版社1995年版，第422页。
③ 陈大宁：《抗战期中本省农业生产的设施》，《广西农业通讯》1940年第1卷第1期。
④ 谭肇毅：《抗战时期的广西经济》，广西师范大学出版社2011年版，第9页。

在了两年），要么是基本没有开展工作（如县农林场），上述机构大体有名无实。故较为完备的农业推广体系，是在抗战期间才逐渐建立完善的。

第四节　开展农业调查

长期以来，贵州省的各级政府对省内农业基本情况的掌握只停留在田亩、户口、主要作物等方面，而缺乏科学、准确、全面的了解。这种状况直到抗战时期才得到改变。

省农改所和内迁入黔的浙江大学农学院、中央农业实验所湄潭茶场、农林部烟产改进处贵州烟叶改良场等单位认识到，内迁而来的农业专家和技术人员掌握着丰富的农业科学技术，也有着丰富的实践经验，但这些基于西方现代农场上的农业科技，以及基于东部平原地区的实践经验，对于像贵州这样的以喀斯特为基本农业环境的山地农业省份，是不能采取"拿来主义"拿来就用的。必须通过广泛深入的调查，搞清楚贵州的农业条件，再根据贵州的农业环境，通过试验改良，将现代农业科技和东部经验"本土化"，如此"对症下药"，才能不走或少走弯路，收事半功倍之效。基于这一认识，这些单位在黔正式运作之后，就立即组织技术人员开展农业调查。省农改所还将开展农业调查作为其职责之一。各单位根据需要各有侧重地进行了调查。

一　调查的步骤

1938年，贵州省政府"为求明了各县耕地面积、农民人口、农业产销、农佃分配及农村副业等实况，以供建设行政之参考者，并便利实施起见"，决定开展全省农业普查，"指定贵州省农业改进所为全省主办调查机关，各县政府为全县主办调查机关"，并将该项工作列为保甲中心工作之一。① 这对省农改所正在进行的农业调查是个难

---

① 《贵州省农业普查实施方案》，贵州省农业改进所 M 62 - 2 - 55，贵州省档案馆藏。

第二章 健全农事机构，开展农业调查

得的契机，弥补了农改所单兵作战的不足。省农改所立即着手制定《贵州省农业普查实施方案》，计划分三步走（见表2-16）。

首先，明确普查的内容、各主办机构的职责、制定调查表格。

表2-16　　　　　　　　调查人员及其任务

	种类	负责人	任务	人数
指导员	省指导员	省主办调查机关职员	1. 计划普查一切事宜；2. 训练保甲干部人员；3. 推动全省普查工作；4. 主持统计并，编制报告	由省主办调查机关遴选职员呈荐省政府充任
	县指导员	保甲干部人员	1. 轮流训练各县保甲职员；2. 推动各县普查工作	由分发各县之保甲训练所教育长、教官担任
调查员	县调查员	保甲干部受训之科长	1. 协同建设主管人员填具县调查表；2. 训练保甲职员；3. 推动全县普查工作	全省81县，每县1人
	联保调查员	联保主任	1. 调查每一联保；2. 指导并协助保调查员；3. 收集并核转省保调查表	全省2533联保，每联保1人
	保调查员	保长	1. 调查一保	全省15774保，每保1人

资料来源：《贵州省农业普查实施方案》，贵州省农业改进所M 62-2-55，贵州省档案馆藏。

调查表格分为三种，每种表格的要求各不相同。

第一种表为县级调查表。此表以全县为单位，估计其土地、人口及农业产销之概况等，由县调查员协同县建设主管人员负责调查填写。

第二种表是联保调查表。该表以每一联保为单位，估计其人口、土地、作物分布、农业产销、农佃分配等概况，由联保调查人员负责调查填写。

第三种表为保调查表。此表以保为单位，调查该保内每家之人口、田地、牲畜及其他职业人口等实数。与第一、第二两表之估计不同，此表由保调查员负责挨户实地调查填写，由甲长协助各户报告。

其次，对调查人员进行培训。

培训方法分为两种：一种是文字培训，将农业普查课程编列6—10小时，由各教官分别讲解，以省颁之农业讲义、调查表格、调查员须知暨填表说明等为教材。另一种是试查培训，在培训期间内，就城区附近择定某一联保或一保为试查区，由各教官分组率领各保调查员（即保长）挨户调查，填具表格，交由县调查员审核，并纠正一切错误。联保调查表则由各联保调查员（即联保主任）按其管辖区域内实际情形填具。

最后，调查人员走村入户开展普查工作。①

二 调查的内容

这些调查，归结起来，有如下几类。

（一）对贵州农业自然环境的调查

第一，地势。贵州省属于高原地带，平均海拔约1500米，全境面积大都为山脉及丘陵所占，地多倾斜贫瘠。贵州农业与平原地区相比，人们多傍山为田，以事耕植，利用山谷间之溪流作堰积水，以为灌溉之用。

第二，气候。贵州省为高地气候，气压较低，空气稀薄。太阳的辐射虽然强烈，但是气温偏低，湿度不因低温而减少，故多生云雾。每年平均气温，就贵阳而论，最高为28℃，最低为5℃，平均为15℃。一年中各月份的气温，以6、7、8月为最高，1、2及12月为最低。对于普通各种主要作物所需的温度，大致可谓具备。贵阳日平均降水量为1.218毫米，降水日数计为185日，降水量较多月份为5、6、7月，最少月份为12月及翌年1、2月。降水量之丰富及降水日数之多，对于贵州山地农业经营，自有莫大意义。因此，可以对贵州省主要农作物灌溉需水量进行统计，研究收成与旱灾的关系（见表2-17）。

---

① 《贵州省农业普查实施方案》，贵州省农业改进所M 62-2-55，贵州省档案馆藏。

表2-17　1921—1937年贵州省主要农作物收成与旱灾之关系

农作物	丰收年	小旱年	大旱年
水稻	4	11	2
玉米	14	2	1
小麦	4	11	2

资料来源：《贵州省农业普查实施方案》，贵州省农业改进所M 62-2-55，贵州省档案馆藏。

(二) 对农业人口和农业土地的调查

第一，农业人口。据调查，贵州省全省户数为1850497户，人数为10486618人，农户数为1408828户，农民数为8022418人，占总人口的76.5%；壮丁数为1770016人，占总人数的16.88%；人口密度每平方公里为59.4人；全省人口性别比为107.5；全省人口除汉人外，以苗族为最多，人数在200万以上，大都从事农耕；文盲占全省总人数的60.88%。

第二，农业土地。贵州全省土地面积为264720615亩，其中农用耕地面积为31223189亩，垦殖指数为11.79%，每人平均耕地面积为3亩。耕地面积中以私有地所占之比例为最大，计73.06%。而公有及共有中以学田、庙田、祠田为多，三者占总耕地面积19.6%。各种地权形态，以佃农为多，计39%；自耕农次之，计35%；而半自耕农则为26%，故佃耕问题，实有相当之重要性。各种佃租形态间最通行者为物租占93%，钱租占6%，役租仅占1%。

1938年夏，中央地质调查所的专家熊毅、李连捷、侯学煜等人调查了清镇、贵阳、定番（今惠水）、罗甸等县土壤，撰写出《贵州中南部之土壤》，将贵州中南部土壤分为准灰壤、灰棕壤、红壤、黄壤等11类；1940年又对贵州中北部7个县的土壤进行调查，将中北部土壤分为9类。1942年，卜慕华根据贵州水稻栽培期、收获期及品种分布，将全省划分为中熟籼稻、早中熟籼稻、高原粳稻、东南糯稻4个区。1943年，周永林依据柑橘自然分布，将柑橘产地分为盘江甜橙红橘区（为贵州柑橘主产地）、红水河朱橙甜橙红橘区、都柳江混合柑橘区、乌江混合柑橘区、清水江与沅江混合柑橘区。

(三) 对农作物品种和种植区域的调查

第一,农作物品种调查。1938 年省农改所接收原省农事试验场搜集和移交的水稻品种 54 种,并在当年搜集本省大豆种子 200 种;1940 年起浙江大学农学院在贵州搜集水稻品种 1200 种;1940 年农林部中央农业实验所湄潭试验茶场在湄潭、务川、德江、凤冈 4 县调查茶树品种,整理出黔北地方茶树品种有野生乔木大叶茶树、灌木茶、长叶茶等 10 大类;1943 年,省农改所园艺系对清镇、安顺、镇宁、晴隆、兴义等地的柑橘进行调查鉴定;据省农改所的调查,1942 年全省 79 个县主要栽培蔬菜有萝卜、白菜、南瓜、四季豆、辣椒等 11 种。

第二,农作物适宜种植区域调查。贵州省各地夏季凉爽,秋季多雨,土层瘠薄,大体不适植棉。省农改所对夏季炎热、土层较厚的宜棉区域的调查表明,贵州在江河流经区域地势较低之地,适宜种棉。大致可分作 7 区,详见表 2-18。调查表明,贵州有近一半县份可以产棉。

表 2-18　　　　　省农改所产棉县调查

区域	产棉县
乌江流域	思南、印江、石阡、凤冈
舞水流域	施秉、黄平、余庆、三穗、镇远、玉屏、青溪
都江流域	榕江、荔波、三合、独山、都江、下江
红水河流域	罗甸、平舟、大塘
盘江流域	贞丰、册亨、紫云、安龙、镇宁、关岭、安南
赤水流域	仁怀、习水
鸭池河流域	黔西
其他	都匀、岑巩、务川
合计	33 县

资料来源:贵州省档案馆编:《贵州省农业改进所》,贵州人民出版社 2006 年版,第 53 页。

三　调查的特点

抗战时期贵州的农业调查，有以下几个特点。一是调查主体的多元性。既有政府的农业普查，又有农业科研机构的农业调查，还有高等学校的农业调查。二是调查内容的广泛性。调查涵盖了气候、土壤、降水量、农业人口、耕地面积和类型、农作物品种、宜种区域等方面，很全面。三是调查时间的持续性。调查在抗战之初密集展开，但并未中断，而是随着农业发展的需要持续开展。农业调查一定程度上摸清了"家底"，为农业开发提供了科学依据，是贵州山地农业开发的重要一环。

第三章　引进现代农技，提高农产质量

时人即已认识到，农业开发无外乎两种手段，一是扩大种植面积，此为"消极的方法"；二是提高单位面积产量，此为"积极的办法"。更有人认识到，以技术改进来提高单位面积产量，才是"上策"，因为靠垦荒来扩大耕作面积，对于生态脆弱的贵州"保持水土，维系永续农业"是非常不利的。① 因此，必须依靠技术改良来推进贵州农业开发事业。"在任何生产事业中，必需［须］先将技术普遍化，而后始有进展之望。""黔省虽属山地，宜于农林，然以技术欠缺，少有成就。"②

在自然环境无法改变的条件下，现代农业技术作用于贵州农业者，最有效的就是通过品种改良提高单位面积产量和通过防治病虫害尽量降低歉收的风险。因此，试验是技术本土化的必由之路。

第一节　粮食作物的育种试验
——以水稻、小麦为例

在育种试验方面，本书分粮食作物和经济作物分别述之。每一类型又分别择取两种有代表性的作物作为个案进行探讨，一种是贵州本省的种植面积较广的传统作物，如水稻、烟草；一种是在贵州种植面积较少但前景甚好的作物，如小麦、棉花。

---

① 杨椿年：《贵州农艺作物改进方针之讨论》，《农业通讯》1947 年第 1 卷第 4 期。
② 胡嘉诏：《一年来之贵州省建设》，《中国建设》1937 年第 15 卷第 1 期。

一　水稻育种试验

一般而言，"稻之理想上的优良形质"应该符合以下标准："（1）分叶较多，（2）穗长，（3）粒着密，（4）一穗之粒较多，（5）秆不甚高而强硬，（6）对害虫之抵抗力强，（7）富免疫性，（8）耐多肥栽培，（9）成熟期早，（10）稃满而无芒，（11）粒形中大而色泽优良，（12）粒较不易脱落。"[①]

但是对于战时的贵州来说，水稻品种改良要着重于以下5个目标。一是增加产量。"值兹军粮民食亟有所需时，稻作从业者当以加增产量为首要目标。"二是改良品质。"须根据米之用途及米食者之嗜好厘定改良目的。"三是增强病虫害及倒伏抵抗力。四是提早成熟期。"通常早熟品种收量常少，晚熟品种收量概多，但为调剂米荒等农业经济方面设想，或为避免气候及栽培之困难起见，均以成熟期早之品种为合宜。"五是谷粒不易脱落。[②]

贵州的水稻品种改良即遵循上述5个目标。水稻是天然自花授粉作物，其改良方法不外两种，一是选择法，即以人工选择法挑选出优良品种进行繁殖；二是杂交法，将2个或2个以上优良品种进行杂交，使其成为更优良且更完善的品种。贵州地势较高，海拔在1000米以上，大部分地区夏季天气不太热，谚云"六月不热，五谷不结"，昼夜的温度相差太大，故人工杂交难于进行。因此只能采用选择法。选择法又可分为两种：一种是混合选择，另一种是纯系选择。省农改所于1938年派出十几名技术人员到各县广泛收集，共获得水稻品种460种，单穗17590个。然后分别举行试验，先将籼粳糯三型分开，然后将各型分别进行品种观察，采取单穗行、三行试验、四行试验等方法。用混合选择方法育成"黔农2号"及"黔农28号"两个中熟水稻品种。[③]

[①]《贵州稻作品种改进情形简报》，贵州省农业改进所 M62-2-194，贵州省档案馆藏。
[②]《贵州稻作品种改进情形简报》，贵州省农业改进所 M62-2-194，贵州省档案馆藏。
[③]《贵州稻作品种改进情形简报》，贵州省农业改进所 M62-2-194，贵州省档案馆藏。

针对贵州多旱灾的情况，省农改所特别注意培育耐旱品种。一是进行水稻旱秧适应性比较试验。该试验目的在于观察贵州能否应用旱秧移植及其对产量的影响。进行试验的品种有2种，分浸种及不浸种及水秧、旱秧等8种方法。采用复因子随机区组排列方法，重复6次，5行区长12尺、行距1尺、株距1尺，共240行。4月间播种，9月间收获。结果证明：旱秧移植在贵州省施行，各处理间之产量结果分析，其下值均不显著，即表明品种间、种子处理间及品种与种子间适应均无差异存在，旱播时无须浸种，其对产量、品质及其他特性均无影响。二是进行贵州省农家旱稻品种观察比较试验。共征得新品种5种，于5月间播种、9月间收获。该试验初期生长尚佳，后则劣变。收获时有2品种全部失败，其他缺株亦多，无法进行产量分析。三是进行水稻迟栽旱播观察试验。该试验目的是观察水稻能否迟栽旱播。试验品种为贵阳大白粘。分为2区：一区为旱播、不灌水；一区亦为旱播，待秧苗二三寸高时灌水。每区面积450平方尺（30×15尺），行长15尺、行距1尺，条播（直播）共60行，于6月间播种，但是抽穗不齐、生长不佳、病虫害亦烈，主要是因为播种过迟（夏至后），生长期过短，未能完成生长过程就遭寒气侵袭以致死亡。由此断定：水稻迟播在贵阳必无良好结果。①

"农业改进事业非一朝一夕三年五年所克奏功"②，经过多年的精心试验，省农改所采用混合选择方法育成黔农2号、28号、7号、10号等品种，采用纯系育种法育成黔纯365号、黔纯2363号、黔纯4247号、黔纯5122号、黔纯456号等品种。这些品种具有产量高、抗倒伏等特性，适宜在贵州推广。

浙江大学农学院在迁往湄潭县后，教学之余，还做了不少农业科研工作。水稻方面，在卢守耕教授的主持下，农学院农艺系经过3年的努力，培育出较本地优良土种"盖水白"更为优良的品种5个，分

---

① 《贵州省农业改进所三十四年度工作年报》，贵州省农业改进所 M62-2-164，贵州省档案馆藏。

② 《贵州稻作品种改进情形简报》，贵州省农业改进所 M62-2-194，贵州省档案馆藏。

别是：黔农 2 号、遂昌乌谷、浙大 728、浙大 721、浙大 605，产量比"盖水白"分别高出 15.2%、12.57%、10.9%、10.61%、12.14%（见表 3-1）。[①]

表 3-1　　抗战时期贵州省农业改进所育成水稻品种一览

品种名称	特性	产量（市斤/市亩）
黔农 2 号	质优、性强而稳定，茎秆强不易倒伏	588
黔农 28 号	秧苗耐旱，秧苗期生长特别旺盛，质优、粒大、早熟	557
黔农 7 号	质特优、粒细长，不倒伏	572
黔农 10 号	秆强不倒伏	544
黔纯 365 号	植株健旺，谷粒纯白	625
黔纯 2363 号	能耐瘠田，可抗秧田中之页泥虫	
黔纯 4247 号	早熟，不易染稻苞虫之害	
黔纯 5122 号	不倒伏，米质优良	583
黔纯 456 号		550

资料来源：《贵州省农业改进所工作简报》，贵州省农业改进所 M62-2-163，贵州省档案馆藏；《贵州稻作品种改进情形简报》，贵州省农业改进所 M62-2-194，贵州省档案馆藏；杨汝南、胡祝同：《贵州省农作物之改进》，贵州省农业改进所 1947 年刊印，第 9—10 页。

据有关调查，每亩水稻所需种子数量，在西部省份中，贵州是最少的，这也说明改良后的贵州稻种品质是较高的（见表 3-2）。

表 3-2　　川陕黔甘四省稻谷平均每市亩所需种子
数量及费用（1945 年）

省份	数量（斤）	单价（元）	价值（元）
四川	5.8	45	261
陕西	5.0	124	620

[①] 蔡邦华：《国立浙江大学农学院最近三年来之设施与研究概况》，《农报》1943 年第 8 卷第 13—18 合期。

续表

省份	数量（斤）	单价（元）	价值（元）
贵州	4.7	67	314.9
甘肃	9.0	58	589

资料来源：林松年：《川陕黔甘四省稻谷生产成本调查》，《中农月刊》1946年第7卷第5—6期合刊。

二 小麦育种试验

小麦为冬季作物，当时贵州境内栽种量甚少，种植面积不大。据1938年省农改所的《贵州农业概况调查》，约有260万亩，占耕地面积8%左右，年产量计380余万担。而同期四川的年产量为3270余万担，云南近600万担，湖南560余万担。在西南各省中贵州的产量最低。推究原因主要有以下几条。一是利益驱动。贵州农民向来以种植罂粟为业，而小麦生长季节与罂粟同时。从经济效益上讲，罂粟数倍于小麦，因此农民大都勤于种罂粟而不愿意种小麦。二是品种不良。本土小麦品种品质低劣，没有用现代技术加以改良，"故麦粒多晚熟而混杂，收成晚则有妨夏作之栽培，为农民所深忌，宁愿土地冬闲而不愿种小麦，麦粒杂则影响面粉之成色"。三是迷信惑众。民间流传一种迷信说法："华南小麦，半夜开花，食之伤身；华北小麦，白天开花，食之养人。"农民对此深信不疑，故不愿种小麦。[①] 为破除这一迷信观念，省农改所沈骊英等对贵州、四川、湖南、云南四省的小麦品种及东部省份的两个改良品种进行开花期试验，结果发现，无论哪个品种的小麦，开花时间大部分是在白天，夜晚开花者，只占27.4%，子夜开花的，仅占16.2%。[②] 四是知识欠缺。农民对小麦了解甚少，"不知小麦与其它[他]谷类之营养成分，而仅知何者收成数量有多寡"[③]。五是销售困

---

① 贵州社会科学编辑部等编：《贵州近代经济史资料选辑（上）》第1卷，四川省社会科学院出版社1987年版，第128—129页。
② 《西南各省小麦开花期之探究》，《中农所简讯》1938年第13—14期合刊。
③ 贵州社会科学编辑部等编：《贵州近代经济史资料选辑（上）》第1卷，四川省社会科学院出版社1987年版，第128—129页。

难。如果农民多种粮食作物,一般想把多余的粮食换成现钱,但是由于受制于交通,无法外运,导致销售不出去,这样就打击了农民种麦的积极性。因此,有的县份禁烟种麦后,农民有"有得吃,没得用"之苦。另外,贵州也没有较大规模的面粉厂,不能就地将麦磨成面。[1] 虽然有以上几个方面的阻碍,但是小麦能在贵州农业开发中扮演重要角色。第一,贵州当时利用田地普遍种植美烟,夏季食粮作物之栽培面积必然减少,面积减少,当然产量就低,所以冬季必须多种改良小麦,来补偿食粮之不足,然后才不会闹出粮荒。第二,麦秆坚韧可用来制草帽及盖房屋,又可烧作草灰,是植物最好的钾素肥料。第三,用麦芒防除烟草之害虫,是最好最经济的办法,所以小麦在贵州倡种美烟之时实占重要之地位。[2] 故此,省农改所大力引进和培育小麦良种(见表3-3)。

表3-3　　抗战时期贵州省农业改进所育成小麦品种一览

品种名称	特性	产量(斤/亩)
金大2905号	产丰、早熟、病少	350
中农28号	产丰、早熟、秆硬不易倒伏	360
遵义136号	早熟、产高、茎秆强不易倒伏	360
遵义137号	早熟、产高、病少	345
仁怀150号	丰产、病少、穗形一律	340
定农1号	早熟、产高	350

资料来源:《贵州省农业改进所工作简报》,贵州省农业改进所M62-2-163,贵州省档案馆藏;杨汝南、胡礽同:《贵州省农作物之改进》,贵州省农业改进所1947年刊印,第12—13页。

贵州各县农家对于小麦的播种期比较随意,有的早在8月就播种,有的迟至12月才开始下种。播种太早的话,幼苗生长太快,到了冬天容易被冻伤或冻死;播种太晚,就影响来年夏作的种植,如果遇到冬旱,麦种还不易发芽。有鉴于此,省农改所组织沈骊英、张宪

---

[1] 张肖梅:《贵州经济》,中国国民经济研究所1939年版,第G15页。
[2] 《小麦在贵州食粮上之重要性》,贵州省农业改进所M62-2-200,贵州省档案馆藏。

秋、庄巧生等专家对不同品种的小麦进行田间观察试验。

试验结果如表3－4所示。该表传递出这样一些信息：一是播种时间对产量有较大影响。从表3－4可知，10月中旬播种产量最高，次之为10月下旬，而11月中旬下种的，其产量最低者仅及10月中旬播种之一半，如金大2905。二是不同品种对播种时间的反应并不一致。试验结果表明，常德小麦对播种期的反应最为迟钝，3个不同时段播下的种子，其产量相差不大；金大2905的反应最为灵敏。三是成熟期与播种期成正比，即早播早熟，晚播晚熟。但10月中旬和下旬播种，成熟期相差不多，产量也较为接近，差异较为明显的是11月中旬的播种。总而言之，贵州冬小麦最适宜的播种期，为10月中下旬到11月初，太早、太晚均不合适。

表3－4　　　　　　　　小麦播种期与产量试验比较

品　种	播种期	平均亩产量（市斤）	名次
金大2905	10月15日	247.7	1
	10月30日	236.7	3
	11月15日	121.3	12
常德小麦	10月15日	226.0	7
	10月30日	231.7	5
	11月15日	200.7	9
清镇小麦	10月15日	234.0	4
	10月30日	240.0	2
	11月15日	152.7	10
贵阳青岩1	10月15日	227.0	6
	10月30日	218.0	8
	11月15日	136.7	11

资料来源：沈骊英等：《贵州之小麦》，经济部中央农业实验所1940年印行，第35页。

在省内外众多小麦品种中，金大2905号最被省农改所看好。金大2905号是金陵大学农学院培育的冬小麦品种。省农改所特别针对该品种与本地麦种进行了比较试验。省农改所将金大 2905 号种子分发至贵阳、清镇、平坝、安顺、龙里、遵义、贵定、息烽、桐梓 9 县，经农民试种后与本地麦种进行对比。1939 年 4 月 12 日，省农改所组织专家分赴上述 9 县调查小麦生长情况，结果表明：无论在何地，金大 2905 号的抽穗期普遍早于本地麦种，病虫害普遍少于本地品种，绝大部分试种农民对新品种甚为欢迎，桐梓县政府还出面函请省农改所在该县继续推广（见表 3–5）。

表 3–5　贵阳等 9 县金大 2905 与本地麦种抽穗期及生长情况调查

（调查时间：1939 年 4 月 12 日）

调查县份	抽穗期 金大2905	抽穗期 本地麦种	高度 金大2905	高度 本地麦种	病虫害 金大2905	病虫害 本地麦种	农民对金大2905的态度
贵阳	3月下旬	4月初	3尺	2尺	病害轻	病害重	请求贷种者踊跃
清镇	4月初	尚未抽穗	3尺	2尺	黄锈病少	黄锈病多	望政府大量贷种
平坝	4月初	尚未抽穗	2尺	1.4尺	无	有黄锈病	犹疑不决
安顺	4月初	尚未抽穗	3.5尺	2.7尺	有黄锈病	有黄锈病	咸表欢迎
龙里	4月初	尚未抽穗	4尺	2.7尺	有黄锈病、白粉病		弃大麦改种小麦
遵义	4月上旬	4月下旬	2.5尺	2尺	无	无	要求贷种
贵定	4月初	4月下旬	3.5尺	2.7尺	无	黄锈病	要求贷种
息烽	3月下旬	4月下旬	3.8尺	3尺	白粉病	黄锈病烈	甚为欢迎
桐梓	3月下旬	4月下旬	4.2尺	3.2尺	无	黄锈病烈	县府函请推广

资料来源：沈骊英等：《贵州之小麦》，经济部中央农业实验所 1940 年印行，第 30 页。

浙大农学院教授陈锡臣等经过数年的试验，培育出浙大 32 号与中农 28 号，均优于遵义 136 号，受到当地农民的普遍欢迎。其原来在杭州培育的优良品种浙大 46 号，在四川等省产量高，但在湄潭产量就一般。[①]

[①] 蔡邦华：《国立浙江大学农学院最近三年来之设施与研究概况》，《农报》1943 年第 8 卷第 13—18 合期。

第二节 经济作物的育种试验
——以烟草、棉花为例

一 烤烟育种试验

贵州本省土烟种产量低，质量差。1939年，省农改所以本省土烟叶用烘烤法调制后试制纸烟，结果色、味均差，不宜作纸烟的原料。省农改所成立后，将发展烤烟生产作为主要研究实验课题。该所曾在贵定、清镇、天柱、三穗等县采集土烟品种数十种，同时又从山东烟叶试验场，广西柳州、贺县等地，购入从国外移植的品种数种，进行比较试验。

试验结果表明，美国弗吉尼亚种"黄金叶"质量最好。其主要特性有以下三条。一是产量高。平均亩产量比本地品种中品质最高的贵定土烟种要高出一倍以上。前者亩产量达227市斤，后者仅108市斤。二是品质优。叶脉细、叶片大、植株高，经烘烤调制，该种烟叶呈浅柠檬色，烟味醇和芳香，色、味、香俱佳，可做上等纸烟。三是适宜贵州的水土。经在贵阳、贵定、平坝、黔西、惠水、施秉、都匀等县试种，均能保持其原有之品质。①

图3-1 抗战时期贵州栽培的美烟苗床

资料来源：贵州省档案馆韩义义先生惠赐。

---

① 冯鼎铭：《美烟在贵州》，《贵州企业季刊》1943年第1卷第3期。

图 3-2 抗战时期贵州长势良好的美烟

资料来源：贵州省档案馆韩义义先生惠赐。

二 棉花育种试验

植棉在贵州虽然很普遍，全省 81 个县中，产棉的有 60 余县，但是产量都很少。自给自足的小农经济对棉花的需求量较小，棉花生长期与水稻等粮食作物的生长期接近，农民不愿减少粮食作物的耕种面积，"农民量用为种，估计一家需要的棉量，和农田的有余，酌种棉花，棉田都是最次的田，好田留作种谷和杂粮的。棉下种后，任其生长，往往草与苗齐，农民缺乏植棉的常识，所以生产收获，量少质次"①。抗战以后，无论是军用还是民用，无论是前线还是后方，对棉花的需求量都大大增加。因此，对地处后方的贵州来说，植棉的经济效益和政治效益都非常可观，不但能增加本省收入，还能支援抗战，可谓一举两得。故贵州当局竭力推广植棉。

由于本省原有棉种质量低下，首先必须进行品种改良。省农改所承担了这一任务。该所从省内各地采集了 13 个中棉品种和 8 个美棉品种，分别进行了本省中棉品种试验、本省美棉品种试验，又对中央农业实验所提供的 13 个外省中棉品种和 15 个外省美棉品种，分别进行了省外中棉品种试验和省外美棉品种试验，此外，还进行了本省美

---

① 陆养浩：《贵州省棉纺织业的建设》，《抗建半月刊》1937 年第 1 卷第 1 期。

棉纯系育种试验。试验结果如表3-6所示。

表3-6　　　　　　　省农改所进行棉花品种试验情况

试验项目	品种来源	试验场所	试验方法	试验时间	试验结果
本省中棉品种试验	1939年采集而来的13个品种	贵阳、施秉	三行区随机排列法	1940—1944	都匀中棉每年都是产量冠军
本省美棉品种试验	1939年采集而来的8个品种	贵阳、施秉	三行区随机排列法	1940—1944	施秉美棉产量最高
省外中棉品种试验	中央农业实验所分配而来的13个品种、本省施秉中棉	贵阳、施秉	三行区随机排列法	1939—1943	施秉中棉产量最高；湖南浦市中棉，安徽长丰白籽、江阴白籽，广西柳州中棉、贺县中棉产量较高
省外美棉品种试验	中央农业实验所分配而来的15个品种、本省施秉美棉	贵阳、施秉	三行区随机排列法	1939—1943	施秉美棉产量最高；四川脱字、澧县72号、江浦脱字、奉节美棉产量较佳
本省美棉纯系育种试验	本省美棉虽然有少数产量较高的品种，但都不是纯种，品质也一般；省外美棉品种品质好，但不能适应贵州的气候，容易滋生病虫害，因此，纯系育种是最好的解决办法。纯系育种的方法有二：一是于本省非纯系品种中育成纯系，二是于省外优良品种中育成适应本省环境的新品种。1939年进行单株选种，1940年进行株行试验，结果有9系品质较高的品种				

资料来源：彭寿邦：《贵州之棉花》，《农业推广通讯》1946年第8卷第3期。

省农改所还对棉花播种期进行试验。在贵阳进行1次，在施秉进行3次。试验结果：中棉播种期，在贵阳以谷雨为最佳，在施秉以立夏为最佳；美棉播种期，无论贵阳还是施秉，均为谷雨最佳，清明次之，立夏第三。

省农改所还特别进行了棉花纤维及衣分测试。棉花品质的优劣与棉花产量的高低同等重要。贵州因缺乏研究纤维的各项设备，无法做精细研究，仅能就纤维长度一项，加以考查。其方法是每种取籽棉样2粒，左右分梳量其长度，而取其平均数。棉花衣分率也是研究棉花产量的重要因素。衣分率指的是一定量的籽棉经过加工后皮棉与籽棉的重量比，一般用百分比表示。方法是每种取籽棉样100克，轧去花衣，以求其百分数。测试所用的种子来自上述品种试验的种子。测试棉种的纤维长度和衣分率情况如表3-7所示。

表3-7 省农改所测试棉种纤维长度和衣分率情况

测试项目	纤维最长品种及其长度（毫米）	纤维最短品种及其长度（毫米）	衣分率最高品种及其百分数	衣分率最低品种及其百分数
省内中棉	炉山中棉22.5	玉屏细花20.6	施秉中棉23%	炉山中棉25.7%
省内美棉	仁怀美棉24.1	紫云美棉22.6	仁怀美棉36.8%	罗甸美棉33%
省外中棉	长丰白籽棉22.8	遂宁中棉18.8	常德铁籽33.6%	浦市山花23%
省外美棉	福字棉27.7	西昌美棉22.4	宾州美棉36.5%	西昌美棉31.7%
美棉纯系	施秉465号、29号26.2	其他均在25左右	印江180号35%	其他均在32—34%

资料来源：彭寿邦：《贵州之棉花》，《农业推广通讯》1946年第8卷第3期。

试验结果表明，美棉品质高于中棉。在本省值得推广的品种有：美国的早熟小铃短绒种、圆形棉铃短绒种、大铃长绒种等。其特性分别如下。

第一，早熟小铃短绒种产量高，枝叶生长旺盛，能抵抗缩叶病。植株高而细，分枝长而坚挺，叶小质粗，棉铃长而小，每铃有3—5瓣，绒短2—3厘米，拉力强，衣分率为34%。

第二，圆形棉铃短绒种棉株较低，枝叶分散，叶子较大，棉铃很圆，4瓣，绒长近1寸，衣分率为30%—35%，棉籽较大。

第三，大铃长绒种（福字棉）枝叶多，枝节短，棉铃上部较尖，铃形很大，成熟期较佳，产量较高，衣分率为30%—32%，绒长1—1.75寸，柔软细长，每磅籽花60—70铃。

第三节　病虫害防治试验

贵州农民对于麦病防治知识懂得很少，只是对"病状彰明、为害显著"的黑穗病和线虫病了解多一点。对于麦病发生的原因，众说纷纭。有人认为是遭"神谴"，种麦者在待人接物上有悖天理，神仙降下这一灾难，"减其收获，俾示惩罚"；有人归因于运气不好，认为麦作主人将遭厄运，特别是疾病或死亡的征兆；有的认为是天气导致的，麦子开花之时，天气温暖湿润，"地气上升，不能发散，于是郁结麦上"，使麦子生病。对于线虫病，则将之视为杂质，以为是野草的种子混入麦子中产生的。①

据省农改所的调查，农民处理麦病的办法有如下几种。第一种是草灰水浸泡法。夏季时把草灰调成黏稠的草灰水，然后把麦种浸泡其内两个晚上，再捞出洗干净晒干、储藏。第二种是石灰水浸泡法。在播种前把麦种浸入石灰水中一个晚上，然后再播种。第三种是沸水浸泡法。把麦种浸入沸水中，捞出晾干。第四种是风车选种法。即通过风车，把轻飘的麦种扬去，留下结实的麦种。第五种是清水选种法。此法和风车选种法原理相同，即把麦种倒入清水中，舀去漂浮在水面上的瘪种。这些民间土法，经省农改所一一试验，发现前三种方法并不能防治病虫害，甚至有害无益，比如沸水浸泡容易损害麦种的活力；后两种虽然能在一定程度上筛去一些被虫蛀过的种子，降低麦病的风险，但作用亦有限。②

民间土法不管用，那么，现代麦病防治方法在贵州是否管用？为

---

① 朱凤美、朱恒纪：《贵州省境之麦病及其防治》，《农报》1942年第7卷第16—21期合刊。

② 朱凤美、朱恒纪：《贵州省境之麦病及其防治》，《农报》1942年第7卷第16—21期合刊。

了得出准确的结论,省农改所对这些方法进行比较试验。他们在贵阳、定番两地采集农家小麦、大麦、燕麦麦种若干,分别进行小麦线虫病、小麦腥黑穗病、大麦坚黑穗病、燕麦坚黑穗病防治方法的比较试验。对于线虫病,省农改所对麦种分别施以风选(风车选种)、筛选(米筛选种)、水选(清水选种)、机选(小麦线虫选除机选种)及不选等方法;对于黑穗病,则分别施以孢子拌药(粉碎病毒粒块后用碳酸铜粉拌种)、菌瘿拌药(麦种含有病毒原状用碳酸铜粉拌种)、拌药和肥(粉碎病毒粒块后用碳酸铜粉拌种后再和上厩肥)、温汤浸种(即温水浸种)及不处理等方法。通过这些方法处理麦种后,将其各分为两份,一份种在省农改所的农场,一份种在定番乡政学院的农场。再采取相同的方法进行田间管理,待到麦子成熟后,又采取相同的方法进行收割、脱粒、保存。经统计,平均两地所得结果,数据如表3-8所示。

表3-8　　　　　　　重要麦病施治后的效果

病害	处理方法	亩产(斤)	指数(%)	发病亩数(亩)	指数(%)
小麦线虫病	不选	235	100	2.75	100
	风选	219	93.2	2.24	81.5
	筛选	257.4	109.5	0.09	0.03
	水选	253.2	107.7	0.22	8
	机选	280.4	115.1	0.03	0.01
小麦腥黑穗病	不处理	243.4	100	27.19	100
	孢子拌药	303.8	124.8	0.05	0.002
	菌瘿拌药	299.1	122.9	0.76	0.03
	拌药和肥	311.6	128	2.33	1.04
	温汤浸种	306.1	125.8	0.61	0.02
大麦坚黑穗病	不处理	237.5	100	1.11	100
	孢子拌药	281.3	118.7	0.38	34.23
	菌瘿拌药	279.2	117.6	0.07	6.3
	拌药和肥	276.9	116.6	0.37	33.33
	温汤浸种	247.4	104.2	0	0

续表

病害	处理方法	亩产（斤）	指数（%）	发病亩数（亩）	指数（%）
燕麦坚黑穗病	不处理	63	100	74.68	100
	孢子拌药	227.5	361.1	0.14	0.002
	菌瘿拌药	203.9	323.7	0.69	0.009
	拌药和肥	190.6	302.5	9.5	0.13
	温汤浸种	240.7	388	0.07	0.0009

资料来源：朱凤美、朱恒纪：《贵州省境之麦病及其防治》，《农报》1942年第7卷第16—21期合刊。

试验结果表明，在防治小麦线虫病方面，发病率最低、产量最高的方法是机选。风选的发病率非常高，接近不选种的发病率；就产量而言，风选甚至低于不选。小麦线虫选除机是省农改所农业工程室的朱凤美、塞先达根据圆形凹孔分离椭圆形与球形物体的原理，设计出来的，据称是中国第一台小麦线虫选除机。其原理是根据健麦粒是长椭圆形，虫瘿麦粒为近球形，形状不同的麦粒通过分离机械，可有效汰除99.29%—99.85%虫瘿麦粒，且能选留大麦种。该机械简单易制，操作简便，便于推广。在全省广泛推广应用后，深受农户欢迎。该机械还被推广到了邻省四川。1939年在川黔二省防治麦类黑穗病和线虫病193000余亩。

在防治黑穗病方面，无论是对于小麦、大麦还是燕麦，用碳酸铜粉拌种的效果，都非常好，均能治愈90%以上的病害。

历年来，省农改所结合本省易发多发的病虫害，进行了长期的试验研究，产生了一批有价值的成果，详见表3-9。

表3-9　　　　　贵州省农业改进所防治病虫害研究成果

研究项目	研究成果
线虫病田间诊断确数之检讨	肉眼不能观察之病穗，占全部病株56.52%
麦种温汤处理之简易水温测定器制造	以熔点不同之石蜡、凡士林、植物性油，各以其不同分量配合成熔点46℃、50℃、52℃、54℃、56℃五种水温计

续表

研究项目	研究成果
药剂处理与温汤处理效果之比较试验	温汤最有效,碳酸铜远不如硫酸铜,花器病猖獗,得厉行温汤浸种,种苗传染病流行,得用硫酸铜处理
麦类病害病毒接种量与作物发病量之关系	线虫病毒含量仅0.5%,已使作物发病16%,减收22%,杆黑穗病毒含量0.5%时为害不显著,腥黑穗病毒含量0.5%已足使作物发病22%
麦黑穗病药剂防治之效果比较	17种药剂中,以升汞、硫酸铜液、王铜等最有效,施药后发病率不足10%,增产6倍强,红砒可防止98%,但有药害
线虫病毒土中传播距离之观察	间隔空地二尺以上,绝无传播现象,倘间以大麦,能传播二尺左右,间以小麦能传播四尺
小麦黑穗病防治用渐冷温浸法所需温度时限之检讨	散黑穗病10月下旬后播种全不感染,腥黑穗病9月前播者,仅6%感染,线虫病于11月中以后播种者,发病最多,散黑穗病不受播种期影响
麦类线虫腥黑穗病及坚黑穗病毒生存力之探讨	干燥虫瘿经45℃温浸3个小时即死亡,故亦可防治黑穗病,线虫抗药力强,不宜用药剂,腥黑穗病、坚黑穗病则反之
线虫病麦汰除机之制造	此机至少能汰除线虫病99.5%,一小时内选精麦八斗至一石
探究国内麦种,对线虫病有无抵抗力	1500种纯系小麦中,有25品种有抵抗性,以徐州麦场选得之一、二纯系为最著
麦病防治试验	温浸处理,手续琐繁,可任渐冷,浸后即使天气恶劣,播前致萌芽,但对生育产量无严重影响,贵阳之黑穗、线虫病毒土地少有传染,故仅处理种子即可防除
研究重要麦病病原之形性	线虫潜居瘿粒内部,水温浸后二周,方出为害,麦苗、麦株之线虫,至麦穗后集中穗部成长,麦罹黑点病后,含筋量、出粉量、发芽率均大减,产量减少三分之一
探究本所抗线虫病品种	PC433、PC876号,有抵抗线虫病毒之力
玉米螟天敌卵寄生蜂寄生率测验	仅Irchagramma一种寄生率达98%
玉米螟生活史观察	夏秋间常检得新鲜卵块,故段落不分明
水稻秧虫虫害实测	七月被害者,萎态不易恢复,八月被害,头下垂,抽穗较慢,月底即直立,九月则健病差异隐伏
割秧尖防治秧虫实测	七月割者,不及对照区旺盛,至八月底全抽穗,割剩八寸者,八月开始抽穗,五寸者未抽穗,九月差异消失

续表

研究项目	研究成果
大豆尺蠖药剂杀除试验	17种处理中，以用Redarrow及除虫菊儿液，喷射杀虫率最高
玉米螟越冬及初夏活动情形之考查	室外帘下越冬，死亡百分率为5.19%，田间植立者，最高达1.49%，一二月死亡率最高，五月底六月初蛹化率最高
土壤色泽温度与切根虫越冬之影响	泽润黄土中，越冬虫存活数高，干燥之红、黄、黑土壤无存活虫，黑土湿区，虫存活数少
玉米品种播种期避螟检查	以九支白发芽在五月底者，每株虫孔平均为0.22
贵阳玉米螟周年羽化代数及高潮测验	第一代羽化期五月十六日至七月三日，六月中最盛，第二代七月廿四日至九月九日，最盛在八月上旬
稻苞虫竹梳之改良制造	该器为手梳，有长柄，梳长宽一尺，适于本省推广
土产杀虫植物之研究	本地产十余种植物中，以鸦胆最有效，用鸦胆子子仁做成母液，然后稀释六七倍，杀猿叶虫、叶青蜂、粉蝶等有效，母液配合量：子仁10分，水200分，石（卤金）1—1.5分，肥皂1—2分
稻钳铗之制造	此种稻钳铗，拍毙稻上苞虫，工作迅速，省力，无俯腰之难，无须注意木板曾否对准
稻拍板之改良装置	于拍板中之一块背面一端之前方，匀钉长一尺五寸，直径一分之竹钉五枚，与板面垂直，尖端成尖圆头状，拍死苞虫后，即用梳伸稻叶，于再度检查有无苞虫发生时，得免混淆不清现象
喷果树用竹质自动喷雾器之制造	制成长六尺之自动喷雾器，灌药一次，能喷三分钟，适于喷果树
白蜡虫挂虫时包种虫用最适材料之测定	用稻草、桐叶、棕三种材料，已种虫结蜡，以棕包最适
饲白蜡虫林木适宜树型之研究	以圆头型、高干型等比较，以圆头型最适饲虫
女贞天牛防治研究	以新鲜树枝钉入虫孔，使其木屑、虫粪不能外泄，虫愈钻愈紧，终至堵死孔中
饶氏手提喷雾器之制造	其型式如小孩所玩竹水枪，加一来福线塞，药液自柄中灌入，每灌药一次，能喷射1200次，简易、经济、适用

续表

研究项目	研究成果
饶氏手提喷粉器之制造	与上述形状构造略同，粉剂自抽压柄前端装入
土蚕防治法之研究	用坚壁清野诱杀法为最有效，法以麦芒堆作物根际为坚壁，除草为清野，草散堆圃中，堆下之草勿除净，则虫可诱伏其中，捕而杀之为诱杀

资料来源：《本所防治病虫害研究成果表》，贵州省农业改进所 M62－2－26，贵州省档案馆藏。

湄潭是产茶大县。针对该县茶树病害，浙大农学院病虫害系葛起新等作了深入调查，发现病害189种，其中尤以茶苗上的白星病和茶树上的红锈病最为普遍。[①]

[①] 蔡邦华：《国立浙江大学农学院最近三年来之设施与研究概况》，《农报》1943年第8卷第13—18合期。

第四章 加强农业推广,促进技术下乡

"推广为研究之最后目的,藉使实验所得之优良结果普及民间与生产。"① 1944年1月,贵州省政府颁布《贵州省农业推广实施办法》,明确了农业推广的目的和任务。该办法规定,本省农业推广"以扶助农民、公私机关、团体发展农业生产为目的","以技术指导、材料供给及兽疫与植物病虫之防治为范围","依地方行政、气候土宜、农业习惯、人民需要,以区域试验、农田示范与实施推广三步骤分区次第进行"。本省农业推广业务分专业推广与一般推广,专业推广以推广冬耕粮食增产、扩大植棉造林、防治兽疫及植物病虫、推广优良稻麦棉种及有关抗战所需工业原料之种植为中心;一般推广暂以提倡堆肥、利用荒地发展畜牧事业、兴修农田水利、创导稻桶围席、引用改良农具、提倡农村副业、筹设经济林场等项为目标。②

推广并不是一项简单的工作,而是一个系统工程。"谨就工作对象而言,推广实较研究繁重,盖研究系对物,推广系对人又对物。因之欲求推广顺利、结果圆满,除材料确实优良,发动切合时机外,他如推广方法之运用,推广人才之养成,体力、态度、学识、思想、道德、办事以及实地工作步骤暨各项推广事业之实施等等,莫不有重大关系。"③ 因此,在笔者看来,推广是技术下乡的最佳路径选择。

---

① 《贵州省农业改进所农业推广须知》,贵州省农业改进所 M62-2-310,贵州省档案馆藏。
② 《贵州省农业推广实施办法》,贵州省农业改进所 M62-2-310,贵州省档案馆藏。
③ 《贵州省农业改进所农业推广须知》,贵州省农业改进所 M62-2-310,贵州省档案馆藏。

第一节 推广人员的训练与任用

有了良种美法之后，推广成效，很大程度上取决于推广人员的素质："任何事业之成败多系于人才之得失，尤以推广工作然。"[1] 时任国民政府行政院农产促进委员会主任委员的穆藕初曾言，"推广乃是一种专门的学问和本领，不是普通人都能做到的"[2]，必须加以培训，方能上岗。贵州省农业改进所的主要职责之一即是"训练本省各行政区域及各县之农业推广指导人员暨农业技术人员"[3]。

一 推广人员的素质要求

《贵州省农业改进所农业推广须知》指出，"推广人员必须深入农村执行计划，直接联系并指导农民，以完成推广工作之任务"，因此必须具备如下条件。[4]

第一，意志坚定。农业推广是一项"责重事繁、工作劳苦之事业"，"必须具有坚强之意志与百折不挠之精神"，"不畏利而动，不畏难而退"，"而后始能倡导农民，获得最后成功"。

第二，身体强健。"舟车劳顿与奔驰忙碌皆推广人员常遇之事实"，必须有强健之身体，方能适应长期的差旅生活。

第三，态度和顺。农业推广工作是直接与农民打交道的事业，一个陌生人，进入一个陌生的环境，与一个陌生的群体交往，切不能让对方产生"入侵感"，这就必须具备"和蔼可亲之态度、逆来顺受之修养、再接再厉之精神，始能达到与农民接近与合作之目的"。

第四，学识渊博。一方面，推广人员要具备一定的专业知识；另

---

[1] 《贵州省农业改进所农业推广须知》，贵州省农业改进所 M62-2-310，贵州省档案馆藏。

[2] 穆藕初：《农业推广人员的修养》，《农业推广通讯》1940 年第 2 卷第 5 期。

[3] 贵州省档案馆编：《贵州省农业改进所》，贵州人民出版社 2006 年版，第 326 页。

[4] 《贵州省农业改进所农业推广须知》，贵州省农业改进所 M62-2-310，贵州省档案馆藏。

一方面，还要懂得一定的常识，"因农民问题漫无限制，如能在可能范围内——予以满意答复，不但对于推广人员之信仰加深，对于推广事业之进行必多补益"。

第五，思维敏捷。农民所发生之问题不仅广泛，有时且出人意料，"如推广员思想敏捷，自能随机应变，处置裕如"。

第六，道德高尚。推广人员要做到"四不"：不假公济私，不言过其实，不施小惠，不受农民之馈赠、供应，"一言一行必尽其本分而求得良心上之安慰"。

第七，办事干练。推广人员须具有"计划与创造之能力、忍耐勇敢之精神、敏锐之眼光、流利之口才、外交之手腕、纯洁之思想，方能排除困难，措置适当"。

此外，如文字清通、志向专一、服务热心、熟悉乡村情形及了解人情世故等，均为推广人员必须具备之条件。

二 训练之目的

时人即已看到，农业专门学校的毕业生为数不少，但是他们所学知识"太偏重农业科学的理论研究，对于田间耕作技术以及农事指导、农村社会建设之实施方法往往不甚注意"[①]。另外，随着大后方大规模地引进现代农业技术，通过试验将技术本土化之后，如何让技术尽快下乡，就成为农事机构的主要职责。因此，招考具有一定学历的毕业生进行短期培训就成为解决农业推广人才缺乏的最为有效的方式。实际上，早在1931年，国民政府内政部、教育部和实业部就联合制定了《各省训练农业推广人员办法大纲》，要求对新进农业指导员、副指导员进行为期三个月以上的推广训练；对于农业推广人才极为缺乏的省份，一是招收初级中学毕业，志愿致力于农业推广事业的学生给予两年以上的推广训练，二是招收高级中学毕业或具有同等学力，志愿致力于农业推广事业的学生给予一年以上的推广训练。[②] 但

---

① 杨曾盛：《怎样训练农业推广人员》，《浙江农业推广》1935年第1卷第1期。
② 《各省训练农业推广人员办法大纲》，《农业推广》1931年第3期。

第四章　加强农业推广，促进技术下乡

是，到了抗战时期，军需民用对农业生产提出了严峻的要求，一两年的训练期显得格外漫长。于是，训练期被缩短至半年，"予以两个月之课室训练，及四个月之实地见习"①。这种"2+4"的短训班模式被普遍采用，并被寄予很大期望。如举办畜牧兽医训练班之目标，系"于简短之六个月中，养成技术娴熟、道德高尚之专科指导员，以便实地下乡指导农民"②。而依据贵州省油桐生产计划规定，所需各县植桐推广员及指导员共约40名，但要在短期内召集到合适人员，"殊非易事"，因此，临时创办一个植桐推广人员训练班，"以期培育成为推广植桐之下级干部"③。更高的期望在于，化外部依赖为内生路径。遵义县政府鉴于本地茧种老化，遂连续两年向外省采购蚕种，低价贷给农民饲育，效果良好。但是，当局很快看到了弊端所在："单向外省购选大量蚕种，虽可收效于一时，然于黔省整个之柞蚕基础，并未坚立。"④ 因此，只有自行训练柞蚕指导员，下乡指导农民学会留茧种之法，方为长效之策。

三　人员的招考

训练班一般由省农改所主办或与地方政府联合主办。首先，通过公告或在省内报刊上刊登招考广告和招考简章，发布消息。

对于文化程度，一般要求是"初中程度"，如植桐推广人员训练班"招考中等农业学校或职业学校农林科毕业学生或具有同等学力者"⑤。实际上，初中文化程度这一要求，对于教育落后的贵州来说，要求还是不低的，但是，依然报名者踊跃。例如，畜牧兽医训练班投

---

① 《贵州省农业改进所创办植桐推广人员训练班计划》，贵州省农业改进所 M62-1-53，贵州省档案馆藏。
② 《贵州省农业改进所二十七年四月至十二月工作报告》，贵州省农业改进所 M62-2-64，贵州省档案馆藏。
③ 《贵州省农业改进所创办植桐推广人员训练班计划》，贵州省农业改进所 M62-1-53，贵州省档案馆藏。
④ 《贵州省农业改进所二十七年四月至十二月工作报告》，贵州省农业改进所 M62-2-64，贵州省档案馆藏。
⑤ 《贵州省农业改进所创办植桐推广人员训练班计划》，贵州省农业改进所 M62-1-53，贵州省档案馆藏。

考学生共122名,"计正取学生二十名,备取四名"。① 柞蚕指导员训练班虽然在遵义县举办,报名者达61人,其中女生居多,达2/3。"正取生12人,男7人,女5人;备取生8人,男2人,女6人。"②

除了招考外,还采取保送的方式,将有基层相关工作经历的人员推荐上来参加训练。如植桐推广人员训练班将40个名额中的12个分配给第一二三推广植桐区,由所辖县份每县保送1名;其余28个名额以考试形式录用。

在考试内容上,一般根据训练班的性质而不同,如柞蚕指导员训练班就考试国文、数学、常识,另外还有口试和体检。而植桐推广人员训练班考试有4门,分别是农业、党义、国文、农业常识。该训练班的考试试题,如表4-1所示。

表4-1　　　　植桐推广人员训练班招考试题

科目	试题	备注
农业	1. 试述本县农业特产品 2. 试略述本县之农村情形（约一二百字） 3. 何谓食粮作物、工艺作物、酒精原料作物及衣被原料作物,试各举一例 4. 试述昆虫对于作物的利益和害处 5. 本省所产最重要之林木有哪几种 6. 何为森林之主产物,何为森林之副产物,举例说明之 7. 放火烧山对于造林之影响若何 8. 试略述各人本县桐油之产销状况	任选4题作答
党义	1. 形成民族的概要 2. 下列各问题认为是对的就画一个"＋"号,不对的就画一个"—"号 (1) 安南是从前中国战败了才割让与法国的 (2) 民族就是国族 (3) 民权就是治权 (4) 主义是一种思想一种信仰和一种力量 (5) 知之非艰难,行之唯艰 (6) 凡研究事理而为之解释,一人谓之独思,二人谓之对话,三人以上而循一定规则者谓之会议	

---

① 《贵州省农业改进所二十七年四月至十二月工作报告》,贵州省农业改进所 M62-2-64,贵州省档案馆藏。
② 《柞蚕训练班招考情况》,贵州省农业改进所 M62-2-248,贵州省档案馆藏。

续表

科目	试题	备注
国文	自述	
农业常识	1. 试述下列各种作物适宜之气候及其生长时期：水稻，小麦，棉，油菜，玉蜀黍 2. 试列举我国农产品之种类 3. 试述土壤对于植物之功用 4. 何谓肥料三要素？试简述对于植物之功用 5. 试述森林的利益 6. 农业与林业性质上有何不同之点 7. 我国近年对外贸易之林产物有哪几种 8. 何谓有性繁殖，何谓无性繁殖	任选4题作答

资料来源：《贵州省农业改进所创办植桐推广人员训练班计划》，贵州省农业改进所M62-1-53，贵州省档案馆藏。

从考试试题来看，要求考生具备一定的农业基础知识，同时要懂政治（党义试题）。试题具有一定的开放性，如对考生所在县农情的考察，既考试了考生的农业常识，又考察了考生的观察事物的能力。又如，考试试题在要求考试回答某一概念时，往往要求举例说明。再如，国文试题，只有一道题：自述。这个题设计得很巧妙：既要求考生写出自己的基本经历，又要体现写作水平，实乃一箭双雕的好题。还比如，两门专业课考试中，分别有8道试题，但只要求任选4题作答，考生可以根据自己的兴趣或所掌握的知识有选择地来回答，比较人性化。

四 训练的内容

训练班采取"2+4"的教学模式，即2个月的理论学习和4个月的实习。农业理论学习内容根据训练班的性质而定。例如，植桐推广人员训练班的训练科目就偏重林业方面的知识，如造林学、植物油料采制法、森林保护、森林法规、病虫害防治、土壤肥料等（见表4-2）。而柞蚕指导员训练班就要学习如何育种、养蚕、制造蚕种、烘茧、消毒、防治病虫害、制丝等，甚至要熟悉蚕体的生理结构（如表

4-3)。

表4-2　　　　　　植桐推广人员训练班训练科目

序号	训练科目	学时（小时）
1	造林学概要（特别注重植桐）	60
2	植物油料采制法大要	8
3	森林保护（侧重油桐病虫害）	16
4	农村合作大要	12
5	农业推广	12
6	农村经济调查	6
7	土壤肥料大意	12
8	森林法规	8
9	卫生常识	6
10	军事训练	40
11	精神讲话	8次，一次1小时
12	专题讲演	16次，每次2小时
13	公民	8
14	实习	每周一整天
15	小组讨论	分为4个小组，各设导师1人，12小时

资料来源：《贵州省农业改进所创办植桐推广人员训练班计划》，贵州省农业改进所M62-1-53，贵州省档案馆藏。

值得一提的是，理论学习是与实践紧密结合的，比如，植桐班就规定每周实习一整天，柞蚕班则给每门科目安排了等于或多于理论学习时间的实习时间，每周还另外安排9小时进行烤种及缲丝练习。

在两个月的理论学习中，植桐班一共学习240小时，若每周休息1天，不计每周一天的实习时间，两个月的训练期，则剩下44天用于课程学习，总共240小时的学习时间，平均每天5.5小时。柞蚕班若同样不计实习时间，则平均每天学习2.8小时。

第四章 加强农业推广，促进技术下乡

表 4-3　　　　　　　　柞蚕指导员训练班训练科目

序号	科目	每周时数	内容概要
1	纪念周	1 小时	1. 报告所中或遵义县府有关本训练班之函件 2. 训导教学上之报告 3. 一周间世界大事及国内现况 4. 学术讲演
2	柞蚕学	授课 3 小时 实习 3 小时	1. 柞蚕业泛论 2. 饲育方法 3. 育种方法 4. 病虫害预防及驱除
3	蚕种学	授课 2 小时 实习 3 小时	1. 胚子发育 2. 蚕种的保护及处理 3. 蚕种之选择 4. 蚕种之制造 5. 催青及烘茧 6. 烘房设备及消毒 7. 考查病毒
4	青杠栽培学	授课 2 小时 实习 3 小时	1. 青杠分布 2. 青杠之形态 3. 青杠种子之采集及保护 4. 青杠之栽培法 5. 病虫害
5	制丝学	授课 2 小时 实习 3 小时	1. 丝业泛论 2. 制丝方法 3. 丝场设备
6	蚕体解剖生理	授课 2 小时 实习 3 小时	1. 蚕之生命史 2. 各阶级之形态及器官系统之构造 3. 生命现象 4. 外界之影响 5. 蚕病之发生
7	数学	授课 4 小时	1. 以代数为中心点 2. 随时演习小数及分数之运算 3. 珠算之练习——注意乘法及归除
8	生物学	授课 2 小时 实习 3 小时	1. 生命之意义 2. 生物之生活现象 3. 生物之系统树 4. 生物与人生（注意昆虫与作物） 5. 遗传与育种

续表

序号	科目	每周时数	内容概要
9	国文	授课2小时	1. 应用文之分类 2. 各类之作法 3. 实地调查报告 4. 学术文、名人演讲、时评之阅读

注：烤种及缫丝练习每周9小时，课外运动每周6小时。

资料来源：《贵州省农业改进所二十七年四月至十二月工作报告》，贵州省农业改进所M62-2-64，贵州省档案馆藏。

理论学习结束后，学员分派到各乡村或省农改所的试验基地去实习。经过严格训练，学员"对于柞蚕业上必需之知识及技术均有相当基础"，于秋蚕期开始，在遵义柞蚕试验地实习柞蚕饲育方法，并"在遵义县内之三岔河、苟江水一带蚕区实地调查青杠山林面积、山蚕饲育状况、丝茧贩卖之情形以及缫丝织绸之现状"①。

五 训练人员之任用及待遇

训练班一般不收学费，且免费提供食宿，每月还有一定的津贴。如柞蚕班每生每月发给津贴2元，畜牧兽医班每生每月津贴12元。实习期间还另有补贴。上述畜牧兽医班学员派往乡村实习时另酌给旅费。②植桐班训练人员"见习期内，除伙食照常津贴外，另加给杂费津贴每人每月25元，交通费则实报实销"③。

训练班结束后要举行考试，考试合格者即得任用。柞蚕班成绩及格者派充为柞蚕指导员，工资为每月16元。④植桐班学员第一年待遇

---

① 《贵州省农业改进所二十七年四月至十二月工作报告》，贵州省农业改进所M62-2-64，贵州省档案馆藏。

② 《贵州省农业改进所畜牧兽医训练班组织简章》，贵州省农业改进所M62-2-298，贵州省档案馆藏。

③ 《贵州省农业改进所创办植桐推广人员训练班计划》，贵州省农业改进所M62-1-53，贵州省档案馆藏。

④ 《贵州省农业改进所、遵义县政府合办遵义柞蚕指导员训练班章程》，贵州省农业改进所M62-2-248，贵州省档案馆藏。

月薪35—45元，差旅费实报实销，但每月最多不超过30元。自第二年起，"其待遇得按照服务之成绩及生活之状况酌予递增"。但是，入学时必须签订"服务3年以上之志愿书及保证书，不得中途藉故退职，否则追缴训练期间应行分摊之一切费用"[①]。

训练班模式也得到了上级领导的高度肯定，1939年，在第二期柞蚕指导员训练班结业式上，省政府主席吴鼎昌出席该班毕业式并致训词。

表4-4　　　　抗战时期贵州省农业改进所主办的农业
推广人员训练班情况（部分）

名称	开班时间	人数	备注
畜牧兽医训练班	1938年5月	24	
第一期柞蚕指导员训练班	1938年9月	13	与遵义县政府合办
第二期柞蚕指导员训练班	1939年3月	21	
省农业推广人员训练班	1939年1月	31	与农村建设协进会合办
蓖麻子推广人员训练班	1940年1月		
植桐推广人员训练班	1940年9月	40	
兽疫防治人员训练班	1944年7月	18	

资料来源：系作者从《贵州省农业改进所》（贵州省档案馆编，贵州人民出版社2006年版）一书中搜集整理而来。

第二节　农业推广的主要方式

一　培训式推广

第一，训练农业带头人。农业推广不可能由农业推广工作人员直接面向每一个农民进行宣传。因此，利用农民团体，直接训练农业带头人，再由带头人回村宣传，效果会好得多。如举办农业讲习会，训练对于"农业改良富有兴趣之农民"，分在各县农业推广所举行，为期三日至一周；利用乡村学校，另外再讲授农业课程及农事实习，以

[①]《贵州省农业改进所创办植桐推广人员训练班计划》，贵州省农业改进所M62-1-53，贵州省档案馆藏。

引起农业青年对农业改良的兴趣；在合作社社员训练期间，农业推导员讲授"新农业技术之应用"，"使农民深感推广事业之迫切需要"①。农村建设协进会乡政学院（后改名为乡村建设研究所）于1940年1月在定番举办第一期推广人员训练班，招收学员30名，目的是造就初级农业推广干部人员。训练期为6个月，采用单元教学法，"教材选择务使配合地方环境，并以教学做合一为训练之原则"，特别强调要"有充分实习之机会，以为将来应用之准备"。第一期毕业学员分派在县府及各农业机关，参加农业生产、农业推广等工作。②

第二，组织农会施以农业教育。"组织农会之目的，在于加强农民之团结，并不时授以浅近之农业教育，使推广力量容易集中。"定番县先后在大同乡、开明镇、上马司、三都、甲浪帮助组织乡农会5所，会员共1523人。乡农会在各工作站人员的指导下开展工作，不定期举办各种职员会员训练班。

第三，组织、训练少年农业团。如，定番县少年农业团成员由各中心小学高年级学生组成。由于大部分农家都比较贫困，学生小学毕业后很难有机会升学，一般都是回家务农。如果在"求学时期先予以训练，使之将来能为优秀之青年农民，兼能从事于领导民众，组织民众之工作，并谙习农业生产之技能，为民众倡导"。因此，定番县在县立初级农业职业学校内组织少年农业团总团，各乡区小学组织分团，团部即设立于各学校内，"其基本训练之方针，注重于德、智、体、役、群五育之发展"。农业训练除讲习农业常识、农业问题外，并授以个别生产设计与团体生产事业的指导方法。1942年就成立了1个总团，13个分团，团员共计1327人。各团于每学期开始时征求新团员，并改选团中各部职员，办理团务。学期结束前考核各团员的成绩，优良者给予奖励。

第四，编印农业活页教材及农业推广解说。编印通俗易懂的农业

---

① 《贵州省农业改进所三十一年度行政计划纲要说明》，贵州省农业改进所 M62－2－62，贵州省档案馆藏。

② 章元玮、管家骥：《一年来定番农业推广之实验》，《农业推广通讯》1943年第3卷第2期。

第四章　加强农业推广，促进技术下乡

活页教材及农业推广浅说，供农民和少年农业团团员使用。取材完全根据本地农业的需要，内容涉及栽培方法、介绍新种、防治病虫害等，至1942年编印了49种，其中农艺类15种，畜牧类9种，森林类23种，科学农业演示类2种（见表4-5）。贵州省第五区区农场根据各种作物的栽培季节，编印各类浅说，分赠技术员和农民学习参考。如美烟栽培时期，编印《美烟栽培浅说》；烤烟时期，印发《烤烟浅说》；造林时期，编印《造林浅说》；作物病虫害发生时期，编印《作物病虫害防治浅说》等。①

浅说，就是用浅显易懂的文字介绍现代农业技术的小册子，一般短则数百字，长则数千字。浅说一般具有几个特点。我们不妨以《劝种蓖麻子》②为例说明之。一是实用性。浅说不是讲道理，不是秀理论知识，而是传授给农民实实在在用得上的农业技术。因此，浅说的核心内容就是农业种植技术。《劝种蓖麻子》就告诉农民，什么样的土质适宜种蓖麻，什么时候、怎样播种、施肥、中耕、摘芽、采摘才科学，只要按照这个方法去做，肯定能够获得丰收。二是通俗性。农民的识字率普遍较低，通俗易懂就成为浅说的内在要求。用最常用的词语来表达复杂的技术术语，是对浅说编印者提出的较高的要求。《劝种蓖麻子》就较好地做到了这一点。比如，在解释哪些地方可以种植蓖麻时，就是这样说的："房屋边的围角里、灰堆上、粪坑旁、田基边以及山坡坟地，那些平常被人忽视的废地，都可栽种蓖麻。"再比如，在讲蓖麻喜肥时，就说"蓖麻籽很吃肥料"，一个"吃"字，很形象、很生动、容易懂。三是鼓动性。编印浅说的目的就是劝导农民采用新技术，具有一定的宣传功能，因此，在用词方面必须具有一定的鼓动性。我们从标题就可以看出，是劝种。开头第一句话"利益胜洋烟，功用同汽油"，就把种蓖麻子的好处点出来了。引言部分又讲：以前不种蓖麻是因为没人来收购，也没有炼油工厂，现在

---

① 陈玉伦编：《贵州省第五区区农场概况》，1947年，第31页。
② 《劝种蓖麻子》是经济部中央农业实验所麦作系和贵州省农业改进所农艺系合编的"推广浅说"系列的第三号。

不同了，"贵阳市贵惠路已设有中国植物油料厂，年年派人四处重价收买！农友们赶快种植，利用废地来赚钱，并且可以救国，这是一件福国利民的事情！"农民们完全不需要有后顾之忧。接下来，就为农友们仔细算了一笔账，种蓖麻究竟能赚到多少钱；不但能赚钱，还是爱国的表现，是为抗战建国出力，易激起农民们的爱国热情。①

第五，绘制农业推广图说。省农改所"鉴于辅导种植时，文字或不能表达完全，使农民彻底了解"，特别绘制通俗易懂的图表来宣传现代农业知识，"于推广时由工作人员携带出发，宣传讲解"。在绘就的76幅图表中，有科学农业实验图10幅，麦类重要病症图10幅，处理病麦种子方法图4幅，稻作重要害虫图10幅，合式秧田治螟图10幅，森林图说10幅，马铃薯栽培图说10幅，果树栽培图说12幅。②

表4-5　贵州省农业改进所编印的农业推广资料（部分）

名称	名称
贵州省兽疫防治督导团告牛瘟疫区民众书	骨粉制造法
推广冬耕须知	番茄栽培法
政治方法防治兽疫	花椰菜
兽疫防治须知	养猪
兽疫防治指南	农作物之病虫害防治
油菜	菠菜栽培法
美烟栽培与烘烤	造林浅说
贵州省各县行政人员办理林务须知	（附贵州省重要树木造林法）

资料来源：《本所出版刊物浅说及概况等一览表》，贵州省农业改进所M62-2-122，贵州省档案馆藏。

在推广马铃薯时，技术人员考虑到定番县农民较少种植马铃薯，

---

① 《劝种蓖麻子》，贵州省农业改进所M62-2-217，贵州省档案馆藏。
② 章元玮、管家骥：《一年来定番农业推广之实验》，《农业推广通讯》1943年第3卷第2期。

虽然有技术人员的详细讲解，"总觉得语言不够表达完全"，所以"准备了各种图表，用彩色绘制"，包括各种栽培方法、种薯选择、营养价值、加工方法等。这种新颖的方式让识字不多的农民极易接受，"收效正如同举办了一个马铃薯短期训练班"①。

二 示范性推广

示范性推广又可分为两类。一类是田间示范，如示范农场、特约农田、表证麦田等。一类是展览示范，如开设农业展览馆、举办农业展览会等。

第一，示范农场。示范农场的作用有二：一是新品种或改良品种的栽培示范，以诱导农民改种新品种；二是繁殖优良品种，为推广提供种子。如定番县示范农场一方面着重于特种作物栽培，如草麻、除虫菊等；另一方面繁殖优良种苗，如定农 1 号小麦、金大 2905 号小麦、马铃薯、川橘苗、京橘苗、水晶□梨苗以及番茄、甘蓝、洋葱、花椰菜等蔬菜种子，以供推广之用。② 表 4-6 展示了在示范农场，栽种金大 2905 号麦种与本地普通麦种的生长情况以及农民对二者的看法。结果表明，农民一致认为，金大 2905 号优于本地麦种，希望来年种植新品种。

表 4-6　　示范麦田改良种（金大 2905 号）与普通种比较

检查项	龙里县三区醒狮联保第二保		安顺县二区第二联保第二十二保	
	改良种	本地农家种	改良种	本地农家种
成熟期	6月1日	6月17日	6月中旬	7月上旬
亩产量	130 斤	84 斤一亩	180 斤	150 斤
病害	无	黑穗病多	叶锈	散黑穗，叶锈

---

① 管家骥：《一年来贵州之马铃薯推广》，载秦孝仪主编《革命文献·抗战建国史料——农林建设（四）》，中国国民党中央委员会党史委员会 1986 年版，第 174 页。
② 章元玮、管家骥：《一年来定番农业推广之实验》，《农业推广通讯》1943 年第 3 卷第 2 期。

续表

检查项	龙里县三区醒狮联保第二保		安顺县二区第二联保第二十二保	
	改良种	本地农家种	改良种	本地农家种
倒伏情形	无	无	无	倒伏度约60度
高度	四尺三寸	三尺二寸	四尺二寸	三尺八寸
农民的结论	改良种比普通种较好		改良种比普通种粒大量重	
农民的态度	希望领良种		希望领良种	

资料来源：《示范麦田改良种与普通种优劣比较表》，贵州省农业改进所 M62-2-198，贵州省档案馆藏。

第二，特约农田。贵州农民栽培农作物甚为粗放。为指导农民改良栽培、管理等方法，省农改所于各中心区设置特约农田，自播种以至收获期内，派员下乡指导，向农民介绍科学的栽培方法。以定番县为例，1942年在全县设置特约麦田36处，结果不但麦种、劳力可以节省，每亩且增加产量21—43斤。农民纷纷采用这些新方法新技术。1943年又在各区设置27处特约麦田，推广定农1号、金大2905号等品种，"以期推广优良品种与介绍栽培方法同时并进"（见图4-1）。①

特约示范麦田志愿书（第　　号）

具志愿人　今愿将　　处麦田　亩　分（挑）充为贵所特约麦田，约期自二十八年十月一日起至二十九年六月底止。遵照贵所特约办法进行，并履行下列义务：

(1) 在约期内一切工作悉听指导
(2) 向附近农民宣传特约麦田及种改良麦种所得之效果
(3) 向贵所报告管理及小麦生长情形，并不得将改良麦种与普通小麦互相混杂
(4) 所繁殖之改良麦种，贵所有优先给价购买之权

图4-1　《特约示范麦田志愿书》示意图

资料来源：《特约示范麦田志愿书》，贵州省农业改进所 M62-2-198，贵州省档案馆藏。

---

① 章元玮、管家骥：《一年来定番农业推广之实验》，《农业推广通讯》1943年第3卷第2期。

第三，表证麦田。① 为证明经碳酸铜粉拌和的小麦种子，的确有防治黑穗病的功效，将之与未经拌粉的麦种麦田对照，以便让农民有直观而深刻的印象，从而让之自觉仿效以减低黑穗病之危害。1941年冬季在上马司、大坡寨设表证麦田11处，次年春天收获后统计产量，标准区较对照区高7.4%—34%。在推广金大2905号麦种时，表证麦田也是方式之一。省农改所在贵阳等地，选择靠近交通大道、能代表该县普遍情形的田地，其田主为家境殷实的自耕农，且有栽种兴趣和经验者，划出两块大小相同的地块，以同样的耕作方式，栽种等量的当地农家好种子和金大2905号，竖立标牌，以供过往的农民比较观察。②

第四，开设农业展览馆。该馆附设于兴隆观办事处，农业馆分为农业生产工具、推广材料、单元设计、推广刊物、标本模型图表5个陈列室、陈列品达1357件，"均撷取于定番农业最有关系之物品"，长期开放，任人参观。并由办事处工作人员随时解说，"务使参观者能深切了解农业各部门之重要设施"。"其目的亦类乎示范与启示。所与示范农场不同者，一为实际栽培之示范，一为模型、标本、文字之启示，而后者且可以补充实际栽培示范之不足。"③

第五，举办农业展览会。"展览会之目的，在使农民集中产品，可以相互观摩，以资改进。"为方便各地农民参观，分别举行区展与县展。区展中的优良产品，送至县展会陈列；县展会中特优者，则送到农业馆长期展览。定番县于1942年9月在一、二、三各区举行区展，10月在县职中举行县展，陈列品8387件，参观者达10350人。对于在展览中受到好评的优良农产品的主人，发给奖品，

---

① 表证，中医术语，指尚在浅表的证候。表证麦田，则指将已防治病害和未防治病害之麦种种在相邻的麦田里以供对比。

② 张公溥：《贵州省小麦推广之回顾与前瞻》，载秦孝仪主编《革命文献·抗战建国史料——农林建设（四）》，中国国民党中央委员会党史委员会1986年版，第182页。

③ 章元玮、管家骥：《一年来定番农业推广之实验》，《农业推广通讯》1943年第3卷第2期。

以资鼓励。① 推广马铃薯时，在收获季节，推广人员就举办了马铃薯品评会，参观的民众达 3000 人，目的是让农民相互比一比，看看谁种的块茎大、产量高，所以品评会也是"栽培方面的自我检讨会"，成绩优秀者由定番县县长亲自颁发奖金。品评会上，来自联合农场的加工技士还当场表演用马铃薯制作各式点心，"破除民众以为马铃薯不好多吃，只好用作菜蔬的观念"②。

贵州省第五区区农场育成黔农 2 号水稻良种，经在遵义县特约农家推广，效果良好，自 1943 年起，委托该区各县推广，成效显著，颇受地方政府和农民的欢迎。该项推广工作历年均为该场的中心工作（见表 4-7）。

表 4-7　贵州省第五区区农场历年推广黔农 2 号水稻统计　　单位：市斤

年份	推广区域	推广数量	推广方法	备注
1942	遵义农家	8580	该场直接派员推广	
1943	该区各县	38059	遵义县由该场直接推广，其他各县由各县政府或推广所推广	29400 斤系与农行合作收购推广
1944	该区各县	34455		29400 斤系与农行合办折价贷款推广
1945	该区各县	53726		47173 斤系与农行合办折价贷款推广

资料来源：陈玉伦编：《贵州省第五区区农场概况》，1947 年，第 17 页。

三　竞赛式推广

为了提高农民的生产积极性，在省政府的提倡和督导下，自 1943 年起，贵州省开展了生产竞赛运动。省政府成立了专门的管理督导机构，并将生产竞赛列为各县市、乡镇的行政考绩之一。

---

① 章元玮、管家骥：《一年来定番农业推广之实验》，《农业推广通讯》1943 年第 3 卷第 2 期。

② 管家骥：《一年来贵州之马铃薯推广》，载秦孝仪主编《革命文献·抗战建国史料——农林建设（四）》，中国国民党中央委员会党史委员会 1986 年版，第 174—175 页。

第一，棉花增产竞赛。该项竞赛分为三个方面的内容。一是棉田面积竞赛。以种田面积所占原有棉田面积的多少为标准。二是棉田管理竞赛。在单位面积内，以各棉户管理是否合理、工作勤惰及棉苗生长情形为标准，如定苗、中耕、除草、摘心、防治病害、驱除虫害、收花工作等。三是棉产展览竞赛。以各单位棉花的品质及增产的总成效为标准。由省政府饬令各县的农业主管机关，邀集当地党政各界，组织棉花增产工作竞赛督导委员会，评定竞赛成绩。该年全省共有221个乡镇参加竞赛。成绩列为甲等的有开阳、丹寨、从江、镇远、望谟、晴隆等县的68个乡镇。1945年，全省棉花增产17945担，占全国棉花生产竞赛成绩第5位；推广优良品种1542担，占全国推广优良品种竞赛成绩第4位；防治病虫害占全国第3位。[①]

自1939年开始推广植棉以来，3年增加种植面积近20万亩，产量也年年递增。1941年遭遇大旱天气，导致棉花减产，但亩产量仍高于推广前的1938年的亩产量（见表4-8）。

表4-8　　　　　　1938—1941年贵州省植棉情况

年　份	1938	1939	1940	1941
面积（亩）	263000	338000	448000	461000
产量（担）	64000	97000	134000	120000
亩产（斤）	24.3	28.7	29.9	26

资料来源：彭寿邦：《抗战以来贵州棉产之改进》，《农报》1942年第7卷第22—27期合刊。

第二，粮食增产工作竞赛。1943年起，省政府发动农民进行粮食增产竞赛。内容包括推广水稻良种、增施有效肥料、推广防旱作物、防治病虫害、推广冬耕、大量垦荒等多项竞赛。1945年，炉山县推广冬耕72861亩，防治病虫害978亩，推广防旱作物700亩，推广水稻良种

[①] 尔进：《贵州省生产竞赛拾零》，《工作竞赛月刊》1947年第4卷第5期。

13807 斤，荣获该年度粮食增长竞赛第 1 名；剑河县推广冬耕 58833 亩，防治病虫害 800 亩，垦荒 2238 亩，增施有效肥料 1000 亩，推广良种 1800 斤，荣膺第 2 名；凤冈县推广冬耕 20850 亩，防治病虫害 78000 亩，增施有效肥料 1508 亩，推广水稻良种 478 斤，获第 3 名。①

四　合作式推广

为解决全省柞蚕茧种缺乏的问题，1939 年 9 月，省农业改进所与贵州企业股份有限公司，合作创办贵州柞蚕制种场股份有限公司，简称贵州柞蚕制种场，以"谋改良种茧，推广、创育、增加产量"。双方拟订《贵州柞蚕制种场股份有限公司章程》，设总场于遵义，另设分场于绥阳、湄潭、三义河。由省农改所提供技术支持；资金方面，拟发行股票 300 股，每股 100 元，筹措 30000 元，由当地绅商、贵州企业公司、省农改所等分别认购。如"有不能蛾化之茧，由贵州丝织厂方平均价格承受之"②。

五　走访式推广

所谓走访式推广，就是农业推广人员深入村寨、深入农家宣传现代农业知识。贵州的农业区域性特征很强，作物栽培受时空影响较大。这就对从事农业推广的工作人员提出了较高的要求，要求其"对于工作区域内之农业概况、农民生活及需要等，均需有深切之认识"，因此要经常走村入户，与农民攀谈，了解当地农情，这样不但可以消除农民对于推广工作人员的隔阂与抵触，而且能够树立农民对于推广事业的信心。以定番县为例，该县农业推广人员走访了 59 个村寨、765 户农家，"农民对于访问之初，疑信参半，经解说后，所询各节均乐于相告，对于工作之推进，获益良多"③。

---

① 尔进：《贵州省生产竞赛拾零》，《工作竞赛月刊》1947 年第 4 卷第 5 期。
② 《贵州柞蚕制种场股份有限公司章程草案》，贵州省农业改进所 M62 - 2 - 34，贵州省档案馆藏。
③ 章元玮、管家骥：《一年来定番农业推广之实验》，《农业推广通讯》1943 年第 3 卷第 2 期。

第四章　加强农业推广，促进技术下乡

六　传媒型推广

所谓传媒型推广，就是通过报刊这一现代传媒方式来宣传、推广农业新知。

一种方式是农事机构自办报刊。如省农改所于1945年创办了《黔农通讯》，除刊登本所农事消息外，还有针对性地登载一些现代农业知识。与专业性论文不同，这类文章多以通俗易懂、灵活浅白的话语为风格。如该刊第二期刊载的《注意旱后防虫——稻苞虫》一文就很有代表性。

注意旱后防虫——稻苞虫

由于气候的失常，五六月间曾酿成了一场旱灾，贵州四川湖南几个省份都同样受着它的威胁。

甘霖终竟获得了，垂死在田野间的稻苗，也渐次复苏过来。农夫们正忙碌地在耕犁着，准备继续插秧。这时候移植虽嫌晚了些，可是，还没有完全绝望！

但我们要注意到：跟着旱灾后面来的一种可怕的害虫——稻苞虫的发生。因为亢旱的天气，插秧过迟，正是它滋生的良机。由卵孵化出来的幼虫，会吃光我们田里的稻叶，而且，还会吐丝将几张叶子卷在一起，做成一个叶苞，所以我们叫它做稻苞虫。被包在叶苞内的穗子不能抽出，有时弄到粒米无收，到处闹灾荒，实是可怕得很！

我们应该如何防止它的发生和怎样扑灭它呢？其方法：（一）消灭虫卵——毁灭稻叶上的虫卵，不让孵化。（二）扑灭幼虫和蛹——（1）使用稻梳（本所去年曾向各县推广），一见有结苞，就马上梳杀，幼虫和蛹都可以消灭。愈早愈妙。（2）使用拍板（去年本所也曾推广），将苞内的幼虫和蛹打死。此板宜在出穗时使用，因为这时候不能用稻梳了。不然会连谷子也一齐梳下来。（3）幼虫夜间爬出苞外活动，故可在傍晚时撒布些除虫菊木灰合

剂来杀灭它。(4) 幼虫常潜伏在稻株或杂草上越冬,故若烧毁害株杂草,可防来年发生。(三) 网杀成虫——成虫原是蛾类的一种,通常叫它做一字纹弄蝶。可于清晨或黄昏网杀之。每杀一雌虫,就等于杀死几百条幼虫了。

以上各节,上年业经绘图说明,分发各乡,希望各县主管农政者查询旧案,赶为举办,警告农民预为防治为要。[①]

一种方式是农事机构与省内媒体合作,以回答读者疑问的方式传播现代农业知识。如1945年6月1日,贵阳《中央日报》编辑部来函请求省农改所代为解答一读者来信。该信如下:

编者先生大鉴:

我家里栽种了几年的花,其中的一种名叫西番莲(又名大理菊),每年在发芽以后至现在快要开花的时候,就在花根处发现一种金黄色发亮光的蚁虫,小的较普通小黑蚁大一倍,大的像大的野黑蚁一样形状,大致与黑蚁仿佛。它的外皮很油亮,且坚韧,专吃这样花根(花根如凉薯状),花根吃尽花茎就倒地而萎了,曾经用过汽油、火油、麻油、石炭酸水及白醋等,试过多少次全无效验,不知用何方法将它驱逐或消灭。请先生费神指教为感。

读者张黔圻
五月二十七日

省农改所接函后,交由病虫害专家解答,再将答案函复中央日报社:

---

① 《黔农通讯》第2期,1945年7月出版,省农改所编辑委员会编印,贵州省农业改进所 M62-1-36,贵州省档案馆藏。

第四章　加强农业推广，促进技术下乡

答：此系黄蚂蚁。此虫为害块根或块茎花卉及蔬菜，受害之地区其旁必有多年未曾耕犁之地，是即其老巢所在处，故根除不易，今将防除法列后：

1. 栽植前应深犁土壤，发现土隧道巢穴，应行破坏，溃杀蚂蚁。

2. 栽植距离不宜太密，以便随时行深的中耕，断其土隧道。

3. 发现植物有受害之表征时，根部已受重伤，施救将不及矣。惟可将茎叶剪去三分之二，使植物地上部与土下部保持平衡，再用生大蒜捣烂用水稀释灌于根际，数日一次，可驱此虫。用油类或化学药品，伤及其根，往往促成植物早日死亡。

4. 附近未受害株之根部，亦应灌以大蒜汁水，抵距此虫来侵。

5. 以除虫菊浸出液（除虫菊粉十两浸于水七升），中密闭一昼夜，灌入根旁土内亦可。①

还有一种形式比较特殊，也是以问答的形式回答农业方面的疑问。中央农业实验所利用其专业优势——专家众多和传播优势——自办报刊，在各县招聘农情报告员，农情报告员除可获赠每期的《农报》（中农所主办）外，还可将其在农事生产方面碰到的难题以信函的形式报告给《农报》，由《农报》请所内专家答疑解惑，再将答案回寄报告员或刊登在《农报》的固定栏目"农事问答"上。贵州就有不少有心的农情报告员就其身边发生的农事问题函寄《农报》，并获得答复。兹将"农事问答"中贵州各县农情报告员的问题汇录如表4-9所示。

---

① 《接读者张黔圻有关农业问题询问函，请贵所代为解答，以便刊登》，贵州省农业改进所M62-1-36，贵州省档案馆藏。

表4-9　　　　　　　《农报》"农事问答"栏贵州部分

提问者	问题	回答	出处
镇宁县明重伦	1. 本人种有桃树数株，历数年以来正茂盛，不料今年四月二十二日突然发现满树小虫，其状如虫，其色淡绿，个人为消减害虫计，爱用石灰和水用喷管注射，殊知今日射了明日又出，毫无成效，兹特将虫标寄上，请将虫名及扑灭之法告知	所寄标本系桃蚜，其防治法：撒布烟骨头水，其配合之法如下：烟骨头（烟叶亦可）：一斤，水：十五斤；浸昼夜，然后用浸出之水洒在虫身上，隔一天就死，再烧却之	第6卷第19—21合期，1941年
广顺县沈文波	2. 土蚕为害当如何防治	地蚕防治法最有效者，为堆草下加蒿苣菜，堆之直径约一市尺，堆距二市尺。四月下旬蚕甚时，每日清晨检捉一次，经济充裕之农场，可用毒饵诱杀之。其配合法如□信红一份加麦麸二十份	第6卷第19—21合期，1941年
龙里县胡星如	3. 本地自入夏以来，耕牛常口鼻起泡及眼屎之病。如半日不洗除即堆积满眼，嗓中似有硬物阻滞，食物难进，一周后倒毙，此系何病，如何防治，祈示知	据所述病状，似系牛恶性卡他热病，目前尚无特效药物，可试用下法治疗之。放血注射大量生理盐水再每日注射十分之一的Atoxyl溶液一克（皮下），同时再行以病状治疗。如眼鼻及口腔之损害，可以收敛剂或消毒药水洗涤，如用□酸水洗眼，点入Atoxyl溶液较妥；鼻与口膜发炎，有假膜时可即撕去，涂以硝酸银二百二十克（红药水），或稀释碘酒；若有窒息时，可行气管切开术；□□有脓液，即行环锯，每日注射二三次；精神疲乏，宜用兴奋剂，如樟脑等；体温过高，可用退热剂；若有便秘或腹泻，则给肠胃清毒药或血管注射胶质银或蛋白银，或皮下注射生理盐水四至六升，同时内服碘化钾。其预防法，要注意家畜卫生及饲养管理等项，病畜杀之，其肉可食	第7卷第4—6合期，1942年

续表

提问者	问题	回答	出处
安龙县谢言章	4. 本县是年八九月，四乡黄牛及水牛，均患烂舌症和疟疾症，烂舌症可用三黄石膏汤医治，尚可痊愈。惟疟疾既无治法，请告预防	所谓烂舌症，恐即口蹄疫病，现下对此病尚无良好治疗方法。惟患此病，死亡率甚小，多不久即恢复健康。至下痢一症，如由其他传染病而起，当宜除去原发病为主眼；若系单纯之下痢，服下列诸药，可奏良效：Nadhtol 每日五克，Salol 每日五至十五克，Bismuth Salicylate 每日十五至二十五克，木炭末等	第7卷第4—6合期，1942年
仁怀县陈其荪	5. 本地梨发生赤星病，前蒙于1940年8月19日函示防治方法，当经实施，殊今年又遭此病，请告有效治法	梨赤星病之防治法如下：1. 寄主之砍伐——凡果园四周二三里内之桧柏，宜除净尽，以免本病菌之寄生，而传染及梨树。2. 药剂之撒布——梨园附近桧柏过大，不易铲除时，可用药剂撒布之，撒布之方法如此：梨树之撒布——于春季花蕾开放后，至果实达小指大时，每隔十日或二周，用2-4-50式波尔多液喷射，但如在花正开放时，宜暂行停止，免伤花粉，最好于降雨前后行之。桧柏之撒布——于六七月间，为预防本病之传染起见，可用波尔多液6-6-48式，再加肥皂3磅喷洒之。3. 受病枝叶果实等，宜聚集禁烟，以免蔓延	第7卷第7—9合期，1942年
安顺县方文鳌	6. 麦需要何种肥料	麦子所施之肥料，正与油菜等作物相同，至化肥，此时不易购入，故不赘	第7卷第22—27合期，1942年
	7. 本地农人不喜种麦，以其收后栽稻，则收成减少，请问有何补救方法	贵处种麦，向不施肥，故影响后作甚大，如能视麦如大烟，则不但小麦收成好，而后作水稻亦必能增加产量	

续表

提问者	问题	回答	出处
镇宁县聂福贵	8. 我处向来楸、杉、漆等树，播种难以生长，多由老根发芽，或籽偶落地自发小树。现欲大量繁殖，深恐种子不能生苗，请告有效处置法	楸、杉、漆等树种，均可行播种育苗，以供大量繁殖。楸树果实，种子成熟，则行飞散，应于果熟未裂之前，于晨间朝露未干之时采之，俟晒干后取其子贮于干燥处，以备来春下种之用。杉木择三十年生左右之母树，于十月间采果实干之，以棒敲之，其种子即脱出，晒干盛于袋中，越冬至翌春浸水三四日下种，如行浇水，四五日可发芽，但在未播种前，苗床要先整理匀细，将子撒播其上，再用细土盖一薄层，以板轻压之，然后再覆以稻草。漆树种实，外被蜡层，最不易发芽，故于采干后，应人工轻捣去蜡层，然后浸入温水，或浸入混木灰之微温汤中，以手擦之，洗涤数次，并去其浮于水面之种子，播种前亦须浸水三四日	第8卷第7—12合期，1943年
贵筑县青岩乡沈文波	9. 本处所产冬梨，重阳节前后采收，收藏不久，果内发生似蛆之小虫，待至农历正月间，则梨全部腐烂，须用何法防治之	问题中所告病虫特征欠详，又未附寄标本，无法解答	第9卷第1—6合期，1944年
	10. 本处花红树干内生虫，嚼烂木质，一二年后树即枯萎而死，请示防治方法	此虫约系天牛之一种，可试以下方法防治之：1. 以铅丝自树干洞口刺杀幼虫。2. 以二硫化碳或锖酸钾填入洞内，以泥封闭之。3. 成虫产卵多在树干上，可以下二法防止之：每年四月间在树干涂石灰乳，其配合法如下：砒酸铅四分之一，食盐及桐油少许；束稻草于树干上	

续表

提问者	问题	回答	出处
安顺县方文鉴	11. 本地发生黑穗病如何治法	小麦黑穗病，分为散黑穗、腥黑穗及杆黑穗等数种。其性状各不相同，防治方法，散黑穗可用温汤浸种法，将麦种于下种前，预浸冷水中四小时，转浸入摄氏五十四度温水中十分钟，急移浸入冷水，藉散余热，然后取出阴干播种；腥黑穗与杆黑穗可用碳酸铜粉拌种，每五市升麦种加碳酸铜粉十二克，置洋油箱中搅拌六十下，即可将病菌杀死，搅之麦种，宜置放干燥处所，切不可受潮	第9卷第1—6合期，1944年
龙里县胡星如	12. 同样的方法种植棉花，但本乡所种长得慢、难开花结果，让种植者失望，应如何补救	该地似不宜棉作生长，以少种为宜	第9卷第25—30合期，1944年
	13. 棉花应施何种肥料，施肥手续如何？	所需肥料与一般作物相似，施肥的手续，则有基肥及追肥之分。速效肥料宜作追肥，迟效肥料则以用作基肥为佳	
	14. 石灰可否杀地老虎？何种捕杀剂为最有效	以砒酸铅与糖液等所制成之药剂为最有效；石灰则无此功效	
	15. 棉苗生长至何种程度方可剪苗，有无其他手续	棉花生长至六七枚真叶时，即可剪苗，剪苗时并无其他手续	
天柱县梁开林	16. 本县棉花遭虫害。该虫全身竹节，头部淡黄，胸部有足三对，腹足两对，尾足一对，长约五分，大如银针，请示知虫名及防除方法	据所云各节，该虫大概为造桥虫，可用中农砒酸钙毒杀之	第9卷第25—30合期，1944年
正安县苏朝弥	17. 棉花在开花之前，枝叶茂盛，但至开花时期，即行卷筒，以致不得充分开花结实，祈告如何防治	斯种现象，恐系卷叶虫为害所致。可用"中农砒酸钙"毒杀，亦可用两木板夹杀之	第9卷第25—30合期，1944年

续表

提问者	问题	回答	出处
关岭县王瑾庐	18. 黄果至八九月间发现黄色，果实脱落，剖之有蛆数条，多归罪金龟子，俗名屁巴虫，至十、十一月间，将成熟时，忽然有□皮斑点如指面大，渐次延宽，因而脱落（俗名鱼眼症），若早收尚可食，烂大则有臭酒气，好的不过一二瓣，全数落完，损失甚巨，请示致病之由及治法	据来函所述，似系柑橘蛆所为害，此虫之有效防治法现尚缺如，惟据本所试验，如在地面挖一土坑，深二尺左右，高燥地方宜稍深，将园中被害果搜集置于坑中，上盖以泥土踏实之，再浇水一次，可使虫体死亡，惟此法必须各果园普遍施行，否则不易奏效	第10卷第1—9合期，1945年
	19. 近年黄果树发生一种病患，不拘大小树均枯萎致死，特寄上标本数片，请鉴定究属虫害抑病害，用烟精石灰水或硫黄石灰合剂救治宜否？另有其他救治法否	寄来标本已发霉，不能辨别，请另寄新鲜材料，以便检查。其发生经过，亦请详告。烟精石灰水系一种杀虫剂，不能应用防治病害。硫黄石灰合剂虽系杀菌剂，惟贵处所发生者究系何种病害，在未确定之前请勿用	

资料来源：详见出处。

从表4-9窥之，共有11人问了19个问题。其中，属于植物病虫害的有14个问题（1、2、5、9—19，数字对应"问题"栏中的序号，下同），属于畜牧兽医的有2个（3、4），属于小麦种植方面的有2个（6、7），属于森林方面的有1个（8）。可见，病虫害对贵州农业为害甚烈。其中，尤其以棉作和果树方面的病虫害的问题最多，分别为6个（12—17，1、5、9、10、18、19）。有意思的是，关于粮食作物方面的问题，涉及小麦的有3个（6、7、11），水稻、玉米等则缺如。小麦作为抗战时期政府主推的粮食作物，在此之前种植面积少，而到了抗战中后期，种植面积已大大增加。关于小麦的三个问题，也从1942年的农民不喜种麦、小麦肥料问题到病虫害问题，关注点悄然发生了变化，可见政府推广小麦的成效是显著的。棉花是贵州主要的经济作物之一，果树也能产生一定的经济效益，故农民对之的兴趣和积极性较粮食作物要高得多。

第三节 "技术下乡"的宏观观察
——以小麦推广为例

前两节对农业推广的基本要素作了阐述，接下来的两节将分别从宏观和微观两个角度来深入观察农业推广是如何深入到农村中去的。本节以小麦的推广为例来考察"技术下乡"的宏观路径。

1940年春，农林部令各省竭力增加粮食生产，以应战时需要，并令后方各省成立粮食增产督导团，同时按照各省需要及耕地总面积之大小，分别拨发补助费。根据这一要求，贵州省即成立省粮食增产督导总团，开展粮食增产工作。

贵州省粮食增产总督导团成立于1941年3月，内设稻作、麦作、杂粮、农业经济、渔牧兽医、病害防治、虫害防治、农田水利、冬耕9组合粮食专款经管委员会及技术委员会，并于5个行政督察区设置督导站。团总督导由省建设厅厅长叶纪元兼任，设副总督导2人，总干事1人，专业督导与督导员、指导员37人。该团的主要工作职责是，在省建设厅的监督指挥下，推广冬耕和农田水利建设，以达到增加粮食生产、支援抗战的目的。①

推广区域选定：适宜种麦并且搞过示范工作的、沿公路线区域方便运输的、经县粮食增产组织与其他团体或农民请求推广的。

推广方式：收购推广县内之良种，利用省农改所农事实验场及各区农场之繁殖种；由粮增团专业推广人员，与省农改所推广委员会之各县推广所工作人员及县粮食增产组织，分工合作办理，由粮增团麦作组总其成；经专责推广人员及委托合作机关9处，分别在28县收购种子、登记农户及散发种子。

为了及时将麦种运到各推广县份，以免贻误小麦播种期，省粮食增产督导团打算租赁贵州企业公司的木炭汽车代为运送，但因为

---

① 贵州省档案馆编：《贵州社会组织概览（1911—1949）》，贵州人民出版社1996年版，第179—180页。

该公司"运费过高,手续烦琐",就转而和贵州公路局协商,由该局的客货车代运。该局颇为支持督导团的工作,"仅以单程计算,且由遵义运筑一段少加百分之五十津贴。如此优待,自较合算"。自10月初起就将种子由遵义、贵阳、清镇、平坝等属仓库,陆续运到贵定、炉山、黄平、镇远、三穗、镇宁、关岭、安南、普安、盘县、兴仁等县。但因为贵州公路局车辆缺乏,一时难以应急,故延至11月初才将全部种子运送完毕。运费共计13541.1元。种子运达后就及时分发到已登记的农民手中,规定必须由本人亲自领取,不得托人代领。领取人立据为凭(如图4-2),待收获后再归还所借麦种。①

今领到
　　贵州省粮督团中农28号小麦种伍斤,领种农户自愿遵守借种规章,在收获后十日照原借种量加一归还麦种伍斤。立此据。此致

　　　　　　　　　　　　　　　　　　　贵州省粮食增产总督导团
　　　　　　　　　　　　　　　　　　　领种人:孙须荣(章)
　　　　　　　　　　　　　　　　　　　保证人:保长(章)
　　　　　　　　　　　　　　　　　　　经手人(章)
　　　　　　　　　　　　　　　　　　　民国三十一年十月

图4-2　借麦种凭据示意图

为节省经费,省粮督团以少雇专任推广人员为原则,除直接派遣专任推广人员至指定县区担任工作外,还借助各县农业推广所的推广人员推进推广事业。

为防止农民领到麦种后不播种,特别要求各专任推广人员及委托推广机关在种子散发后要"巡视各领农户麦地,并指导引用条播法,至全部种子均已下土始行返团"②。

---

① 《贵州省粮食增产督导团三十年度推广改良麦种专门报告》,贵州省农业改进所M62-2-200,贵州省档案馆藏。
② 《贵州省粮食增产督导团三十年度推广改良麦种专门报告》,贵州省农业改进所M62-2-200,贵州省档案馆藏。

第四章 加强农业推广，促进技术下乡

1942年冬，省粮督团在23个县推广改良麦种，共贷出种子45474市斤，播种5680亩，按金大2905和遵义136号平均亩产量244市斤计算，可增产13860市担。依当时市价，每担为180元，共合2494800元。而省粮督团增产所费包括种价、运费及职员薪旅费等不过5万余元，"其有助于军粮民食不言而喻"①。

鉴于将农家繁殖的种子收购后储存在当地仓库，到栽种时期再转贷给农民，费时、耗力、耗钱，且种子易受鼠害和潮湿，故自1942年起，除收购农艺实验场、区农场等所繁殖的种子外，不再向各县农家收购，而是倡导农民互换种子。自4月起，即派出专任推广员十余人和委托机关十多个，详细登记上年接受良种农户所产麦种之数量、拟与人交换之数量、拟借给亲友之数量、接受换种或借种之农户可能栽种之亩数及其所属保甲与住址等，至10月底才登记完毕。该年贵阳、遵义等22县农民自行换种借种343522斤。②

1944年春，桐梓县遭遇大雪，本届收获的小麦、蚕豆、豌豆等"尽受冻害，颗粒无收"，造成种荒。附近农民纷纷到县农推所贷购种子，"本所以既无专设农场，且于去冬设法繁殖之改良小麦，同遭损害，收获无几，不够应付"。县农推所只得向省农改所请求贷种。省农改所认为这是一次"推广之良好机会"，"由粮增经费内拨付运费，运送遵义136及金大2905号麦种各一担，交由事务股托运，用贷种方式由该所贷给农民"③。

小麦作为当之无愧的"冬耕之王"，其成效尤为显著。据张公溥的统计，1939—1942年这四年间，省农改所在部分县推广改良麦种，从233亩陡增到6165亩（见表4-10）。

---

① 《贵州省粮食增产督导团三十年度推广改良麦种专门报告》，贵州省农业改进所M62-2-200，贵州省档案馆藏。

② 张公溥：《贵州省小麦推广之回顾与前瞻》，载秦孝仪主编《革命文献·抗战建国史料——农林建设（四）》，中国国民党中央委员会党史委员会1986年版，第190—195页。

③ 《桐梓县农业推广所为冬耕在即本县农民缺乏冬作种子呈准予免费拨发以资救济而增生产由》，贵州省农业改进所M62-2-199，贵州省档案馆藏。

表4-10　　1939—1942年贵州省改良小麦种推广统计

年份	推广种子量（斤）	种植亩数（亩）	产量估计（担）
1939	2335	233	694
1940	10717	1340	3751
1941	45822	5727	13966
1942	49354	6165	15031
合计	108228	13465	33442

资料来源：张公溥：《贵州省小麦推广之回顾与前瞻》，载秦孝仪主编《革命文献·抗战建国史料——农林建设（四）》，中国国民党中央委员会党史委员会1986年版，第195—196页。

第四节 "技术下乡"的微观观察
——基层推广员眼中的推广现场

如果说上一节从一个比较宏观的角度描述了种子下乡的过程，那么，本节，我们再来借助基层推广员们的眼睛，去看看一帧帧微观的推广现场，看看在这些现场中各个推广主体的态度、反应，通过他们，我们试图来还原"技术下乡"的若干细节。

现场一：

时间：1941年1—8月

地点：思南县

人物：推广员张乾星、保长、甲长、士绅、农民等

事件：推广植桐

经过：1941年1月，省农改所派遣推广员张乾星赴思南负责植桐推广工作，直到8月底工作暂告一段落。在这8个月时间中，张乾星的绝大部分时间不是在基层，就是在去基层的路上，很少待在县里。故其给省农改所的工作旬报，内容就显得十分丰富。从表4-11节选的内容来看，张乾星基本上是一天转战一个地方（即一个村寨或一保），一村一寨地做宣传推广，工作强度很大。

根据油桐的生长习性，油桐最佳播种时间是每年的2月中下旬至

4月中旬,从节气上来讲,就是雨水到谷雨这段时间;幼树期(4龄以内),每年的4—6月和7—9月各进行一次中耕(松土)除草。省农改所派驻思南县的植桐推广员张乾星正是依据油桐的生长习性,从调查宜桐荒地和旧有桐林入手,一边调查一边宣传植桐之意义,然后,把桐种分发给农民,到了六七月份,桐种发芽长成桐苗后,再下乡进行初查和复查,初查和复查的内容是一样的:都是督促桐农对桐苗实行中耕除草。

表4-11　贵州省农业改进所思南县植桐推广员工作日程

时间:1941年1—8月

阶段	日期	地点	工作内容
调查、宣传 (1—2月)	1.16	青杠坝	除调查旧有桐林及勘查宜桐荒山荒地外,即请由保长通知全体甲长花户齐集保长办公处听宣油桐重要及栽培法,并森林法规等
	1.25	孙家坝	通知当地保甲长,及士绅等,齐集兴隆镇联保办公处,开临时讲演会,结果均见各保士绅等,极端承认互助
	1.26	罗家坝	通知保长鸣锣集约全保甲士绅及农民等,齐到保长办公处,听宣植物概要,散会后协保甲长到附近调查旧有桐林及宜桐荒地
	1.28	刘寨	通知当地保甲长士绅农民集约讲演,本见该寨人等发生兴趣,惟据有少数农民口称油价日见低落,员当覆知请上提高,散会后勘查桐林
	2.12	李家寨	调查宜桐荒山,及旧有桐林,虽多而桐林发育不甚荣美,大概系因中耕、除草等工作太疏虞,员当以如何改良法宣示
	2.13	何家寨	调查宜桐荒山面积有百亩左右,预发桐种2斗,正指定该地农民,即予组织农会,以利推广
	2.14	檬子树	调查荒山,多宜种桐,据查该地农民正加紧种漆,因桐油价目,不及漆高,据此,应请设法提高,俾农民乐从植桐
	2.15	龙青头	召集保甲长及一般农民开会讨论推广植桐办法,散会后即协保甲长调查附近荒山
	2.16	黎子坝	调查土质原宜植桐,惟所有荒山多系富农操纵,尚在与当地保甲长商量,着佃给贫农开垦

续表

阶段	日期	地点	工作内容
调查、宣传（1—2月）	2.17	野家山	调查宜桐荒山面积有300亩左右，计发桐种5斗，着由该地保长负责该山，在本年植树节以前完成
	2.18	山羊丫	逢场期，除宣传外，由召集该地保甲长协同调查宜桐荒山，约有400亩，除由农民各依规种植外，着补发桐种2斗
	2.19	秋家坪	约得三四老农，勘查旧有桐林，行间距离太密，员当以油桐栽培法宣告，该老农尚诚恳接受
	2.20	覃家坝	调查宜桐荒山面积有100亩左右，业已商量当地联保主任，承认本年植桐完成三分之一
宣传、推广（3—5月）	3.12	永济镇	是日赶场宣传，晚上全联保甲长及当地中心小学校长开会讨论，遵照推广方案实施，当即赠发桐种5斗，并限三日内完成校有桐林5亩，联保有桐林30亩
	3.13	大柏树	协保长，择定宜桐荒山10亩，即赠发桐种7升，限2日内种植完竣，并当又调查旧有桐林，如种子有余请散发贫农
	3.14	夏土境	勘查有宜桐荒地，约50亩，当即召集附近农户商讨组织油桐生产合作社，暂行赠发桐种4升
	3.15	土井	调查后召集全保花户约计120户，会议每户在自己空隙地植桐20株，限期完成
	3.16	牛郎坝	集合两保花户约300余人，讨定民有桐林照规定实施外，又当议保长承领私荒各10亩，造成保有桐林
	3.19	梁家院	调查宜桐荒山本多，但人户很少，并距地方机关实远，当有发生匪警，关于推广工作尚与附近保甲酌办中
	3.20	双岩关	逢当地县保会议，当即参加讲演外，并决议公有桐林及民有桐林推进办法及播种方式，并酌发公有桐种，每保3升

第四章　加强农业推广，促进技术下乡

续表

阶段	日期	地点	工作内容
初查、复查 （6—8月）	6.1	第三区公所	与吴区长商讨已推广之民及公有桐林中耕除草工作着如何着手
	6.2	青杠坡	区所职员勘查区有桐林成活株数约即有十分之七，同时请即办理中耕除草工作
	7.1	大坝场	到第五区公所与薛区长献图商妥复查办法结果，承派区所职员分头督导工作
	7.2	半石溪	请保长召集全保民工办理中耕除草施肥等项工作
	7.3	沈家寨	召集保甲长民众开会讨论复查办法，重在中耕除草施肥工作
	7.4	牛王坡	召集保甲长民工齐到已推广之保有桐林地实施中耕除草工作
	7.11	思南	到县府晋谒杨县长，略谈防旱增产如何工作，旋即午后一时到县党部开会，议选县及区督导员
	7.12	县党部	仍赴县党部会议，结果，员名列入本县第一二三区区督导员，员亦在毋庸辞退下准备不日出差附带工作
	7.13	赵家坝	又到县府收发室查收文件，旋到思南金库取款后下河坐船到赵家坝，与叶推广专员俊藩谒谈防旱增产工作
	7.14	孙家坝	办理防旱增产工作，同时宣传植桐推广工作
	7.20	林家寨	复查保造桐林，成活率虽多，但未中耕除草，员即请该保长即予征工办理除草工作
	7.21	宽平	到第二区公所开会，讨论防旱增产工作，同时请张区长转令已推广桐林之保甲即予实行中耕除草
	7.23	核桃坝	到附近一保复查已造之桐林后田主任召集各保长开会，员即报告一切生产工作

注：原表系一天不落的旬报。为避免累赘，本表只节选了部分有代表性的日程，省略的多为同期相同的工作内容。

资料来源：《贵州省农改所推广植桐第二区思南县工作旬报》，贵州省农业进所M62－2－279，贵州省档案馆藏。

我们可以认为，这是由一个个小现场组合成的一个大现场。通过这个大现场，我们可以看到一个电影式的连贯场景。在这日常生活式的场景中，我们可以读到这样一些信息。

第一，推广员的身份问题。

《贵州省农业改进所植桐推广人员服务规则》详细规定了植桐推广员的职责与任务，计有12项："增进油桐生产上之宣传事项；旧有桐林之调查、统计、整理、改进及更新事项；桐农植桐事业所需贷款之调查登记事项；各区镇乡村保甲植桐技术上之巡回指导事项；桐林病虫害防除之指导事项；植桐、榨油、运销等方法之改良及其合作社之组织、指导等事项；答复桐农一切咨询事项；筹划各县区推广植桐所需桐种之来源及运输事项；选种、点播、采果等科学方法之指导及介绍良种，以便［及］桐农之采购事项；优良桐种之推广事项；督导所辖县区乡镇保甲择定适当之山场从事植桐，并提倡利用屋隅、路旁、田缘、隙地种植桐树事项；促进桐油生产上之一切其他事项。"① 该规则第四条又规定："植桐指导员或推广员办理各县桐油一切增产事宜，除遵照本所一切命令执行任务外，并须受所在地县政府之监督，其有涉及地方行政部分或须对所辖区保或农民发布文告时，应由各推广员或指导员签呈县长，以县政府名义或以命令行之。"② 由此看来，植桐推广员的身份应该是技术人员，而非行政官员，没有行政权力。但是，在张乾星的工作旬报中，屡屡出现诸如"通知保长鸣锣集约全保甲士绅及农民等，齐到保长办公处，听宣植物概要"、"计发桐种5斗，着由该地保长负责该山，在本年植树节以前完成"、"召集全保花户约计120户，会议每户在自己空隙地植桐20株，限期完成"等之类的文字，"通知""着由""召集""限期完成"等具有指令性色彩的词语，表明张乾星某种程度上自觉或不自觉地以政府官员的身份行使行政权力。这，或许是一种不得已的选择。

---

① 《贵州省农业改进所植桐推广人员服务规则》（1941年1月16日贵州省政府核准），贵州省农业改进所 M62-1-53，贵州省档案馆藏。
② 《贵州省农业改进所植桐推广人员服务规则》（1941年1月16日贵州省政府核准），贵州省农业改进所 M62-1-53，贵州省档案馆藏。

第四章 加强农业推广，促进技术下乡

第二，推广的依靠力量。

实际上，这样做的不仅仅是张乾星一人。

为了推广冬耕工作，安顺县推广员蒋治邦一一登门，要求农民"饬打指印，劝令种植"，进而借助县政府的"政治力量"，制作不准冬闲田土的合同书，在下种前由县政府下发到保甲，由县政府、保甲长、农民三方签约，强制要求农民必须冬耕。①

贵阳县邓德元也在报告中多次提到，"在文化闭塞之山国推行农业推广工作，其困难势所难免"，"必先首以政治力量，次以宣传力量，然则根本之图实在农民教育耳"②。"一面须推广人员之努力，一面须有政治力量而协助之，始增工作效力。"③ "本月工作甚属顺利……实有赖于政治之力量，盖农民习惯惟区长、主任、保甲、县长外不知有他人，在黔省新办推广，一面因须工作人员之努力，但少许政治力量不可不假藉也。"④

如果没有政治力量的支持，推广工作似乎就很难推进。定番县黄志统指出："县区当局对于限制冬闲工作多视为具文，盼望上级政府通令各县，对于此项工作须加入考核，则办理推广人员则易推进。"⑤ 江口县植桐推广员张绍奎、向烈在该县从事推广工作半年多，"有时不能不藉行政力量以推行"，但是，区长、保长等"多有不以认真协助，每每视桐为轻□"，更有甚者，该县县长徐用恒竟于县政大会中公然宣称"植桐事宜，目前价格太低，不合时代需要"，让他们非常失望，"窃思县长之职，区保之直接主官，今既如此，以后工作，即

---

① 《县农业推广人员工作月报表（安顺县蒋治邦，二十八年四月三十日）》，贵州省农业改进所 M62-2-308，贵州省档案馆藏。

② 《县农业推广人员工作月报表（贵阳县邓德元，二十八年六月三日）》，贵州省农业改进所 M62-2-308，贵州省档案馆藏。

③ 《县农业推广人员工作月报表（贵阳县邓德元，二十八年七月十七日）》，贵州省农业改进所 M62-2-308，贵州省档案馆藏。

④ 《县农业推广人员工作月报表（贵阳县邓德元，二十八年七月二日）》，贵州省农业改进所 M62-2-308，贵州省档案馆藏。

⑤ 《县农业推广人员工作月报表（定番县黄志统，二十八年五月一日）》，贵州省农业改进所 M62-2-308，贵州省档案馆藏。

以员毕身［生］劝导之力，恐收效亦微！""拟恳转呈省府通饬县方，饬属认真协助，方期收效。"省政府自然不会因为这么一件小事就去处罚一县之长，只是"函请该县长切实督导办理"①。但这也从一个侧面反映了政治力量的支持对农业推广的重要性。

乡村权威也是推广员必须倚靠的力量。表4-11记录的张乾星33天的行程中，提到保长、甲长、保甲长、保甲等词的，就有17天之多。在农村，保甲长一职基本上是由当地有威望或有权势之人担任。此外，张乾星初来乍到之时，也颇为倚重士绅的力量进行宣传推广。黄志统指出："推广工作在贵州实属创举，宣传工作决不可忽略，尤其对保甲长非多多解释不可。"②蒋治邦看到"乡间农民知识大多低下，对冬闲登表有不少怀疑，即联络乡村学校当局或有名望之老前辈，协助以解其疑"③。对于不能积极配合工作的保甲长，他们希望政府能够出面协调解决："乡村保甲长为过去恶习太深，有少数多玩延功令，对登记表亦不出例外，乃商着县府或区公所令饬协助外，并以冬闲登记之利害关系，训导之。"④有时候，也只能绕过保甲长而直接请当地士绅协助办理："本月工作，初发现一保长张志清，对我们之工作不愿（履行）协助责任，经好言说亦然。乃一面将以上情形对该长属联保长说明，一面径向甲长及当地有名绅士请协助办理，于工作始达目的。"⑤

第三，农民的态度。

首先，对陌生力量介入感到不适应。"每到达一村，因人地生疏，

---

① 《为县长破坏工作拟恳转请省府令县饬属协助推广以利进行祈鉴核由》，贵州省农业改进所M62-2-279，贵州省档案馆藏。
② 《县农业推广人员工作月报表（定番县黄志统，二十八年七月一日）》，贵州省农业改进所M62-2-308，贵州省档案馆藏。
③ 《县农业推广人员工作月报表（安顺县蒋治邦，二十八年四月三十日）》，贵州省农业改进所M62-2-308，贵州省档案馆藏。
④ 《县农业推广人员工作月报表（安顺县蒋治邦，二十八年四月三十日）》，贵州省农业改进所M62-2-308，贵州省档案馆藏。
⑤ 《县农业推广人员工作月报表（安顺县蒋治邦，二十八年七月三十一日）》，贵州省农业改进所M62-2-308，贵州省档案馆藏。

第四章 加强农业推广，促进技术下乡

农友未敢接近"，①但经过推广员和合作指导员和农民反复交流，才慢慢接受，"始得乐于交谈。"②"订购种籽，无知农民起初大多怀疑抽税款。"③

其次，对新生事物的本能抵触。对于冬耕，农民起初是有不少抵制情绪的，经推广员的调查，原因不外乎以下几项："1. 土不相宜；2. 水排不干；3. 抽兵雷厉风行，缺少人力，雇工困难；4. 生活程度太高，物力维艰，无钱雇工种小季；5. 麦子成熟晚延误大春；6. 牛马践踏。"④安顺县推广员蒋治邦观察到，"原来冬闲田地种的是鸦片，有的还在观望着，等政府的政策一改变，马上种鸦片。还有的农民对冬季作物不愿意施肥，怕对夏季作物的生长不利。"⑤在推广员看来，都是可以通过宣传教育做通农民的思想工作的："宣传力量有限，今后宜利用增加场期宣传或昼夜宣传。"⑥

再次，短视心理在作怪。黄志统在推广时发现，"农业推广工作收效固属迟缓，但在农友心里，每举一事，总盼早日收效，并且直接对自身有利方乐于服从命令，所以此项工作之推动实感困难而无法解决也"⑦。

最后，对政府"一刀切"的纠偏。例如，贵定县在种植了改良麦种之后，推广员发现，尽管改良麦种具有不倒伏，少病害，颗粒大等优点，但是在当地并不受农民欢迎。其原因有："1. 贵定以产面最

---

① 《县农业推广人员工作月报表（安顺县蒋治邦，二十八年七月三十一日）》，贵州省农业改进所 M62-2-308，贵州省档案馆藏。

② 《县农业推广人员工作月报表（定番县黄志统，二十八年五月三十一日）》，贵州省农业改进所 M62-2-308，贵州省档案馆藏。

③ 《县农业推广人员工作月报表（安顺县蒋治邦，二十八年五月三十一日）》，贵州省农业改进所 M62-2-308，贵州省档案馆藏。

④ 《县农业推广人员工作月报表（贵阳县邓德元，二十八年七月二日）》，贵州省农业改进所 M62-2-308，贵州省档案馆藏。

⑤ 《县农业推广人员工作月报表（安顺县蒋治邦，二十八年四月三十日）》，贵州省农业改进所 M62-2-308，贵州省档案馆藏。

⑥ 《县农业推广人员工作月报表（安顺县蒋治邦，二十八年四月三十日）》，贵州省农业改进所 M62-2-308，贵州省档案馆藏。

⑦ 《县农业推广人员工作月报表（定番县黄志统，二十八年五月三十一日）》，贵州省农业改进所 M62-2-308，贵州省档案馆藏。

著，改良麦子不够筋道，不能制面；2. 改良麦子颗粒大而磨粉反比本地麦子每斗少三四斤，且麦皮太厚，不易磨粉；3. 价格比本地麦子低廉，且不易销售；4. 产量与本地麦子不相上下。"[1] 鉴于此，省农改所决定尊重农民的意愿，任其种植本地品种，并收回改良麦种。

《贵州省农业改进所植桐推广人员服务规则》也规定："各指导员及推广员下乡办理推广时，对于一般农民必须秉谦和诚恳之态度，不得有任何粗暴或越轨之行为。"[2]

蒋治邦在复查安顺县某区时，"屡听农民云，胶泥土不能种小季，及亲自考查结果，根本不能收获"，因此，凡是发现"有此种田土农户，即劝种油菜以作绿肥"[3]。同时，他还发现该区农家种茶叶及蓝靛者颇多，原因是禁种之后茶叶和蓝靛的经济利益比较大，他认为，这是值得注意的现象，要加以提倡。[4]

黄志统在定番县推广时，听农民讲，"有一种土壤土层浅并难于打碎，不能种植，故每使其休闲不种小季"，经其查看，发现果然如此，他认为，不应该强迫农民在这样的土地上冬耕，否则会得不偿失，倒是可以试着种，由政府派员视察。[5]

现场二：
时间：1939 年 4 月的某一天
地点：玉屏县某合作社
人物：推广员侯载风、棉农

---

[1] 《贵定县收回改良小麦贷种工作情形》，1941 年 8 月 8 日，贵州省农业改进所 M62-1-312，贵州省档案馆藏。
[2] 《贵州省农业改进所植桐推广人员服务规则》（1941 年 1 月 16 日贵州省政府核准），贵州省农业改进所 M62-1-53，贵州省档案馆藏。
[3] 《县农业推广人员工作月报表（安顺县蒋治邦，二十八年七月三十一日）》，贵州省农业改进所 M62-2-308，贵州省档案馆藏。
[4] 《县农业推广人员工作月报表（安顺县蒋治邦，二十八年七月三十一日）》，贵州省农业改进所 M62-2-308，贵州省档案馆藏。
[5] 《县农业推广人员工作月报表（定番县黄志统，二十八年五月三十一日）》，贵州省农业改进所 M62-2-308，贵州省档案馆藏。

第四章 加强农业推广，促进技术下乡

事件：与棉农的谈话会

回放：首先，推广员侯载风说明来意及会议的要旨。

其次，侯载风作主题发言，题目是《政府推广植棉之意义》，大概内容是："现时政府因鉴于抗战以来对生产事业特别注重，尤以本省缺棉衣被，军人原料已无法仰给，以本县之气候温暖，而有沿河之沙质土壤，非常适合植棉，农改所为适应环境计，暂选购本省产棉区之优良土种推广之。至棉收入与包[苞]谷收入，孰厚孰薄，路人皆知其棉之收入较高，望各农友输诚接受，本所与合委会专以改进农村改良农友生活而设，如有困难，如有问题，当竭力为之解决云。"

再次，解答棉农的疑惑和问题。具体如下：

1. 问：沿河棉区之一部分值春夏山洪爆[暴]发，不免有泛滥之虞，棉农咸以之相诘难否认植棉。

答：先已谈过植棉之重要，政府之注意。各棉区因恐遭水浸而不植棉，则作任何事稍有顾虑即不去做，此大不可。查棉区原植包[苞]谷，种包[苞]谷期在古历端午后至六月上旬，此时少有水害，植棉期大约在立夏节前后，为最合适，纵因本年棉区前作为大小麦油菜，亦可在四月十五前完全下土，设因水淹无法补种时，准于[予]换种包[苞]谷以全收获。

2. 问：玉溪江、胜家屯二棉区完全反对种棉。

答：风于22日运种至该地时询问详细情况，系水田，应以种植水稻，不愿植棉。当即前往踏勘，已春水汪洋，水源亦不致缺，土质有粘沙两种（当时人的表述习惯，建议保留），历年用之植稻，故系水田，无疑特准其仍植稻。

3. 问：棉区离城较远之区承领棉种困难，农民消极延不领种。

答：酌予津贴雇船运送。

4. 问：棉区之前作物系大小麦油菜，须等四月上旬完全收获，种棉期已晚。

答：告诉农友们，四月上旬收获，中旬即可完全下种，是时虽稍晚，亦不太晚，考之历年天气（访问所得），八九月时尚称暖和，故棉铃吐絮想无多大问题，以后棉作栽培方面更促其早熟。

5. 问：登记棉农尚未组织合作社，合作社负责人不负责任。

答：前者于风抵玉屏后，会同合作室杨国柱下乡临时将棉农加入附近之信用社，后者只好先之以宽继之以严此事本非职所应有，因合作室缺人，为事业计故勉为之。

最后，侯载风对前段工作进行总结。

本县推广棉作自今年起为首次办理，颇多困难，无识者对我们所办的推广工作既莫名其所以，复生满腹狐疑，而有识者若非农界人士，即无事业心，做事不热忱，尤其与推广有关之各机关，怀抱此心则影响推广前途甚大，良足深叹，本月工作经验应拟改进者条陈如下：

1. 整饬合作事业。合作社之本末任务原为发展社员生产，此次推广植棉，合委会即与农改所协商办理分工合作，本县合作事业成绩欠佳，并非本人之吹毛求疵，实系发展生产事业之前瞻所系也。健全指导人员，弥补缺点，使其具做事热忱而不苟且。使各合作社份子健全组织健全，至少应予各合作社负责人加以教育方式训练，使之明白权利义务有系统复杂性。2. 宣传材料之设置。本地农友知识浅陋，于棉作栽培技术实多欠缺，因一部分农民从未经手种过棉花，即推广种，与当地土种究有如何不同，不可不多多宣传，使有深刻的认识，乡中场集最好作宣传之机会，惜以材料缺乏，徒手口不能博得人之同情，故如通俗推广挂图农业活页浅说留声机片诚不可缺。①

这是一个普通的会议现场，但是，却有着丰富的信息量。

第一，农业推广的各大主体均已出现。推广员和农民自不必说，还有两个隐藏的主体并未言明。一个是乡村权威，具体到此应该是保甲长、合作社理事长，在合作社开会，自然少不了他们参加。另一个是国家。这个似乎有点抽象，但确实像幽灵一样无处不在。侯载风的讲话《政府推广植棉之意义》，有两个核心词汇：政府、抗战。开门

---

① 《县农业推广人员工作月报表（民国二十八年四月三十日填，玉屏县，侯载风）》，贵州省农业改进所 M62－2－312，贵州省档案馆藏。

见山就表明推广植棉是国家大政方针,是挽救国家民族于危难之中的重要举措,借以激发与会者的民族情感和爱国情怀。

第二,推广员侯载风的宣传策略很巧妙。一方面以主题发言掌握会议基调,另一方面让棉农们畅所欲言释疑解惑。在前一环节,一是动之以民族大义,二是论之以可行性,三是晓之以利益比较,四是解之以后顾之忧。在后一环节,以实事求是的态度回答并解决农友们的问题。如在回答第二个问题时,了解到玉溪江、胜家屯的确是宜稻之区,是水田,故尊重农友们的选择,同意其反对意见。又以补贴运费的方法解决偏远地区农民的运种费用问题。

以开会的形式进行宣传推广,是推广员们采取的最主要的宣传方式。开会的地点一般选在保长家。

第三,宣传的方式应该多样化、具体化、形象化。侯氏就特别谈到了宣传材料的问题。他建议应该开发形式多样的宣传载体,在各种不同的场合下进行宣传。本章第二节已对宣传推广的方式作了详细阐述,此处不赘。侯氏特别强调赶场天是绝好的宣传时机。赶场天人流密集,群体也相对稳定,长期坚持下去,效果很好。多位推广员都提到要利用好赶场进行宣传。如思南县推广员张乾星在工作旬报中记载"是日赶场宣传"[①]。

第四,推广的环境并不太友好,尤其是初始推广之地,不明事理者有之,怀疑者有之,漠不关心者有之,给推广员的心理和工作都造成较大障碍。故基层的推广员是一支流动性很大的队伍。

[①] 《贵州省农改所推广植桐第二区思南县工作旬报(30年3月12日—20日)》,贵州省农业改进所 M62-2-279,贵州省档案馆藏。

第五章 开发土地资源，提高利用价值

第一节 推广冬耕

省农改所在总结历年农业推广成效时指出："本省农业推广收效最显著者莫如推广冬耕。"① 省农改所动员农艺系全部专业推广人员积极参加推广冬耕工作，除推广早熟麦种外，并劝导豆作、油菜等，以期减少冬季休闲面积，增加农作生产，增加地方财力。

贵州农民素有冬季休耕的传统，民间流传着"挑粪作田，不如犁冬过年"的农谚。② 据省农改所1938年的调查，冬闲土地占耕地面积80%以上。贵州农民冬季素以种鸦片为主，禁种鸦片后，大部分田地在冬季就成了闲田。休耕还是冬耕？大家的看法并不一致。有的农民主张在冬季索性将田地空闲，以保地力，让来年的夏季作物得以丰收；有的农民害怕冬季种小麦或其他作物，耽误了次年夏季作物的种植，因此不敢种冬季作物；有的农民则在冬季种一点大麦或油菜等早熟作物，能收成多少算多少；有的农民干脆在冬季停田不种，抱观望态度，寄希望于政府取消禁令；有的农民担心运销问题，害怕运不出去也销不出去，因此不敢种；只有少部分头脑灵活的农民想方设法

---

① 《贵州省农业改进所工作简报》，贵州省农业改进所 M62－2－163，贵州省档案馆藏。

② 贵州省铜仁地区地方志编纂委员会编：《铜仁地区志·农业志》，贵州人民出版社2010年版，第172页。

种植其他价值较高的作物,尽可能取得高的收益。① 时人甚至认为:"贵州除种鸦片以外很难找得第二种交换物资的农产品。"② 事实果真如此吗?据省农改所农艺系对安顺县1939年10月农产品价格的调查,小麦、油菜的收益远高于鸦片的收益。详见表5-1。

表5-1　　　　　　小麦、油菜籽、鸦片收益之比较

作物	每亩产量	单位价格	毛利润
小麦	3.5斗	8元/斗	28元
油菜籽	3.5斗	5.5元/斗	19.25元
鸦片	6斤	2元/斤	12元

资料来源:仇元:《贵州农业之转变及其出路》,《农林新报》1940年第17卷第10—12期合刊。

冬耕除了能够增产外,据一个县的农业推广员观察,冬耕还有如下数端好处。

一是有利于改良土壤。"冬季把土层耕翻,受风化作用,可以保持土壤及增进地力。"

二是冬季作物能提供大量有机肥料的原料。贵州山地土壤贫瘠,必须增加土壤肥力。冬季多栽种豆类、紫云英、苜蓿等,可"利用青杆〔秆〕制造堆肥,充作有机肥料之用,又可弥补化学肥料之不足。"

三是冬耕对预防虫害大有裨益。比如,贵州水稻容易滋生稻苞虫,为害颇重,"幼虫及卵子过冬多潜伏于稻根及接近稻根之处",冬耕时将土层耕翻,能将害虫冻死。③

---

① 仇元:《贵州农业之转变及其出路》,《农林新报》1940年第17卷第10—12期合刊。
② 仇元:《贵州农业之转变及其出路》,《农林新报》1940年第17卷第10—12期合刊。
③ 王性荣:《扩大冬耕与增加生产》,贵州省农业改进所M62-2-309,贵州省档案馆藏。

故这位推广员特在县报上撰文呼吁农民扩大冬耕。

下面，我们就借一位冬耕亲历者的眼睛，来看看冬耕是如何推进的。

郭太炎，1941年夏到湄潭县政府工作，参加了当年的推广冬耕工作。该员颇为用心地记录了这一经历，使我们得以从一县之冬耕工作来管窥全省之一斑。湄潭县的冬耕工作大致有以下四个步骤。

第一步：设立推广机构。首先，在县一级成立湄潭县推广冬耕委员会，邀请当地各机关、学团及浙大相关老师参加。其次，成立各区推广冬耕委员会，由各区长及地方热心公益的士绅组成，接受县推广冬耕委员会的领导和指导。

第二步：规定推广细则。在推广目标上，以推广麦类为主，且其种植面积须占耕地面积的50%以上，豆类、薯类次之。除烂田外，绝对禁止休耕，可能放水之田，仍需尽量放干。此外，还推广堆肥及绿肥。"欲得美满之收获，肥料补充不可忽视"，要求每甲至少制堆肥1方，全县2720甲，则次年可得816000斤重之堆肥，同时在县属各地制作堆肥示范甚多，以示提倡之意。其他如较潮湿及山坡等地，则奖励尽量种植绿肥，以达地尽其利之目的。在推广所需种子方面，"佃农所需种籽，除租约规定不分小春者应由佃户自备外，其余一律应由佃主租给此项种籽"，即由县政府随时派员检查各农户是否已备好与所种面积相当之种子。在推广区域上，"指定沿公路两旁为推广中心区域，该地农民可享优先调换改良品种之权利"。

在收益分配上，如果是佃主提供种子的，"其租额一律不得超过三七分租标准"，如果佃主不提供种子，收益则完全归佃农所有；如佃主和佃农原有立约，播种小春由佃主提供种子而不分租者，仍遵原约规定不得新加租额。这一规定，提高了主、佃双方推广良种小麦的积极性。

第三步：做好冬耕宣传。"湄潭县推广冬耕，尚属创举，一般农民未知其重大意义，必须扩大宣传，俾其了解，宣传得法，则推行之效果亦与之俱增。"首先，召集各区长及地方士绅交换意见，再由各区分别召开保甲长会议，宣传推广冬耕之意义。其次，举行冬耕宣传周。由县政府人员及各级学校即各区各乡学校就地动员全体学生联合举行冬季粮食作物增产宣传周。浙大附中推广冬耕宣传队，制就标语传单多种，于10月11、12两日，分赴四乡扩大宣传，虽然天下着雨，但附中同学均不辞辛劳，"其刻苦之精神与热心之情绪，极足感动一般农民也"。浙大农学院作物学会冒雨宣传，并作小麦种植示范。"除作口头之宣传外，并印发漫画浅说，亲作阔条疏插小麦示范之实际工作，予当地农民极深刻之印象。"再次，编发各种冬耕作物之浅说、标语、漫画等进行宣传。他们将各种冬耕作物之浅说、漫画等，分发或张贴到乡村，"同时鸣锣挨户宣传，灌注农民对冬耕之深刻印象"。

第四步：检查督导。在麦类播种时及播种后，县政府派员分赴各区严厉督导，而各区及各联保亦同时出动，并在播种后考查有无荒地。这项工作分为初查、复查两步。

初查在10月中下旬进行。首先，检查沿公路一带是否已经优先耕种，以"唤起往来一般农民之注意，而收仿效之效果"。随后，深入乡村督查并随时检查是否备好种子、田亩可否整理，可能放水之田，亦促其尽量先放干，并限期种植完毕。

复查在11月初进行，"辗转各乡，步行数百里，每到一处，均严加检查"，一旦发现怠耕者，令当地农民公耕，收益所得，以完全为公耕者所有，但实则多体谅农民，仅用"坐催"方式限其在规定的时间内播种完毕，否则即实行公耕，一般农民多能遵守法令，努力耕种，间有地主抵抗，以及受地主之指使而不遵守法令者，当即严加劝导，要求限期耕种。复查工作虽然艰难，费时耗力，"然一般农民多能深明大义，对政府之苦心及期望之殷切，极为感动，此堪告慰者也"。

贵阳市为推动冬耕工作，还制定了奖惩办法："1. 各保甲住户将私有荒地完全举行冬耕者，传令嘉奖。2. 凡开垦公有荒地举行冬耕者，除以收益半数充作地方公益之用外，其余半数完全分奖参加冬耕之户。3. 各保甲住户未遵行冬耕者，分别议处，并照实地情形责令赔偿收益。4. 各保甲地区内如有二分之一以上耕地，未经冬耕者，酌予议处。"①

湄潭县的冬耕工作取得了很大成效。1941年12月初，省府及绥署联合视导员来湄潭县视察发现，沿公路一带所种之小麦在90%以上；非沿公路一带，麦类约占耕地面积75%，豆类约占20%以上；湄潭县289724亩耕地面积中，除不能冬耕之烂田外，冬耕面积约有25万亩。②

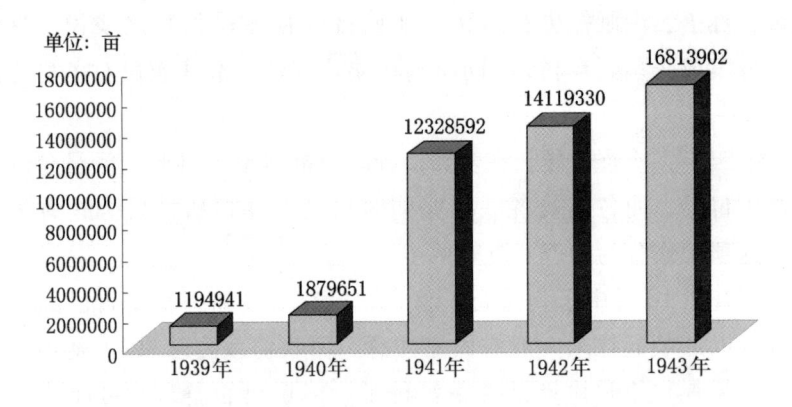

图 5-1 抗战时期贵州推广冬耕情况统计

资料来源：《贵州省农业改进所工作简报》，贵州省农业改进所 M62-2-163，贵州省档案馆藏。

据统计，1944年贵州省69县冬耕面积为10380289亩，其中麦类4099879亩、豆类3335750亩、油菜1818831亩、其他1125829亩。③

无疑，冬耕对扩大生产、增加农民收入大有好处，但是，"尊令奉行的固为数不少，阳奉阴违，敷衍塞责的却还大有人在"。推原其故，"一则由于一般人对于冬耕的重要性没有认识，一则由于民间的积习太深，一时不易改变，尤以后者为甚"。贵州，甚或全中国的农

---

① 《增进农村生产，市府发动冬耕运动》，《贵州日报》1943年10月6日
② 郭太炎：《湄潭推广冬耕之经过》，《浙大农业经济学报》1942年第3期。
③ 《贵州省农业改进所三十四年度工作年报》，贵州省农业改进所 M62-2-164，贵州省档案馆藏。

民，都有一种"半年辛苦半年闲"的观念与习惯。在秋收以后，除了栽种少数的冬作与蔬菜之类外，"其余的时间，多用于无味的生活与应酬，荒废了不少人力与时间"。此外，还有人"一见到推行一两年无显著成绩，便中途放弃既定计划，无形中松懈起来"①。

第二节　号召垦荒

时人认为，"开垦荒山荒地为最有效增产方法"②。

抗战前，贵州有大量荒地没有开发。据估计，贵州可垦荒地有2000余万亩。③ 随着战时大批人口的西迁，开垦荒地成为国民政府安置难民、发展农业生产的重要举措。国民政府先后颁布了《九省荒地开垦计划》《非常时期难民移垦条例》等，规定了垦荒的基本原则、计划及具体措施。1941年2月，农林部成立后，又设置垦务总局统筹管理，并明确由中央和各省垦殖机关共同组建国营垦区和省营垦区，鼓励民间金融机构、实业界和私人出资募民垦殖。

早在1936年，贵州省政府就制定了《贵州省强制垦种暂行办法》，要求在1938年6月前将荒地垦种完毕，至迟不得超过1940年6月。④ 从执行情况来看，这一硬性要求是脱离实际的——虽然制定了严格的垦种程序和严厉的奖惩办法。1943年11月，省政府通过《贵州省督垦荒地办法》，规定：督垦荒地由省政府指令建设厅及地政局负责督促各县（市）政府办理，各县（市）政府自荒地清理完成后应立即限期将其可垦部分全部开垦或招垦，可垦荒地应由各县（市）政府按地段划定垦区，分别缓急实行垦殖等。

为了鼓励各地农民垦复荒田，贵州省规定，新垦荒地3年不交赋

---

① 王性荣：《扩大冬耕与增加生产》，贵州省农业改进所 M62-2-309，贵州省档案馆藏。

② 《贵州省三十四年度粮食增产办法》，贵州省农业改进所 M62-2-189，贵州省档案馆藏。

③ 陆仰渊、方庆秋：《民国经济社会史》，中国经济出版社1991年版，第604页。

④ 张肖梅：《贵州经济》，中国国民经济研究所1939年版，第Q101—Q103页。

税。1941年,麻江县明令规定,每保必须增垦荒地5亩,且必须在农历五月二十日前垦毕;凡保内荒田荒地逾期未种者,则用来作本保造产农场。1944年,麻江县再次制定奖惩办法,对逾期不耕种者,处以10元(银洋)以下罚金;对垦荒10亩以上者,奖5元以下奖金并颁发奖章。①

表5-2　　　　　　　　贵州省各县垦荒亩数调查

县名	垦荒亩数	县名	垦荒亩数	县名	垦荒亩数	县名	垦荒亩数
贵筑	1400	龙里	2126	贵定	2550	麻江	1174
炉山	7854	平越	637	瓮安	1227	开阳	8000
息烽	1820	修文	1399	平坝	6545	长顺	11300
惠水	1151	镇远	1204	铜仁	7500	江口	583
松桃	7460	施秉	185	黄平	2845	剑河	1710
三穗	1313	天柱	11193	锦屏	2048	三都	1107
榕江	287900	黎平	7617	都匀	1000	罗甸	1550
荔波	1000	兴义	3835	望谟	12000	紫云	5217
镇宁	1792	安顺	1563	普定	320	郎岱	550
晴隆	2500	赫章	1218	威宁	4680	盘县	2500
大定	1528	织金	51235	金沙	1888	遵义	1532
湄潭	1190	德江	1830	务川	500	正安	5315
绥阳	2955	桐梓	8270	习水	918	赤水	615
仁怀	5000	印江	1994	册亨	608	安龙	2880
纳雍	1049	清镇	2700	余庆	2263	总计	513843

资料来源:贵州省农业改进所M62-2-269,贵州省档案馆藏。

一些地区还利用散荒隙地种植杂粮。1945年,锦屏县利用散荒隙地种植杂粮5750亩,思南垦荒种杂粮面积3450亩,又推广杂粮17967担;麻江利用荒隙地种红苕、包[苞]谷等,炉山县利用荒隙

① 贵州省黔东南苗族侗族自治州地方志编纂委员会编:《贵州省黔东南苗族侗族自治州志·农业志》,贵州人民出版社1993年版,第49—50页。

地种植杂粮约8000担,剑河种植2238亩,天柱县971亩。省农改所积极督导利用荒隙地增种杂粮,成效显著,直辖区为13280亩,第一区为9050,第二区9510亩,第三区为15890亩,第四区为18320亩,第五区为19670亩,第六区为8150亩,合计93870亩。①

贵州省的垦荒还以国营、省营、民营三种形式展开。国营垦区由农林部直接办理,设在贵州六龙山垦区。农林部还设立了四个国营农场,第三农场设立在贵州平坝。省营垦区有贵州农业改进所设立的平坝乾溪模范农村,民营垦区有西南垦殖公司创办的蛮子洞第一农场。

一 六龙山垦区

1941年夏,"为明了黔省荒地情形,以为设立国营垦区之依据",农林部西南垦区调查团第一组组长、四川省立教育学院张迦陵教授率队分赴威宁草海、毕节拱拢坪、铜仁六龙山实地调查勘测,历时5月,调查内容包括面积、土壤、水利、人口、交通、作物栽培、物价、农具、牲畜等。②

调查结果表明,三区均有值得开发之处,但铜仁六龙山荒区的条件最好。该区地处湘黔边界,纵横百余里,人烟稀少,可耕荒地面积约有14万亩,气候温和、土壤肥沃,pH酸碱度在6.0—7.0。其中平地占40%,宜于农垦,种植作物;山地占60%,宜于造林,种植桐、竹、茶等。此外,该区附近汞矿丰富,亟待开发。"若能与资源委员会合作经营,不难化荒僻之地,而为农工矿之理想区域。"③

1942年9月,农林部在铜仁设立了六龙山垦区,同时在铜仁县设置农林部贵州六龙山屯垦实验区管理局,遴派留美农艺专家孙醒东博士主持其事,调残疾军人,"招收当地农民从事垦殖"。先期指派技

---

① 《贵州省三十四年度粮食增产总报告》,贵州省农业改进所M62-2-191,贵州省档案馆藏。
② 张迦陵等编:《贵州威宁毕节铜仁荒地区域调查报告》,农林部农垦总局编印1942年,第1页。
③ 张迦陵等编:《贵州威宁毕节铜仁荒地区域调查报告》,农林部农垦总局编印1942年,第20页。

术人员组成垦荒区勘察队，分赴各荒区实地勘察，又组建先垦工作队，于残疾军人到来之前，从事预垦。孙醒东还带来了自己的十余名学生，"屐草鞋、跑山路、荷枪持锄、披荆斩棘，放下锄头，即执笔杆，当屯垦之始，艰难困苦，无以复加，彼等日间辛劳工作，晚间穴居山洞，一切物质条件之低劣，尤非都市人士所能想象"①。这是战时农林部在贵州设立的唯一一个国营垦区。同年11月，石竹乡冬瓜坨和野花坳两处荒区分别成立第一、第二垦场，开始垦殖工作。先是购买耕牛、农具，修建垦场办公楼和垦工住房。至1943年，两个垦场共开垦荒地1000余亩。② 1944年，迁来残疾军人400余人。因该垦区成立时已是抗战后期，至抗战结束时，成效尚不显著。

实际上，六龙山管理局为垦区制订了一个庞大的规划，涵盖方方面面。

垦区之推进。拟将交通便利、荒地区域较大的大兴乡所属大兴场至马脚营等区，划为第三垦场。

市场之设置。鉴于六龙山垦区辽阔，该局拟在甘溪坪成立大规模中心市场，"因该地位于六龙山中央，指挥管理，均称便利"。并于各垦场适中地点设立分市场。拟创办职工商店与合作社，以及建屋筑路等基础设施建设。

林垦牧垦之预拟。六龙山土质内含植物根，杂草类生长茂盛，以木本莎草科及菊科为多，宜于畜牧，其他各地山坡度较高，宜作经济林场，"以符农垦林垦牧垦同时并进之旨"。

交通计划。拟于铜仁县城东关修筑公路，经石竹乡之寨贵而达甘溪坪，再由甘溪坪筑一干线直贯全山，复由干线向各山坳分延支线成联系之交通网。

卫生设施。六龙山垦区，重峦叠嶂，气候恶劣，农民时患疟疠，该局为保障职工及农民健康，在各处分设医务所，除治疗垦场职工

---

① 贵州社会科学编辑部等编：《贵州近代经济史资料选辑（上）》第1卷，四川省社会科学院出版社1987年版，第226页。
② 孙醒东：《贵州六龙山屯垦实验区之鸟瞰》，《中国青年》1943年第2期。

外，居住在附近农民，亦可免费就诊。

拟移设国营耕牛场。该局拟计划将设于贵州湄潭之国营耕牛场，移设六龙山之寨贵，借与垦场工作同时并进。"若能成为事实，则黔东湘西一带耕牛之供给可无虞矣。"

农田水利。该局拟与铜仁中国农民银行合办，在各乡场各加设一百亩水稻，将来成功后，可于业务上有极大助益。

教育计划。拟与省立铜仁师范学校合作，在各垦场创设学校，教育一般荣誉军人与垦民，及垦场附近一带农民，并教育无力求学的贫苦儿童。

繁殖良种。预定大规模培育各种作物之优良种子，除备将来各垦场自用外，并供给农业推广之需要。

发展副业。利用中央大学育成之美国多种优良烟草品种，制造卷烟；繁殖优良茶树，制造红绿茶，将来收采后，可运销黔东各地；编制草鞋，备将来垦区残疾军人及垦民之用。[1]

二 乾溪模范农村

为了安置来自安徽、山东等地的难民，1939年，贵州省赈济委员会在平坝县金银乡境内的乾溪筹办一个"模范农村"，面积为12000亩，聘请法国留学生韩少琦教授为主任，姚令琰为会计，袁俊仪为技术员。成立时开办经费仅1240元，每年经费为390元。自1942年起，改为经费自筹。曾先后得到政府经费30余万元，农贷款56万元。垦殖水田270亩，旱地680亩，经济林5100亩。主要种植水稻、美烟、油桐、胡桃、板栗等。[2] 乾溪模范农村所经营的土地，分为农村自营和难民垦殖两种。自营部分由雇请的十余名附近村民耕种。由于他们年轻力壮又富有农业生产经验，成效明显。难民垦殖部

---

[1] 《六龙山垦区：化荒地为沃壤》，《贵州日报》1943年3月11日。

[2] 梅开：《贵州省农业改进所的科技成果》，载政协西南地区文史资料协作会议编《抗战时期西南的科技》，四川科学技术出版社1995年版，第124页；贵州社会科学编辑部等编：《贵州近代经济史资料选辑（上）》第1卷，四川省社会科学院出版社1987年版，第226页。

分则收效甚缓。究其原因，第一，难民们中只有极少部分是农民，绝大多数来自城市，不懂农业生产，因此有一个从头学起的过程；第二，由于贵州同安徽、山东等地的自然条件如土壤、气候都不一样，使用的农具也不相同，即使原来是农民的难民，也有一个熟悉的过程；第三，也是最根本的，来自城市的难民并不愿意从事农业生产，有的做点小买卖，有的看相算命，甚至有的就靠吃救济粮过日子。模范农村还时常遭到土豪和土匪的侵扰。①

三 西南垦殖公司

西南垦殖公司，是由国民党中央委员吴稚晖、张静江、李石增，中国国货银行董事长宋子良、贵州省建设厅厅长何辑五、省农改所所长皮作琼等于1939年4月发起成立的私营公司。公司以发展西南农村经济、倡导垦殖经营、振兴特种林业、改进农产制造为宗旨。② 集资30万元，分为3000股，每股100元，主要由张静江、宋子良、何辑五、吴琢之等大股东认领，后又向银行贷款120万元。垦区的选择有两个方面的要求，一是接近公路、交通方便；二是为荒地，符合垦殖原则，避免纠纷。在平坝县政府的支持下，西南垦殖公司将垦区选在了平坝县蛮子洞一带的官私荒地，共5500余亩，与乾溪模范农村、清镇军马牧场毗邻。公司聘请留法林学博士刘大悲为总经理。刘从家乡四川省古蔺县招募工人近200人，开始了垦殖工作。根据地形和水利条件，公司以经营经济林木为主，如桐、茶、桃、李、梨等，共2万多株。另辟稻田800亩左右，旱地数百亩。后来，又拓展业务，增加了农产品加工如烤烟、榨油、酿酒、压制麦片、烧制砖瓦等。公司出品的白酒和燕麦片等，在贵阳等地颇为畅销。开垦数年，因为进展缓慢，赔亏较大，后来情况渐渐好转。经过种种努力，公司经营略有

---

① 袁俊仪：《乾溪模范农场始末》，载政协贵州省平坝县文史资料研究委员会编《平坝文史资料》第1辑，1984年，第49—52页。
② 贵州省档案馆编：《贵州社会组织概览1911—1949》，贵州人民出版社1996年版，第157页。

盈余。①

同时，接受本省赈济会的委托，从事垦荒指导，一方面以资示范，另一方面以资试验。②

据时人的观察，平坝一带"在未垦之前，均属人迹罕至盗匪藏匿之所，现在大半开垦，或种水稻，或种旱作，或栽树木，阡陌相通，鸡犬相闻，成为热闹之村落，非复昔日之一片荒芜矣"③。

第三节 乡镇造产

一 乡镇造产及其异化

国民政府为推行新县制，于1939年9月颁布《县各级组织纲要》，其第42条要求"乡（镇）应兴办造产事业"④。贵州省作为较早响应新县制的省份，翌年即颁行《贵州省各县乡镇造产办法大纲》，其目的乃"为树立各县乡镇经济基础，推进地方自治"⑤。然而，行政院直到1942年5月才公布《乡镇造产办法》，贵州省比之早了2年。《乡镇造产办法》同样是依据《县各级组织纲要》，"为谋乡镇民共同福利及自治经费之增收"而制定。该办法要求各乡镇要因时因地，选择一种或数种内容，开展造产运动。其规定的造产内容有如下七个方面：垦殖乡镇公有田地；开垦公有山地，栽植茶、桐、桑、竹及其他各种林木；修筑乡镇公有鱼塘；建筑水车、水碾；创办乡镇公营工厂，举办各种小规模手工业，如纺织、造纸及砖瓦窑、石灰窑等；创办公有牧场，饲养牛、羊、鸡、猪等畜类；其他乡镇认为利于经营之各种生产事业。⑥贵州省的造产办法

---

① 袁俊仪：《西南垦殖公司始末》，载政协贵州省平坝县文史资料研究委员会编《平坝文史资料》第1辑，1984年，第33—35页；贵州社会科学编辑部等编：《贵州近代经济史资料选辑（上）》第1卷，四川省社会科学出版社1987年版，第225页。
② 虞振镛：《新贵州之农业建设》，《中国农村生活》1944年第1卷第1期。
③ 虞振镛：《新贵州之农业建设》，《中国农村生活》1944年第1卷第1期。
④ 《县各级组织纲要》，《新建设》1940年第6—7期合刊，第140页。
⑤ 《贵州省各县乡镇造产办法大纲》，《农业推广通讯》1940年第2卷第10期。
⑥ 《乡镇造产办法》，《中农月刊》1943年第4卷第5期。

虽然早于行政院的办法，但是，就造产内容而言，则不外乎上述诸点。但是，与行政院相比，贵州省的造产办法多了一条收回由私人包办的公营事业的要求，其原文如下："凡乡镇内庙产、会产、渡船捐、市场捐、公共房屋租金等，以及其他公有财产暨公营事业，由私人包办经营，任意侵蚀或浪费者，应一律收归乡镇财产保管委员会经营，除原属省县财产应照旧缴纳租金及确系原有正当用途经审查后得照向例支拨费用外，其余一切收益悉作为造产之基本资金。"① 乡镇造产的初衷是发展公有生产事业，这包括两个要素，一是公有性，即在公有土地上进行的生产活动，私人土地则不算造产；二是生产性，即应该是农业、工矿业等生产性活动，捐税租金等则不是生产性活动。而贵州的造产办法则将庙产、会产、渡船捐、市场捐、公共房屋租金等非生产性活动，都收归乡镇财产保管委员会经营，一切收益都用作造产的"原始股"，这就溢出了乡镇造产的本质规定。

除了制定造产办法，贵州省为了激励各地"努力创办乡镇造产事业"，还举办了乡镇造产竞赛、乡镇造产联保竞赛，并制定了奖惩办法等。在省政府的强力推动下，各县分别制定了造产实施办法，如定番县制定了《二十九年度保甲冬季造产实施办法》，该办法规定，1940年冬季造产种植小麦和油菜，所需土地"以向土地较多之地主征租为原则"，如有公地或荒地，则优先公地或荒地，再向地主征租。② 如果说贵州省的造产办法是将非生产性的经营活动纳入造产中，破坏了乡镇造产的第二条原则，那么定番县的实施办法则是突破了乡镇造产的第一条原则：公有性。这或许是为了完成省政府关于造产竞赛的任务，在公有荒地不足的情况下，不得不向地主租赁土地来造产。这是一种明显的舞弊行为，但竟然能公然写进政府文件中，可见这已是心照不宣的做法了。关于乡镇造产的流弊，我们将在后文重点阐述。

---

① 《贵州省各县乡镇造产办法大纲》，《农业推广通讯》1940年第2卷第10期。
② 《定番县二十九年度保甲冬季造产实施办法》，《农业推广通讯》1940年第2卷第10期。

第五章 开发土地资源，提高利用价值

为了防止造产收益被个人侵吞，维持造产的可持续性，《乡镇造产办法》特别规定："造产收益之动用，应以其孳［孽］息部分为限，不得变卖产业或消耗资金。"又规定，"乡镇造产之收益，至少以百分之五十，拨充国民教育经费"①。

根据四联总处的要求，中国农民银行负责乡镇造产所需资金的投放，该行制定放款办法，决定先在"自治成绩较著，办理经济条件适当之县份，分期分区举行"②。

乡镇造产，其目的虽在于为新县制筹措经费，但在客观上或扩大了农作物的种植面积，或提高了农作物的单位面积产量。

二 乡镇造产与农业开发

乡镇造产是如何进行的？诸多材料均是泛泛而谈，在细节上语焉不详。幸运的是，我们在当年的报纸上发现了一篇题为《乡镇造产在凤冈》的通讯，③为我们还原当年乡镇造产的若干细节提供了较为翔实的观察。

凤冈县的乡镇造产，是在该县新任县长胡玉琨的强力推动下进行的。其前任对乡镇造产并不重视，用当地保甲长的话说，就是"以前是没有真的造过"。那么，胡县长又是怎么做的呢？

该县根据县情，造产以甲为单位，每甲规定于1943年春季垦荒三亩，以一亩植麻，以两亩种玉蜀黍，计全县1600甲，共植麻1600亩，种玉米3200亩。然后分步骤实施。

县府布令。在实施造产之先，县府即将造产的意旨，一面布告全县，一面通令各乡镇，宣示造产决心，并严厉指出不准虚报收益。如果不按照规定办理，乡保人员分别予以严厉的惩罚，并按规定比率分别承担赔偿责任。

---

① 《乡镇造产办法》，《中农月刊》1943年第4卷第5期。
② 《中国农民银行三十二年度推进乡镇造产放款办法》，《中农月刊》1943年第4卷第5期。
③ 李永煊：《乡镇造产在凤冈》、《乡镇造产在凤冈（续）》，《贵州日报》1943年10月9、13日。

分级汇报。由保、乡、镇、县从下而上,每月分级汇报一次。上下的距离缩短,接触机会即多,含有寓教于政之义。保的汇报,甲长出席,时间是每月一日;乡镇会报,保长出席,时间为每月二、三日;县府会报,乡镇长、县指导员、县府各科室主管人出席,时间是每月四、五日。县汇报的程序为:县长报告大意,各乡镇长口头报告上月以来的重要工作,各科室报告本月应办事项要点,县长综述结果。"分级会报,耳提面命,造产的推进,就在这个会报中发出最大的功效来。"

下乡指导。让县指导员的"足迹踏遍全县每个乡保的村落"。县指导员5—10人,规定每月在乡工作20天,其余时间在县政府学习法令。对造产工作,在指导员出发前,由县府召开讲习会2天,对造产知识,进行详细研讨讲解。指导员在乡工作日程与工作方式,亦有具体规定,即每乡工作十日,于到乡之翌日召开保甲长会议,讲解造产办法(包括播种、施肥、除草、收获等),决定造产场所(每保1—5处),规定种子数量,并发给种子购买费,择定耕耘及下种日期。次日即按保亲往检查种子储备及工作进度,直至下种后离乡。到了除草施肥阶段(约在下种后一月)仍复如是。他们走到、看到、讲到、听到工作深入,非常实在,得到的结果,每月出席县府会报时,与各乡镇长报告作比证,因此乡镇保甲长对工作不敢虚报,不敢松懈。

县府示范。县府为防止各乡保对造产虚报收益,特在县城农场内植麻一亩,种玉米两亩,作为各乡保造产收益之标准。

耕耘"打闹"。各造产单位,经乡保人员指定地区,规定工作日程后,他们就集体工作,耕耘时,以一人打鼓,一人敲锣,于锣鼓声中,杂奏着山歌,劳作的农民一起唱和,"声震山岳,音闻十里",此谓之"打闹"。他们的山歌或是民间流传的故事,或为农夫农妇们在田野间调情的小曲,既适应生活环境,又能调整精神,所以在锣鼓歌声之下,忘却了疲劳,大家更加起劲。

三 乡镇造产的流弊和式微

像凤冈县这样因地方长官之态度而导致效果迥异,毕竟是一种非常态的现象。由于有上文所述之"异化",加之搞了个"政绩工程",

第五章 开发土地资源，提高利用价值

因此乡镇造产在推行过程中，弊端丛生。

各地乡、保布置造产流于口头，并未认真实地搞造产，只是到时摊派缴纳。更有甚者，层层虚报，加大数目搜刮。1940年遵义县冬季造产收获与考核资料称，全县50个乡镇（计550保）中，造产的45个乡镇（计485保）按规定每保最高种植面积40亩计，应耕种19400亩，并规定收获量：菜籽每亩产2老斗，麦子每亩产4老斗，如全部种麦子，只能收7760石；全部种菜籽，则只能收3880石。但该年冬季造产，遵义县向上呈报共种小麦、油菜2160550亩，除去租物，净收数为"实收"小麦752330石，油菜1136552石，收益变价按当时市价计算，总值33935.6万元（小麦每石300元，油菜每石100元），上述呈报数把耕地面积多报2141150亩，产量多报几十倍。就遵义县边远山区之骊龙乡也上报收获小麦达89870石，油菜81120石，仅此一乡上报数就远远超过了全县规定的总产量，可见各乡镇浮报耕地面积，虚列造产收益，变相摊派之严重，形同勒捐。造产确实给遵义人民带来深重灾难，当时有人写出"卖镇卖乡百里江山齐造惨（产），筹捐筹款满城风雨不胜愁"的讽刺联语。[1]

1945年1月，省政府训令"查乡镇造产旨在充裕自治财政，树立乡镇经济基础，乃查各县推行以来，大多变相摊派，流弊丛生，兴利之政，反以扰民，亟应彻底取缔，藉杜苛扰。兹特重申禁令，嗣后不得再以造产名义向人民摊缴实物或变价收益，各该县政府不得列入预算平衡收支。县、乡、保各级人员倘有藉名摊派，定于从严惩处不贷"。是年的《推行地方自治成绩表》载："乡镇造产事业之兴办，各县财政困难预算收支不得平衡，率皆虚列造产收益以资弥补，只求收款是否足额，罔计造产是否确实，结果流于摊派收益，形同勒捐，弊窦丛生，即有失造产原旨，反足以重扰于民，莫此为甚。"[2]

---

[1] 贵州省遵义县县志编纂委员会：《遵义县志》，贵州人民出版社1992年版，第706页。

[2] 贵州省遵义县县志编纂委员会：《遵义县志》，贵州人民出版社1992年版，第706页。

第四节 减糯增籼

如果说前三节所述扩大冬耕、号召垦荒和乡镇造产更多是从扩大耕种面积来促进农业开发的话，那么，减糯增籼则是通过改变作物品种来提高单位面积产量。

糯稻是贵州，尤其是苗族聚居区重要的传统粮食之一，适宜在不同自然环境中生长，在清代已发展到18个品种，"味极香美""圆而实大"，深受群众喜爱。但是，糯稻的产量普遍较低，亩产量只有200斤左右。从清乾隆年间开始，就有不少地方人士提倡"减糯增籼"。"咸同起义"后，清兵和汉人大量涌入黔境，屯堡集镇，随之带入水稻品种，黏稻开始大面积种植。1925年，贵州境内遭遇特大旱虫灾害，引起次年大饥荒，各县政府大量购入籼稻种子，贷给农民种植，籼稻种植面积再次提高。1930年，贵州省政府提倡改糯稻为籼稻。1943年，国民政府对减糯增籼成效大的地区即籼稻种植面积增长1%以上的地区，奖国币1000—5000元。黄平县则规定：凡达以下三项标准之一者，奖励国币1000—5000元：推广良种早稻1000亩以上，并收种储藏推广的；推广改良稻种2500亩，并收其原种繁殖的；示范改良稻种田50亩并收回稻种的。[①]

1941年5月，施秉县派出以该县技士潘盛斌为队长的抽查队分赴各地检查减糯增籼情况。抽查队分为3组，各设组长1人，组员6—10人，第一组负责检查第一宣导区（偏桥、凤仪、清明等镇），组长由潘盛斌兼任；第二组负责检查第二宣导区（紫荆、上苑、大金等乡镇），组长由偏桥镇公所经济干事罗凤歧担任；第三组负责检查第三宣导区（新桥、双井、六合等乡镇），组长由偏桥镇中心学校校长杨显尘担任。所有组员由各宣导区中心学校学生及中学学生担任。以检查和宣传劝导为主要工作内容。各组下乡后，一般以开会、演讲、劝导、抽查等方式开展工作。各组工作情况如表5-3所示。

[①] 贵州省黔东南苗族侗族自治州地方志编纂委员会编：《贵州省黔东南苗族侗族自治州志·农业志》，贵州人民出版社1993年版，第100页。

表 5-3　　　　1941 年 5 月施秉县抽查减糯增籼日程

日期	第一组	第二组	第三组
5月4日	至偏桥镇公所，召集该镇保甲人员及地方士绅陈世昌、陶世发等 30 余人开会讲解减糯增籼之重要意义，会场极为踊跃	至紫荆镇公所召集地方士绅李玉富及保长李玉阶等十余人开会	至双井镇公所，召集该镇保长杨通灿、地方士绅杨知礼，新桥、六合两乡公所保长潘运隆、金绶熙、吴占文及地方士绅高缉五、常运礼，中心学校校长廖开基等 40 余人，开扩大会议，对于减糯增籼阐释甚详，会场踊跃
5月5日	率同地方士绅李节山、杨育荪等十余人赴小河平宁坝等处挨户宣传减糯	率同地方士绅李玉富等深入农村，个别劝导，农民体会深刻，自行增减	分头下乡挨村劝导，听众极为活跃。查该乡镇沿江南岸苗民较多，宣导人员深入农村宣之以大义，动之以情感，颇为相洽，听众体会深刻，自行增减，成绩显著
5月6日	至凤仪乡公所召集地方士绅朱伯屏、保长钱显位等 20 余人，循例开会，历时四时始毕	至上花乡公所循例开会，到会者有保甲长及地方士绅李先荣、谭缉五等 20 余人，解释开会之意义、减糯增籼之原则，颇为详尽	
5月7日	沿街讲演。到兰家寨及下瓮哨等处劝导，实地抽查糯苗		
5月8日	至清明乡公所召开会议，参会者有地方士绅蒋德茂、保长陶德天等 30 余人，对于减糯增籼意义讲述甚详	到各村切实宣导，该处地广人稀，需时三日始毕	
5月9日	会同地方士绅蒋德茂等深入农村个别劝导，随机抽查成绩		
5月10日	不详	不详	
5月11日	不详	赴大金乡公所开会，到会者有保长冉瑞云、地方士绅王人龙等十余人。会场踊跃	
5月12日	不详	下乡宣传，并个别劝导	
5月13日	不详回县	不详	
5月14日	—	不详	回县
5月15日	—	回县	—

资料来源：《施秉县减糯增籼初步工作报告》，贵州省农业改进所 M62-2-194，贵州省档案馆藏。

从抽查队的日程安排来看，减糯增籼工作带有很强烈的行政色彩，也就是说，这一工作是在政府的强力干预下推进的。首先，政府是减糯增籼工作的主导者。从制定计划到实施计划再到检查督促，最后到考察评价，政府的影子无处不在。玉屏县就派出政绩考察团赴各乡镇保实地考察减糯增籼情况，并对各地减糯增籼的成效进行奖惩。其次，制定新政策新规定降低农民种植糯稻的积极性。一般是以行政手段压低糯稻收购价格，减少糯稻种植面积。例如，玉屏县规定每斗糯稻价格比籼稻低5元，每户栽种糯稻面积不得超出总面积的1%。[①]最后，依靠乡镇和保甲组织的力量推进减糯增籼工作。抽查队每到一地，必须借助地方长官的威权深入村寨调查情况。

减糯增籼工作还必须倚重社会力量才能顺利推进。在这一过程中，地方士绅起到了桥梁和中间人的作用。地方士绅乃有影响力的地方精英，在乡村社会享有较高威望。施秉县的抽查报告中，出现最多的就是召集地方士绅开会、率同地方士绅走村入户宣传劝导。玉屏县"借力地方绅耆之协助与间接宣传"，效果明显。

由此我们可以看出，在农业推广中，代表国家的政府和代表社会的士绅同时"在场"，推广工作才能顺利推进。在多方努力下，减糯增籼工作取得了明显成效。以施秉县为例，本次抽查结果显示，糯稻种植面积均下降到了3%以下（见表5-4）。

表5-4　　　　　1941年5月施秉县减糯增籼抽查结果

抽查地点	抽查秧田坵数（坵）	糯秧面积（平方尺[②]）	籼秧面积（平方尺）	糯秧占田总面积之百分率
凤仪乡	6	84	2800	3%
紫荆镇	8	50	2400	3%
偏桥镇	12	60	3400	2%

①《玉屏县三十一年度减糯增籼工作报告》，贵州省农业改进所M62-2-194，贵州省档案馆藏。

② 1平方尺约等于0.11平方米。

续表

抽查地点	抽查秧田坵数（坵）	糯秧面积（平方尺）	籼秧面积（平方尺）	糯秧占田总面积之百分率
双井镇	14	80	4000	3%
新桥乡	13	70	3500	2%
总　计	53	344	16100	

资料来源：《施秉县减糯增籼初步工作报告》，贵州省农业进改所 M62－2－194，贵州省档案馆藏。

据贵州省政府统计，到 1945 年 11 月底，黔东南 14 县（不计雷山县）共有 11 万多亩糯稻田改为籼稻田（见表 5－5）。1949 年，境内籼稻种植面积占水稻种植总面积的 76.85%。[①]

表 5－5　　　　　　1945 年黔东南各县糯改籼面积　　　　单位：亩

县份	面积	县份	面积
锦屏	48330	丹寨	2600
炉山	21161	施秉	2467
黎平	7851	镇远	2409
台江	6242	岑巩	2264
从江	5602	剑河	2024
天柱	5493	三穗	2010
黄平	4949	雷山	—
麻江	3723	合计	117125

资料来源：贵州省黔东南苗族侗族自治州地方志编纂委员会编：《贵州省黔东南苗族侗族自治州志·农业志》，贵州人民出版社 1993 年版，第 99 页。

[①] 贵州省黔东南苗族侗族自治州地方志编纂委员会编：《贵州省黔东南苗族侗族自治州志·农业志》，贵州人民出版社 1993 年版，第 99 页。

第六章　兴修农田水利，开发水利资源

第一节　贵州自然灾害的特殊性

明清以来，随着移民的进入，贵州农业垦殖迅速发展，水旱灾害日益成为影响农业发展的重要因素。兴修水利就成为贵州农业开发的重要举措。关于此题，最有价值的探讨来自萧正洪的有关论述。萧正洪认为，云贵高原之所以有别于四川盆地，就在于前者较后者更强调排水技术，而这种技术的地域特色由云贵高原独特的地理环境所决定。①不过，萧的结论更多是取自云贵高原的平坝地区或称"基本经济区"②的样本分析。在笔者看来，这一技术并不能体现贵州全省的特征，特别是在旱灾对农业仍然存在较大危害的情形下。实际上，清代以来，贵州农业垦殖已经逐渐拓展到平坝以外的广大山地。这些山地农业受气候、水资源、地貌等影响，旱灾的破坏更大。"唯以全境多山，河流稀少；倘晴雨不调，易成亢旱之灾；如久雨而山洪暴发，则田禾又有被冲没之虞。因水利未兴，故水旱频乘，此实为黔省农业上最重大之问题也。"③据时人的研究，以贵州省最主要的作物水稻

---

①　萧正洪：《环境与技术的选择：清代中国西部地区农业技术地理研究》，中国社会科学出版社1998年版，第119页。

②　根据冀朝鼎的研究，在中国传统农业社会中基本经济区的形成和转移是以区域水利发展和转移为前提条件的。参见冀朝鼎《中国历史上的基本经济区与水利事业的发展》，朱诗鳌译，中国社会科学出版社1981年版。

③　张肖梅：《贵州经济》，中国国民经济研究所1939年印行，第A1页。

第六章 兴修农田水利，开发水利资源

为例，水稻需水量最大时期为6—8月，约90天，需水量在700—900毫米。而这三个月中，贵阳的年均降雨量为534毫米，不能满足水稻生长的需要。在1930年代的十年间，收成达80%以上的仅3年，收成在60%左右的有5年，40%以下收成的年份有2年。据他估计，如果能够在全省兴修农田水利，年均收获可以增加30%。① 据学者研究，历史上贵州的"三无"省情，也加剧了贵州旱灾的破坏程度："天无三日晴"的假象淡化了人们的备荒抗灾意识；"人无三分银"的贫困现实导致备荒抗灾能力低下；"地无三里平"的喀斯特地貌表现出对水旱灾害的反应特别敏感，生态更为脆弱，灾荒危害更为严重。②

贵州素来有"洪涝一条线，干旱一大片"的说法。《贵州省志·水利志》也认为，旱灾是贵州常见而且危害最为严重的一种自然灾害，历史上的大灾荒多由旱灾引起。③

为什么贵州易发旱灾呢？其一，从气候上来看，贵州属于季风气候区，降雨主要来自西南季风，次之是东南季风。由于季风的进退迟早、控制时间及强度的不同，降雨的时空分布和雨量也不同。春夏两季，贵州既受西太平洋副热带高压的控制，又受西藏高压短时控制的影响，由于二者的交错进退，有时暴雨频繁，有时少雨连晴。当地面处于强大而稳定的西太平洋副热带高压控制下时，就会出现久晴不雨的天气，形成大范围的持续干旱。同时，由于贵州山岭纵横，地形复杂，容易形成局部小气候环境，受小环境的影响，河谷、台地、丘陵、高原之间的气候也有明显差异，从而导致"插花性"的干旱发生。④ 其二，从地理上来看，贵州耕地和人口主要集中在河流上源分水岭地带。这些地区多为平缓丘陵，土地多被垦殖，傍河台地田土成

---

① 周彦邦：《推进贵州省农田水利意见》，《中农月刊》1941年第2卷第12期。
② 严奇岩：《历史上的"三无"环境与贵州旱情的特殊性》，《理论与当代》2010年第6期。
③ 贵州省地方志编纂委员会编：《贵州省志·水利志》，方志出版社1997年版，第94页。
④ 赵云：《珠江上游贵州防洪抗旱减灾工作刍议》，《人民珠江》2006年第5期。

片，农作物需水量大，但河短水少，水资源不足，遇旱极易成灾；河流中下游地段水量丰富，但河谷太深，田高水低，难以利用。① 此外，贵州土地的土层普遍浅薄，岩溶较多，土壤保水蓄水能力差，尤其是大量的坡耕地，更是经不住干旱。其三，就是水利基础十分薄弱，贵州大多是没有水利设施的"望天田"。因此，在自然条件无法改变的情况下，只有通过兴修水利来满足灌溉要求。

第二节 战时贵州农田水利事业概述

贵州最早修建的引水灌溉工程，是1333年修建于桐梓县境内的松坎堰。明清时期，贵州引水灌溉工程渐多。如，1600年在余庆县余庆河上筑雷公、正官、赤土三堰，1713年修关岭汛河渠，1741年在贵阳甘堰塘、麦穗寨、宋家坝开渠引水等。但工程规模都较小，灌溉面积多不足千亩。② 民初至抗战前的20余年间贵州地方军阀连年混战，政府无暇亦无力组织大规模的农田水利建设，旧有的农田灌溉，仅系沿河垒坝或利用泉井引水灌溉，或沿河架设简车以提取河水，基本上是靠天吃饭。

抗战时期，导淮委员会、黄河水利委员会、珠江水利局等机构均先后抽调部分勘测技术力量，来黔进行农田水利、河道整治等水利工程的勘测设计，贵州省水利建设才开始运用水文、地质、勘测、设计等现代科学技术，在贵州人民原有自发的农田灌溉基础上，使贵州省的农田水利事业得以发展。

"兴办农田水利工程预防灾祲，增加粮食生产，乃当前之要政。""吾人应怵于已[以]往灾荒之惨重"，未雨绸缪。③ 贵州省政府要

---

① 严奇岩：《明清贵州水旱灾害的时空分布及区域特征》，《中国农史》2009年第4期。

② 贵州省地方志编纂委员会编：《贵州省志·水利志》，方志出版社1997年版，第150—151页。

③ 《县政视导纲要之农田水利部分》，贵州省档案馆编《贵州省农业改进所》，贵州人民出版社2006年版，第575—576页。

求，对于不同类型的耕地，要因地制宜进行水利建设：耕地面积较广并有河流可资利用的，应办理筑堰开渠灌溉工程；农田易受淹没冲毁的，应办理筑堤或排水工程；耕田面积零碎的，应根据实际情况办理凿塘蓄水库，架水车、龙骨车等灌溉设施。[①]

1937年，省建设厅颁令各县利用工赈兴办农田水利，用征工办法办理。

1938年6月，贵州省政府主席吴鼎昌与经济部次长何廉商洽，由农本局农业调整处与贵州省政府订立合同贷款150万元，其中农田水利贷款100万元，为农业生产贷款50万元；贵州省政府投入贷款20万元，一共120万元，组建贵州省农田水利贷款委员会。这是贵州省第一个水利行政机构。省农贷会先后拟定《贵州省农田水利贷款委员会组织章程》《贵州省农田水利贷款办法大纲》《省办农田水利工程区域土地清丈办法》等，办理农田水利贷款及水利工程之设计指导实施监督等事宜。

1940年3月，贵州省政府委员会通过《贵州省各县农田水利贷款委员会组织大纲》，饬令各县成立农田水利机构，在省政府的指挥监督下综理全县农田水利的整理、兴建等事项。其组织以县长为主席，由县政府秘书、科长、技士、各区长以及县长聘任本县士绅或熟谙水利人员等组成。至此，全省各县始正式建立农田水利机构。农田水利工程的兴建，由各县成立的农田水利协会组织施工、养护及筹款、还款等事宜。协会受当地县政府领导。

为推进贵州省农田水利建设，1943年开始，开展农田水利工作竞赛，制定《地方农田水利工作竞赛通则》，依据该通则对各县兴修农田水利工作绩优者给予奖励。

1944年，省农贷会与省农改所合作编印《贵州省水土保持须知》，对水土保持的重要性和方法，以图文并茂的形式加以解说，分寄各县政府建设科、党部、民政馆、合作社、农推所、人民团体等，

[①] 《县政视导纲要之农田水利部分》，贵州省档案馆编《贵州省农业改进所》，贵州人民出版社2006年版，第575页。

函请代为宣传指导水土保持工作。同年，省政府发布《贵州省水土保持政策初步施行办法》，严禁开垦 30 度以上斜度的陡坡。1945 年 1 月，农林部在定番县设立西江水土保持实验区。

1945 年，省政府颁发《贵州省各县兴办小型农田水利办法》，规定兴办小型工程以依照劳动法于农闲时征工办理为原则。同时颁布的还有《利用义务劳动兴办水利实施办法》，工程兴建及占地赔偿费用由受益农田按受益田亩之多少分别排队等。

抗战期间，内迁的水利机构在贵州各地开展水文检测工作。1939 年，内迁四川的中央水工试验所（1942 年改称中央水利实验处）在思南县成立乌江水文总站，开始对乌江干流开展水文观测，设立乌江渡、江界河、思南 3 处水文站和鸭池河、合口、龙坑、木引槽、孙家渡、桶口、旺牌、回龙场、高滩、潮砥、新滩、琪滩、沿河等 13 处水位站。[①] 1942 年，省农贷会在编制惠水县涟江灌溉工程时，曾委托中央水利实验处进行拦河坝模型试验。

1940 年，黄河水利委员会在清水江边的锦屏县设水文站，在剑河县设水位站，在赤水河设茅台、土城水位站。

1941 年，导淮委员会在赤水县成立赤水河道工程局，先后设立陶公滩、马岩滩、太平渡、复兴场、二郎镇、赤水等 24 个站。

1943 年，珠江水利局在清水河建头堡、三江口等水位站；派队调查观音河、打邦河、南明河的水力资源情况；1945 年，建花溪、贵阳水文站，在湄潭县湄江上建水位站。

第三节　战时贵州农业水利工程的兴修

省农贷会主任周彦邦认识到：贵州是"山多田少之区，欲谋增产之道，则兴办农田水利工程，自属切要"[②]。贵州"地区零碎狭小，

[①] 水文站：观测及搜集河流、湖泊、水库等水体的水文、气象资料的基层水文机构；水文站观测的水文要素包括水位、流速、流向、波浪、含沙量、水温、冰情、地下水、水质。水位站：对河流、湖泊或水库等水体的水位进行观测的水文测站。

[②] 周彦邦：《推进贵州省农田水利意见》，《中农月刊》1941 年第 2 卷第 12 期。

缺少面积广大区域"，不适宜兴修大型农田水利工程，而兴办中小规模的农田水利工程，"容易完成，易收近效，且可普遍多办，积少成多，其效用亦与兴办大规模者相等"①。

一 各县对兴修水利的态度及省农贷会的原则

1938年9月5日，贵州省政府颁发《省农田水利贷款办法大纲》，并饬令各县查报各该县"可以兴办农田水利区域"。2个月后，"遵章请求贷款者固多，而迄今尚未查报者，亦属不少"，省政府甚为不满，再次饬令未报各县在收文后10日内"详细查明，照章具保，勿再延误"②。

似乎各县对于贷款修水利并不感冒。在省政府的严厉督饬下，各县才陆陆续续将情况报上来。即便如此，各县对省政府的这一政策依然反应不一。

部分县以调查工作正在进行或尚未进行为理由，请求延期呈报。如兴仁县因"农田水利开辟计划，以及调查事项，尚未举办"，请求延期呈报。③玉屏县、罗甸县、八寨县、余庆县、大塘县等也以类似理由申请暂缓申报。

广顺等县认为没有需要贷款兴办的农田水利工程。理由则不一而足。有强调兴办之难的。如丹江县认为该县"山岭重叠，水源低下，且田多梯形，尤难引最低之水灌溉最高梯形之田，实无农田水利工程可以兴修"④。剑河县"山高河低，所有良田全在高山，确不能利用水车及龙骨车"⑤。有强调灌溉之易的。如下江县"位居柳江

---

① 周彦邦：《推进贵州省农田水利意见》，《中农月刊》1941年第2卷第12期。
② 《贵州省政府训令水总字第二号》，贵州省农田水利贷款委员会 M63-1-101，贵州省档案馆藏。
③ 《贵州省兴仁县政府呈报关于农田水利贷款办法本县尚未调查清楚请缓期呈复祈鉴核备查由》，贵州省农田水利贷款委员会 M63-1-102，贵州省档案馆藏。
④ 《丹江县政府呈明本县无农田水利重大工程祈缓期办理由》，贵州省农田水利贷款委员会 M63-1-102，贵州省档案馆藏。
⑤ 《剑河县政府为本县山高河低所有良田全在高山，确不能利用水车及龙骨车理合备文呈祈鉴核备查由》，贵州省农田水利贷款委员会 M63-1-102，贵州省档案馆藏。

上流，沿河地区，细流枝多，灌溉极易，余则山岭绵延，田在山腹，以人力开成，梯形狭小，势难利用河流"。并报称该县已实施垦荒，广种杂粮，增加粮食生产，充实抗战力量。① 施秉县"除开渠筑坝设置水车凿塘蓄水等项较小工程外，尚无较大农田水利工程"②。有二者皆强调的。如锦屏县认为该县"水道来源过低，筑坝开渠，工程重大，用费浩繁，且交通不便，运输材料，更感困难，并又田地无多，土壤贫瘠，而作物及土地价格，非常低廉，若兴办农田水利，则收益少而用费大，殊不合算，亦为事实上之难能，故历年水利，只需雨量稍资充分，各山溪水发，足敷灌溉，最近十年水旱，无甚要紧灾情"③。还有以农田少为理由的。永从县"农田颇少，且多系水田，即间有缺水利之部分，亦多由农民自行构筑简单之塘坝，以资救济"。并强调并非敷衍塞责："事实显然，并非虚饰。"④

不少县则对之非常积极，想方设法得到省农贷会的支持。如黔西县。为了获得省农贷会的贷款支持，1942年12月，黔西县不但认真勘测了该县的农田水利情况，而且为了推进该县水淹坝和岔白海子水利工程，专门成立了农田水利委员会，制订了《开发水淹坝及岔白海子计划》。1943年3月，经派员测量后，该县拟于3月25日开工，并将征工办法呈请省政府同意。省政府综合省建设厅和省农贷会的意见，认为，该县前述水利工程，未经省农贷会派员详细勘测设计，也缺乏详细的工程规划，不符合省农田水利贷款章程，所需经费，应由该县自行筹措，将来由受益田主偿还。另外，征工办法也有与《国民工役法》相抵触之处，应

---

① 《下江县政府呈复本县无兴办农田水利区域，不能贷款兴修祈鉴核备查由》，贵州省农田水利贷款委员会 M63 - 1 - 102，贵州省档案馆藏。
② 《施秉县为呈复本县无较大农田水利工程祈鉴核备查由》，贵州省农田水利贷款委员会 M63 - 1 - 102，贵州省档案馆藏。
③ 《锦屏县政府呈复本县并无兴办农田水利区域敬祈鉴核由》，贵州省农田水利贷款委员会 M63 - 1 - 102，贵州省档案馆藏。
④ 《永从县政府呈复本县现刻尚未兴办农业水利之区域》，贵州省农田水利贷款委员会 M63 - 1 - 102，贵州省档案馆藏。

按该法修正后呈报执行。① 册亨县则拟借款凿井以增饮用水之源。省农贷会认为这不属于农田水利贷款范畴，碍难照准。② 可见，农贷会对贷款兴办水利工程是非常谨慎的。

实际上，省农贷会一再明确强调，"本会贷款兴办农田水利以合乎工程经济及农民易于负担还本为原则"③。石阡县就是一个比较典型的案例。该县在接到省政府的通知后，立即呈文省政府请求提前贷款兴修该县羊溪河上坪地江内乡三处水利工程。据该县于1937年6月填报的工赈工程估计表，羊溪河工费2375元，受益田亩1万余亩；江内乡工费1700余元，受益田亩1400余亩；上坪地工费510元，受益田亩5000余亩，合计工费4585元，受益田亩16400余亩，平均每亩仅摊工费约0.22元。省建设厅拟将其列入兴办农田水利工程工赈项目，并于1938年12月委派建设厅工程测量队工人任其祥到该县实地测量。羊溪河建坝开渠估计需要工费72867.85元，受益田亩1988亩，每亩需摊工费36元多，江内乡开沟排洪，估需工费4172.15元，受益田亩191亩，每亩需摊工费21元多；上坪地工程，图表未全，无法确切估计。故省建设厅质疑"以上三处工程，究竟有无兴办价值？"建议"应等导淮委员会贵州省农田水利查勘队完成都匀、平舟二县的查勘工作后，商请前往该县再度勘查，以作最后决定"④。石阡县对任其祥的勘测结果并不满意，仍然坚持其原测量结果，故再次呈文省政府，希望省政府"提前选派技师，下县勘测，同时令合作指导员克期来县，组织合作社，俾水利工程，得早日兴修，各种合作社得克期组织成立，举办合作事

---

① 《贵州省政府据呈送开发黔西县岔白及水淹坝海子征工办法一案发还原件指令遵照由》，贵州省农田水利贷款委员会 M63-1-102，贵州省档案馆藏。
② 《册亨县政府呈复奉令饬查有无兴办农田水利区域一案祈核示由》，贵州省农田水利贷款委员会 M63-1-102，贵州省档案馆藏。
③ 《石阡县政府据请转行农水贷委会提前贷款兴办农田水利祈核示一案核合知照由》，贵州省农田水利贷款委员会 M63-1-101，贵州省档案馆藏。
④ 《石阡县政府据请转行农水贷委会提前贷款兴办农田水利祈核示一案核合知照由》，贵州省农田水利贷款委员会 M63-1-101，贵州省档案馆藏。

业，以便农民，而利生产"①。1939年3月，受省农贷会委托，导淮委员会贵州省农田水利查勘队赴石阡县对该工程再次开展查勘工作。经查勘，羊溪河灌溉工程，须筑坝开渠，坝长100米，中部高达15米，约需工费10万元，受益田亩仅2000余亩，"工艰费巨，不合工程经济原则，应予缓办"②。石阡县政府这才信服。

  民间基于自身利益考量，也希望借助官方的权威和力量开发水利。道真县就曾发生过一起因水利纠纷而呈请省农贷会查勘并兴修水利的事。该县铁窑联保，有李、王、韩三姓，共计500余户，均属务农为业。李姓人口地业占三分之二，当地水田甚多，但水利发源地在上沟及闹水沟（中沟），各出井水一股，均在李姓山上，上沟之水直灌上沟及下坝寨子等地；闹水沟所出之水只灌溉闹水沟一坝田，所用水量不过一半，即使遭遇旱灾也最多用去2/3的水量。而王、韩二姓所属山上则滴水不出，"所有田地每年除天雨之水灌溉外，毫无补救办法，设遇天旱遭灾，坐视田地干燥寸木不长，颗粒无收"。之前经乡绅协调，"闹水沟李姓用余之水由该地夏家湾开往王韩二姓地上，以资灌溉"。但工程修到一半，"李姓族众出而横加阻挠，功亏一篑"。后来，王、韩二姓"屡陈道真县政府恳求予以派员查勘"。道真县政府派员调查实际情形属实，遂令联保主任雷从虎督饬开发。由于该工程仍需经过李姓所属田地，李姓大族集众秘密开会，召集壮丁武力争斗，王、韩二姓族小丁寡，雷从虎又害怕酿成惨剧不好收场，只好让该工程暂缓施行。无奈，只好呈请省农贷会派员查勘或商同道真县政府派员协同当地联保主任督办，并请派员监视，以免再次出现阻挠之事。③ 这次事件是在乡村权威调解和地方政府权威双重失效的情况下，不得已向更高权威寻求合

---

  ① 《石阡县政府呈请转行贷委会提前贷款办理本县羊溪河上坪地江内乡三处水利工程祈核示由》，贵州省农田水利贷款委员会 M63-1-101，贵州省档案馆藏。

  ② 《贵州省农田水利贷款委员会为准导淮委员会贵州省农田水利查勘队函送该县农田水利查勘报告，嘱查核办理一案，抄发原报告令仰知照由》，贵州省农田水利贷款委员会 M63-1-101，贵州省档案馆藏。

  ③ 《呈为阻挠水利妨害农业恳请派员查勘开发水源俾资灌溉用以加强农业生产而维民食由》，贵州省农田水利贷款委员会 M63-1-450，贵州省档案馆藏。

法性。

二 大型农田水利工程的兴修

抗战时期，贵州省的农田水利建设以修建引水工程为主。省农改所的专家认为，贵州的山地农田，"水由上而下层层经过农田"，导致"高田肥料每年损失甚巨"，如果"开渠引流，水足停止，不使外溢，管理既易，土肥亦得保全"[①]。

贵州省所办理之农田水利工程中以惠水县境内者为大。

惠水县涟江灌溉区，其东南两面以涟江及三岔河为界，西北两面傍依岗岭，濛江自西而东，环绕县城之北廓划分本灌溉区为南北二区，濛江入注涟江，会流而为三岔河，三岔河绕过县城之南，蜿蜒经过小龙、满管、老公坡及三都四区。

惠水南北两区系以涟江为水源，小龙、三都则利用三岔河之支流鱼梁河为水源，满管及老公坡位三岔河之西，与小龙、三都隔河相遥对峙，系利用三岔河之支流崇水为水源。以上各灌溉区均采取重力式灌溉，选择高处水源，自高地而灌注于低地，以避免机械设备之困难，故于引水坝址之勘定，以及渠道之选线均极精密。

需水量的计算，是以最近 30 年来干旱时期流量及降雨量为准。1936 年 5—8 月降雨量的总和是 450 毫米。5—8 月历年平均气温为 27℃，无其他各地之酷暑，故适宜本省稻谷之增产，测定水稻需水量为 1000 毫米，需水时期为 110 日，除利用最小有效雨量 50% 约为 250 毫米外，则尚需灌溉水量为 750 毫米，按十日灌水一次，每次水量 68 毫米，渠道之输水损失按流量 40% 计算。1940 年 11 月对涟江流量作了 2 次测量，分别为 2.72 立方米/秒、2.75 立方米/秒，估计最低流量为 2.5 立方米/秒，以之灌溉惠水南北两区农田，计 2.5 万市亩，以及人民食水等需，足以敷用，并计算其洪水流量，约为 700 立方米/秒，以为渠首设计之标准。

---

① 《贵州省农林建设之商讨》，贵州省农业改进所 M62-2-185，贵州省档案馆藏。

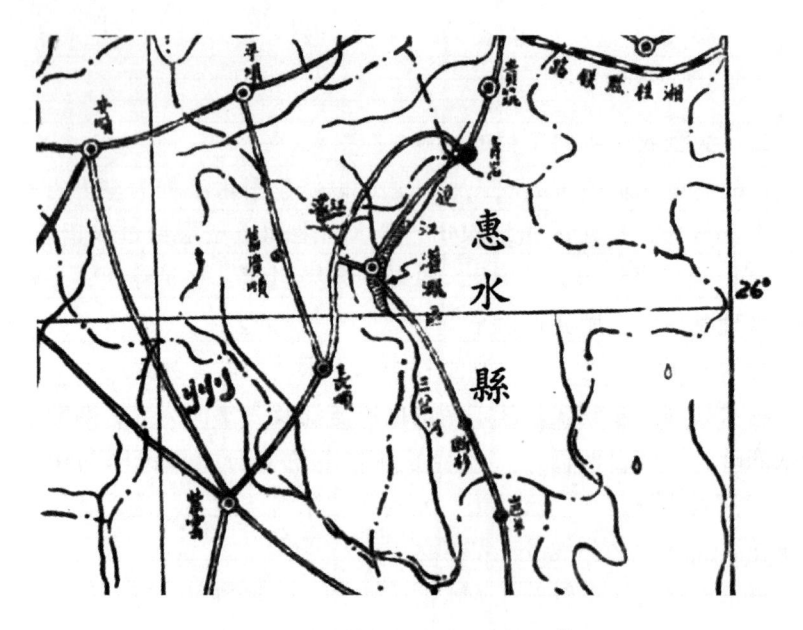

图6-1 惠水县河流及交通图①

小龙、三都的灌溉水源都取之于鱼梁河,于1939年8月测得流量为9.79立方米/秒,该年9月为2.58立方米/秒,这两个地区的农田约8000市亩,故水源极足。

满管、老公坡取源于崇水,于1940年1月查勘时,实测流量为0.4立方米/秒,又经1941年7月测得流量为0.45立方米/秒,当时天甚苦旱,故假定枯水流量常在0.4立方米/秒左右,该区农田约5000亩,虽然有水源,但为时甚短,洪水位较平时水位约高出4米,为求经济起见,节制闸以上之渠道及进水闸等建筑物,皆置于洪水以下,但为了防止冲刷及漫溢,其洪水位以下部分,一律用石块铺砌。

各灌溉区的渠首工程拦河坝及渠道建筑物等,均为石砌工程。其中,惠水涟江灌溉区规模较大。该区以灌溉小烟棚南95米以下之用为标准,以各段渠道之高度及通过各闸门渡槽等之水头损失计入,推

---

① 周光明:《惠水水利工程》,中国工程师学会贵阳分会编《一年来黔省之工程事业专刊》,1947年,第30页。

算出坝顶高度应为98米,修坝处河深宽约55米,至枯水时期,水面仅宽8.5米,水深1.3米,河底为岩石,最低高度为94.5米,故坝身最高为3.5米,坝顶由二弧形组成,上游坝墙垂直,下游坝面约成1.3之斜坡,底宽6.7米,坝长44.5米,上游更深入江底1.5米,坝之两端修筑翼墙及护坡,以资保护。

拦河坝右端,设置冲刷闸一孔,用来冲刷进水时附近的淤泥。闸口宽2米,闸顶高为100.4米,这一高度已超出寻常洪水位。墙顶架设木桥,并在上面设置启闭机关,以方便开关闸门,调节流量。

冲刷闸的上游,设进水闸一孔,宽2.2米,闸墙顶高为98.6米,水深1.4米,水头损失为5厘米,以保证2.3立方米/秒之进水量,闸底高为96.5米,洪水时期,河水则由闸顶自由漫溢,渠顶及外坡,俱以石块砌筑坚固,以免被冲毁。

渠道分为两段,自进水闸至节制闸之一段是引水渠,节制闸以下的渠道是总干渠,由各分渠引水灌田,各渠均依地势或挖渠或筑堤,以所需流量,来定断面的大小,以土质成分而定渠道的坡度,惠水涟江引水渠之一段经过悬崖陡壁,工程艰巨,开凿山洞4座,底宽2.4米,深1.7米,全段均系开挖而成,外堤顶宽最窄也超过1米,堤顶在高洪水位之下,因属石质,不会有冲毁的危险。

小龙灌溉工程位于县城南9公里,筑坝引鱼梁河水,于1939年10月动工兴建。由于当地从未修建过水利工程,当地群众害怕破坏风水,极力反对施工,并发生伤害施工人员的事故。后经省政府派员宣传,同时派出武装人员到现场维护,才使工程于次年5月建成。坝高1.06米,坝体用石块砌筑而成,迎水面用石灰砂浆砌料石,厚1米。引水流量为1立方米/秒。工程由贵州省农田水利贷款委员会组织举办,导淮委员会负责勘测设计,贵阳建筑公司承包,投资19万元,建成干支渠21.4公里,大小建筑物达50座,完成土石方工程约4.6万立方米,灌溉面积6124亩。工程建成后正好遇上干旱天气,小龙工程受益田亩免遭旱灾,禾苗生长良好并获丰收,而临近无水灌溉的田地大面积龟裂,严重影响收成。农民这才深刻体会到兴修水利的好处,临近乡里纷纷申请要求贷款修建农田水利工程,继而有三都、老公坡、满管等引水灌溉工程相继于该县内先后动工兴建。小龙灌溉工程是省农贷会成立后的第一项农田水利工程，对当时全省农田水利事业的发展，起到了积极的示范和带动作用。据省农贷会1943年的调查，1942年该工程受益田亩每亩平均增获稻谷205市斤，折价150元，效益显著。

小龙、三都、满管及老公坡4处工程自1941年开工，于次年竣工，共计花了43万元。① 其中，小龙工程的费用为11.36万元。②

表6-1　　　　抗战时期贵州省建成的农田水利工程一览

工程名称	建设工期	灌溉面积（亩）
惠水县小龙灌溉工程	1939.10—1940.05	6124
惠水县三都灌溉工程	1941.01—1941.10	2620
惠水县老公坡灌溉工程	1941.04—1941.10	1300
惠水县满管灌溉工程	1941.12—1942.06	1043
惠水县涟江灌溉工程	1943.05—1946.02	1935
安龙县陂塘海子排灌工程	1941.08—1945.07	3700
贵阳市乌当灌溉工程	1943.06—1944.06	2512
贵阳市中曹司灌溉工程	1943.06—1945	4600

资料来源：王裕年：《抗战时期贵州省农田水利之发展》，《长江志通讯》1987年第4期。

此外，相关部门还开展了农田水利工程的维护工作。以惠水县为例，可以从表6-2看出，当时对水利工程的维护还是比较重视的。

满管修理工程于1943年5月26日完工，当时因为农田急需用水，"当即施行放水灌溉全区，成绩良好"，不幸的是，两天后突然"大雨连下数日，洪水大作，超过近年记录，导致左右两翼坍塌土方"③。险情出现后，惠水县政府立即将情况上报省农贷会，省农贷

---

① 周光明：《惠水水利工程》，中国工程师学会贵阳分会编《一年来黔省之工程事业专刊》，1947年，第29—31页。
② 《贵州省农田水利贷款委员会会务概况》，贵州省农业改进所M62-2-5，贵州省档案馆藏。
③ 《肇和公司为将前承修惠水县满管工程情形陈明请备查由》，贵州省农田水利贷款委员会M63-1-450，贵州省档案馆藏。

会则责成前维修单位肇和公司查明原因并继续承担维修工作。

表6-2　　　　惠水县农田水利工程损坏情况及修理计划

工程名称	损坏之处	损坏情况	修理计划
小龙灌溉区、三都灌溉区	总干渠第一号渡槽	横梁及顶盖木全缺，螺丝钉亦多遗失，槽身漏水	添置横梁、盖板、螺钉并加涂桐油两道且须填塞缝隙
	满红渡槽	槽身两端漏水	用灰浆另行勾缝
	三都区第一支渠三段	一经放水则右岸坍塌	渠底改砌块石，右岸改筑石墙，墙基打木桩两排
	干支渠各小型建筑物	灰浆勾缝多有损坏，闸板、行人板、螺丝钉残缺不全	另用石灰勾缝，添置木板、螺钉
	干支渠渠道	局部损坏	整理渠底，培修堤身
满管灌溉区、老公坡灌溉区	拦河坝	全部漏水	另行砌筑
	总干渠	左堤欠固，漏水甚多	左堤改筑石墙
	满管区干渠一段	一经放水则侧坡坍塌，填塞渠道	改修盖板，涵洞一道
	干支渠各小型建筑物	灰浆勾缝多有损坏，闸板、行人板、螺丝钉残缺不全	另用石灰勾缝，添置木板、螺钉
	干支渠渠道	局部损坏	整理渠底，培修堤身

资料来源：据《小龙及三都灌溉区工程修理费估计表》《满管及老公坡灌溉区工程修理费估计表》（三十三年一月十七日）整理而成，贵州省农田水利贷款委员会 M63-1-450，贵州省档案馆藏。

三　小型农田水利工程的兴修

贵州省政府对小型农田水利工程建设也颇为重视，认为这是防治旱灾的有效办法之一。故特别制定颁布《贵州省各县凿塘办法》《贵州省各县开凿蓄水塘说明》，要求各县遵照执行，并于1941年3月底前按照要求完工。省政府的要求非常具体，有如下数项。

第一，各县应开凿水塘数量及大小。"各县应开挖之塘数，以每联保应凿一口为最低限度，每塘之最小容水量定为600立方米。如为正方形，塘口每边长20米，塘底边长16米；若为圆形，塘口直径为22米，塘底直径为18米，塘深均为2米。"①

第二，水塘选址要求。"塘址应以利用荒地为原则，如因地势必须开挖熟田者，规定旱田每市亩价30元，水田每市亩价50元，荒地不给价。所有田价，由受益业主摊派。"②"塘之位置，应选择地势较高，俾便引水入田，并以能汇集附近地面多雨水之地点为适宜。"③

第三，水塘开凿要求。"堤顶宽度，最窄为0.6米，筑堤时应分层打实。塘中水面以在堤顶下0.3米为限，在距堤顶下0.3米处，另辟洪水溢道，以免堤岸溃决。如遇土质粗劣地方，应将塘底及四壁加□胶泥（或酌掺石灰）一层，打紧以防渗漏。塘堤下加设斗门，以便启闭。其引附近雨水入塘及引塘水入田之引水沟，就地势开挖之。挖出之土应尽量利用以作塘之围堤，以增塘之容水量。"④

第四，经费来源。"挖塘工程一律征工办理，概不给资。"⑤

第五，奖惩措施。"各县县长办理凿塘成绩，由省政府派员视察，奖优罚怠：完成工程量60%以下的从严议处，70%以下的记大过一次，80%以下的记过一次，达90%以上者进行嘉奖，超过定额者分别情形酌予记功。各县、区保甲长办理凿塘成绩，由各县政府比照上述规定进行奖惩。"⑥

在政府的强力推动下，贵州省的小型农田水利建设取得了明显成效。据各县呈报给省农贷会的数据，档案资料有记载的44个县中，1944年修筑小型农田水利工程情况：挖塘4337口，凿井1384口，筑坝760条，筑堰363条，修筑小型渠道8410条，制作水车、龙骨车、戽水斗分别为2398架、3526架、13228个，受益田亩达668227亩（见

---

① 《贵州省各县凿塘办法》，贵州省农业改进所 M62-2-5，贵州省档案馆藏。
② 《贵州省各县凿塘办法》，贵州省农业改进所 M62-2-5，贵州省档案馆藏。
③ 《贵州省各县开凿蓄水塘说明》，贵州省农业改进所 M62-2-5，贵州省档案馆藏。
④ 《贵州省各县开凿蓄水塘说明》，贵州省农业改进所 M62-2-5，贵州省档案馆藏。
⑤ 《贵州省各县凿塘办法》，贵州省农业改进所 M62-2-5，贵州省档案馆藏。
⑥ 《贵州省各县凿塘办法》，贵州省农业改进所 M62-2-5，贵州省档案馆藏。

表6-3）。尽管部分县的数据有夸大或不合常理之嫌，但仍能证明小型农田水利设施立竿见影的效果是明显的。又据《十年来贵州经济建设》的统计，至1946年上半年，全省完成的小型农田水利工程灌溉面积为1095248亩。

表6-3　贵州省部分县1944年小型农田水利工程完成情况统计

工程名称 单位	挖塘 口	凿井 口	筑坝 条	筑堰 条	小型渠道 道	水车 架	龙骨车 架	戽水斗 个	受益田亩 亩
炉山	19	6	23	19	3	48	7		9800
龙里	4		1			5	4	180	2980
息烽	3	2	2	2	4	8	10	30	2657
岑巩	16		87	170	1900	390	870	8750	50930
修文	5			2	3		20	25	5130
毕节	3	5	2		3	3	10		1240
道真	120	3	4	2		12	30	5	55	80100
天柱	18	17	20	8	80	42	62	151	2261
德江	24	15	20						9839
普定	1	1		2	3		250		12500
余庆						42	74		2740
凤冈						30	20		850
施秉					1	5			825
荔波					8	32		20	1660
务川	1			1		10	20		2300
织金				2					6000
玉屏		2				35	5	80	1680
镇远	8		20	40		20	15		2950
郎岱	9			6	2				2000
仁怀				2	1	20	15	50	447
印江	5	3		4	2	30	18	150	10410
开阳	22	194				110	40		9068
贞丰	18			7	4	13	1000	50	21860

续表

工程名称	挖塘	凿井	筑坝	筑堰	小型渠道	水车	龙骨车	戽水斗	受益田亩
大定				1					9500
丹寨			85		1	250	15		635
望谟	15	5	7		12	120	95	200	23640
石阡	68	85		2	16	126	50	55	5041
贵筑	120	50	130	2	20	80	150	500	17400
兴仁	5	1	5		5	4	8	20	1485
台江			28	15		322	41	1012	8935
盘县	6		12		5	40	60		7067
兴义	2	2	2	1	2	5	2		5060
清镇					30			180	420
松桃	156	3	2	1	1	28	15	90	8477
镇宁					1				700
水城	3118	261	250	50	6237	156	70	855	65760
遵义	75		3		2		122		241000
麻江	3	3	5	2	4	6	3	20	3487
关岭		4	1		18	65	5		12000
从江	10	20	2	4	4	20	10	5	5350
思南	40					70	120	750	2700
剑河		15	2		20	5			1625
黎平	450	680	20	10		200	300		5318
三穗	12	7	21	14	6	28	15		2400
合计	4356	1384	760	363	8410	2398	3526	13228	668227

资料来源：根据各县呈报的《三十三年度完成小型农田水利工程统计表》汇总而来，贵州省农田水利贷款委员会 M63 - 1 - 137，贵州省档案馆藏。

四 战时兴办农田水利工程的局限

但是，贵州省农田水利工程建设成效有限，其原因有如下数端。一是政府重视程度不够，"各县政府庶政繁多，应付不暇，对于农田水利未予注意及倡导，以致推进迟缓"。二是民众对农田水利工程的重要性认识不够，"人民智识浅薄，无团结力，多怀自私之念，对公众利益则意见分歧，难趋一致；且存苟安心理，一遇雨晴失调，不能及时栽种，方感农田水利之重要，但临渴掘井，于事无补，迨事［时］过境迁，又复忘怀"。三是对农田水利工程缺乏科学规划，"办理农田水利工程，事前应有详细之计划，方能办理顺利，各地人民，生长本土，年年观察，对于各该地之水利，虽有理想中之计划，但以缺乏仪器所测高度距离，一旦付诸实施，常有最大错误，徒耗财力，而无结果；若令遵照兴办贵州省农田水利贷款章程之规定，拟具工程计划书，附具详细图表，则根本无此智识"。四是农田水利贷款在贵州难以推行，"查现行之农田水利贷款办法，欧美早已行之；以最低之利率，贷与农民，以作建筑水利工程之用，然后饬其逐年摊还本息，法国类善；但在吾国则以民智关系，施行困难，即以贵州而论，农田水利工程计划拟就，令发各该县政府督饬贷款举办，或指派专员协助县政府，使农民组织贷款团体，而地方有声望之士绅则多规避不愿参加，此因贷款章程限制甚严，偿还甚重，深恐工程失败，致工程费无所取偿，即工程告成后，又以贵州地籍之乱，土劣势大，催收贷款，实甚困难，尠愿负此重大责任，即县政府因负承还保证之关系，亦不愿多事；狡黠之徒，反假办理农田水利工程之名，骗去一笔费用，以经营商业，或移作他用，农田水利之贷款办法在贵州可谓成绩殊少"①。

如何解决上述问题，周彦邦认为，"应由政府主动做去"。首先，规模较大的工程应由农贷会自行办理，不必等农民申请然后举办。其次，对于工程贷款办理，应简化手续，即在施工期间对受益田亩进行清丈，确定还款基础，工程费本息，与田赋同缴。周彦邦认为，这样做比"依赖一个基础不健全之水利协会更为可靠"。最后，工程施工应遵循先易后难的原则。"择交通便利工程简易易策近效者，先行施工"，然后"将已完成各工程所收回之本息，移作兴办新工程之用。"周乐观地估计：按照这样的方法办理水利工程，"不出十载，贵州省之农田水利，定可收普及之成效焉"②。

---

① 周彦邦：《推进贵州省农田水利意见》，《中农月刊》1941年第2卷第12期。
② 周彦邦：《推进贵州省农田水利意见》，《中农月刊》1941年第2卷第12期。

第七章 力促农贷事业，激活农村金融

第一节 战时贵州农村金融网的建立

农业金融对贵州具有特殊重要性。一是高原山地脆弱的喀斯特自然环境，水旱等自然灾害发生的频率高、危害大，而贵州落后的生产力使得其"控制自然之能力亦特弱"，因此，一旦遭遇自然灾害，如果没有一定的资金作为恢复生产的资本，则"难应付裕如"。二是山多地少、土壤贫瘠、农业生产力低下，要提高农业生产力，必须改进生产方式，因此，必须要有较为充裕的资金作为保障。三是交通不便，使得农产品的运销非常困难，农产品市场发育受到限制，欲求此突破，"实有赖于资金之融通"[①]。

抗战以前，贵州农业金融枯竭，农村中还没有近代化的农贷机构，活跃于农村的主要是当铺、商店、钱庄、钱会等旧式金融机构和地主、富农、商业高利贷者。民国以来，贵州饱受军阀混战之苦，农村日渐衰败，农业长期不振，越来越多的农民典卖田地，或沦为佃农，或流落他乡。据调查，1935年，贵州农村中负债未还的农家比例为51%，交不起租的农家占佃农的比重为27%，典押田地的农家占农家总数的43%[②]。

在这种情况下，内迁四川的四联总处自1938年开始着手设计和建

---

① 张羽生：《贵州之农村借贷》，《中农月刊》1945年第6卷第9期。
② 《民国二十四年全国经济状况变动调查》，《农情报告》1937年第5卷第7期。

设西南地区的农业金融网。该金融网主要分为三大块：一是国家行局（中中交农四大银行以及中央信托局）在后方各省普遍设立分支行处；二是国家金融机关会同各级合作行政机构设立农村合作社；三是农本局、国家行局会同地方设立合作金库。在这个金融网下，国家行局将贷款贷给合作金库，合作金库再将贷款放给农村合作社，合作社再将款项贷给农民。[①]

贵州的农业合作运动在抗战前就已具雏形。但合作社数量较少，影响也微。其规模的扩大，机构的逐步完善，是在全面抗战爆发以后。早在1936年7月，贵州省就成立了贵州省农村合作委员会，全省仅有合作社35家，推广县份仅16县。抗战军兴后，国民政府鉴于抗战前推行合作运动的成效，又把农业合作运动作为发展大后方农业的一种措施予以大力倡导和推行。在这一背景下，贵州的合作事业发展起来。1938年11月，贵州将农村合作委员会改组为贵州合作委员会，以便兼顾城市、农村，工、农双方同时并进，合作组织发展到城市及工业上来。贵州合作委员会直接隶属于省政府。1941年中央合作事业管理局成立，贵州在次年也相应成立合作事业管理处。到1940年，贵州的合作社数达到9036家，遍及82个县；迄至1945年，贵州的合作社数达到12217家，社员达到3102700人。[②]

需要指出的是，抗战时期贵州的农业金融，与合作金融的关系紧密，常被时人视为二而一的关系，这是因为，贵州的农业金融，"常假手于合作方式，而合作事业又常以合作方式经营农业也"[③]。

贵州推行合作运动之初，农民多抱观望态度，建社进度缓慢。20世纪40年代初，在"新县制"的促进下，合作组织发展迅速。信用社的贷款资金来源，除一部分来自社员股金和存款外，主要从县合作金库贷款；未成立合作金库的县，则向银行借款或代表县政府发放贷款。据统计，1938年全省4257个信用社共发放贷款201.2万元，平均每社为

---

① 王红曼：《四联总处与战时西南地区的农业》，《贵州社会科学》2008年第8期。
② 傅宏：《抗战时期贵州的农业合作运动》，《贵州师范大学学报》（社会科学版）2000年第4期。
③ 丁道谦：《贵州的农业金融》，《中国农民月刊》1943年第1卷第6期。

472.6 元；1942 年 8160 个社共发放 1400.9 万元，每社平均为 1716.8 元；1945 年 6998 个社共发放 886.3 万元，平均每社 1266.5 元。[1] 到了抗战后期，贷款业务呈下降趋势。

表 7-1　　　　抗战时期贵州合作金库发展情况统计

年份	金库数（个）	合作社股本（万元）	提倡股本（万元）	合作社股本与提倡股本之比例
1938	16	1.3	158.7	1：122
1939	41	8.2	401.8	1：49
1940	54	16.4	523.6	1：32
1941	56	25.2	534.8	1：21
1942	54	45.5	494.5	1：11

资料来源：贵州省政府编：《黔政五年》，南京印书馆 1943 年版，第 118 页。

合作社贷款最先由银行驻县机构办理，未设农贷机构的县则在指定的邻县申办。由于往返费时，少则几天多则月余才能收到贷款，容易贻误农时。自 1938 年年初，由省农村合作委员会主任委员周贻春，分别与贵阳中国农民银行、经济部农本局驻贵阳办事处签订合约，在镇远、遵义、贵阳等县建立合作金库 16 个。次年，又与贵阳中国银行、贵阳交通银行签订合约，再建立 41 个合作金库。1942 年，县合作金库一律改归中国农民银行接办，实行"新县制"后，经撤并，贵州共保留县合作金库 54 个，共有股本法币 547 万元。其中合作社认股额占 10.7%，省政府占 8.9%，其余为金融部门认股。1938—1942 年的 5 年间，累计贷出 4838 万元，年均放贷 967 万元。[2]

合作金库是金融机构和合作社的中间组织，是在合作社普遍发展的基础上，在农贷机构的指导和协助下，由各合作社共同组织并共有的，

---

[1] 志新：《贵州解放前的合作金融事业》，政协贵州省贵阳市委员会文史资料研究委员会编《贵阳文史资料选辑》第 37 辑，1993 年，第 134—135 页。

[2] 贵州省地方志编纂委员会编：《贵州省志·供销合作志》，贵州人民出版社 2003 年版，第 20 页。

第七章 力促农贷事业，激活农村金融

以筹集、调剂、供给合作社农贷资金为任务的专门金融机构。①其业务以办理合作社放款为主，同时办理存款和汇兑业务，以吸收社会零散资金和都市游资，增加贷款来源。1939年颁布之《办理合作金库原则》提出，要深入农村，资金借贷合理化；吸收民间零星资金，增加贷放资金来源；使都市游资合理供给农村；培植农民自有自营自享之合作金融制度。②各县合作金库经理多系西南联合大学、南京金陵大学毕业生，具有较强的业务能力。如独山县首任经理周麒、都匀县金库经理张恩贤均毕业于金陵大学。

短短数年，合作金融在贵州农村中已经占据优势地位。贵州农村金融的发展，对于减轻农民所受高利贷之苦，缓解农村金融匮乏状况，起到了一定的积极作用。在国家层面而言，则实现了国家金融组织对贵州农业的控制和引导。

1942年起合作金库的发展略有下降，这主要是太平洋战争后四联总处缩紧农贷，规定"三十年度以前各行局已辅设之县合作金库，应积极鼓励其增加合作社之股金，并逐渐减少其透支转贷数额，其未设合作金库之县份，本年度一律暂不辅设"③。同时，由于1942年起实行银行专业化，各行局农贷业务一律交与中国农民银行统一办理，该行遂对合作金库进行调整，裁并重复设置，故该年起合作金库数量有所减少。

然而，县以下的合作社却随着新县制的推行而迅速发展起来。据省民政厅1942年的统计，全省有78个县和1个市（贵阳市），1449个乡镇，14283保，总户数为1904050户，每乡镇平均约有10保，每保约有133户。④推行新县制后，贵州的合作事业得到较快发展。仅1941—1943年的短短3年里，乡镇合作社就成立了688个，占乡镇总数的近一半；保合作社新增1931个，占保总数的13.5%；入社

---

① 周春英：《抗战时期西部农村金融业发展述评》，《中南财经政法大学学报》2006年第1期。
② 朱斯煌主编：《民国经济史》，上海银行学会1947年版，第110页。
③ 朱斯煌主编：《民国经济史》，上海银行学会1947年版，第112页。
④ 翁祖善：《实施新县制后的贵州合作事业》，《贵州企业季刊》1944年第2卷第1期。

人数达430290人，按照"一户一人入社"的标准，则有22.6%的家庭加入了合作社（见表7-2）。

表7-2　　1941—1943年贵州省乡镇、保合作社增加情况

年份	月份	乡镇合作社（个）		保合作社（个）		社员人数（人）	
		新增	合计	新增	合计	新增	合计
1941	6月	51	51	54	54	19801	19801
	12月	90	141	294	348	45242	65043
1942	6月	103	244	279	627	51840	116883
	12月	130	374	259	886	69513	186396
1943	6月	54	428	195	1081	49562	235958
	12月	250	678	850	1931	194334	430292

资料来源：翁祖善：《实施新县制后的贵州合作事业》，《贵州企业季刊》1944年第2卷第1期。

第二节　贵州省农村合作金融与农业开发

一　合作社资金来源与经营情况

根据《合作金库规程》规定，各县合作金库资本额，一律定为法币10万元，由当地各类合作社优先认股，不足之处由省政府认投1/10，辅导机构认投9/10，均作为提供股本。如遇资金不敷用时，由各库与辅导机构商定，另立透支契约临时借用。截至1943年6月，全省54个县合作金库实有资本5474816元，其中各类合作社投入586376元，省政府投入489430元，辅导机构投入439610元；共吸收各类存款23108333元，汇兑金额274562823元，向辅导机构临时透支借款总额为6717324元；同期发放各类贷款19895001元。

贵州省政府为活跃农村金融，供给农业生产资金，1941年，与中中交农四大银行商定扩大该省农贷合约，总额为2000万元，其中1600万元专用于发展农业生产，200万元用于兴建农田水利，100万

元用在发展合作运销业务，100 万元用于农民其他用途。①

每库贷款一般为三四十万元，最多的如清镇县，达 72.7 万余元；最少的如桐梓县，只有 4 万余元。各金库对每一合作社之贷款额，多者 10 万余元，少者数千元。对每一社员之贷款额度，多者五六百元，少者数十元。贷款利息方面，最开始为月息 8 厘，1940 年起加息 1 厘，作为合作事业经费；1942 年起，四联总处规定贷款利息为 1 分。贷款期限视贷款用途而定，通常为 1 年，最长者为 3 年，最短者是 6 个月。②

那么，申请贷款需要具备哪些条件呢？据档案资料显示，对合作社、职员、社员三者均有不同要求。如申请贷款的合作社要"组织健全，社员热心"；申请贷款的合作社，其职员要"热心负责"；社员借款还需证明"借款用途真实可靠"，属于"急需用款"才会发放贷款③

二 合作金融教育

合作金融教育是合作社运作成功的关键因素。"合作社之健全与否，与社员认识合作意义之深浅及职员能力之强弱有莫大关系，故必须对这两大群体进行指导和训练。"④

于永滋出任贵州省合作委员会总干事期间，主张农村合作事业应与宣传抗日、激发社员爱国爱乡、热情为抗战服务相结合，积极培养合作事业指导人员，建立合作指导制度。

针对农村文化落后，文盲众多，农民思想保守与顾虑等，合作社决定培养合作事业专职人员。利用农闲时间举办"合作社职员训练班"，讲解合作的意义与作用，传授组社与经营方法等基本知识，以提高合作社职员的思想认识和业务能力。1938—1943 年，全省先后举办合作社职员训练班 241 次，参加训练班的合作社 11183 个共 16540 人次。1936—1943 年，先后招考初中毕业以上文化程度的男学

---

① 《黔省农贷合约即可签订，总额为二千万元》，《中国合作》1941 年第 1 卷第 10 期。
② 于永滋：《贵州之合作金库》，《中国合作》1941 年第 2 卷第 10—12 期合刊。
③ 《中国农民银行镇远办事处合作社借款申请书、用途细数表》，民国档案 1-1-1147，黔东南州档案馆藏。
④ 《黔省合作事业》，《合作指导》1939 年第 9 期。

生 717 人，举办"合作指导员讲习班"，每期 3 个月，着重讲授合作理论、合作法规、合作社业务及簿记等课程，培养吃苦耐劳、勤奋进取、服从分配、安心农村工作的精神；并保送 51 人赴南京合作人员训练班进修，结业后回黔担任合作社视察员。①

此外，还编印刊物。一是《会务周刊》，主要刊登公文，"以供内外通勤人员之参阅"。二是《贵州合作通讯》。1938 年 4 月，《贵州合作通讯》创刊，"内容以合作及抗战材料为主，兼及公民常识之灌输与生产技术之介绍"，通俗易懂，"专供职社员及一般农民阅读"。每期印刷 5000 份，每社赠送一份。②

1936 年，省农村合作委员会曾举办 3 届助理员讲习所，训练助理员 180 人，练习助理员 49 人，分到各县开展合作事业。随着合作事业的发展，对人员的需求加剧。鉴于此，1938 年 11 月，省农村合作委员会会同农村建设促进会，举办第四届助理员讲习所，招收助理员 60 名，练习助理员 20 名，培训 3 个月，结业后分到各县工作。③

贵州省合作委员会附设合作函授学校"以辅助合作指导人员、各级合作社职社员以及有志合作事业人士因事实上不能入校修业者获得补充合作学识及技术为宗旨"④。开设的课程有合作概论、合作法规、信用合作、生产合作、运销合作、供费合作、公司合作、保险合作、合作簿记、合作金融、农村经济、合作指导等，还根据实际需要添设课程。⑤ 截至 1943 年，共培养学员 443 人，其中女学员 20 余人。⑥ 在合作函授学校的讲义中，有一些通俗易懂的宣传语，如："有了信用合作社，好像农民小银行，大家有钱可储蓄，就是借款也便当。""贵州土

---

① 钱存浩：《抗战时期贵州的合作金融》，中国人民政治协商会议西南地区文史资料协作会议编《抗战时期西南的金融》，西南师范大学出版社 1994 年版，第 427—436 页。
② 《黔省合作事业》，《合作指导》1939 年第 9 期。
③ 《黔省合作事业》，《合作指导》1939 年第 9 期。
④ 《贵州省农村合作委员会附设合作函授学校章程》，《四川省合作通讯》1939 年第 3 卷第 4—5 期。
⑤ 《贵州省农村合作委员会附设合作函授学校章程》，《四川省合作通讯》1939 年第 3 卷第 4—5 期。
⑥ 《黔合管处附设合作函授学校近况》，《广东合作通讯》1944 年第 4 卷第 3—4 期。

地荒废多,没钱垦种奈他何,有了生产合作社,赶快加入莫错过,肥料种籽得改良,生产技术求精当,棉花桐子遍地有,五谷杂粮收满仓。"①这些语言生动活泼,贴近农村实际,易于被农民接受。"贵州省合作委员会年来办理合作函授学校,颇著成效,其所编各种讲义,理论实务兼重,编撰者皆各科专家,极为全国合作界所推许。"②

1940年,贵州省合作委员会委托省地方行政干部训练团举办合作业务人员训练班,共培训69人。次年,又委托省干训团举办合作视导员训练班,训练期为2个月。除调训现任各县政府合作人员外,同时招考中学以上毕业生。首期调训26人,考选44人,共计70人。③

三 合作金融如何下乡——一个农贷机构职员的观察

信用贷款对贵州山区的广大农民来说,是个新事物,对其认知和理解有限,这就一定程度上导致农民的还贷积极性不高。而还贷不及时又会影响合作社工作的正常开展。因此,提高农民对合作金融的认识水平,就成为农贷机构一个比较急迫的问题。除了常规的宣传外,有的银行还派出农贷人员深入农村,与社员面对面地进行交流沟通,了解其逾期不还贷的原因,讲解农贷的意义。据中国银行农贷人员贺之荣的报告,他连续多天深入剑河县乡村了解农贷情况并催促社员还款。我们从其行程来作一分析。④

1943年10月14日,他由县城出发往东北步行25里,抵达官模信用社,当晚即在乡公所召开社员大会,"讲解本年虫灾发生之由来,晓以预防方法,促各社员努力冬耕,以补秋收之不足",并敦促"从速还贷",以建立良好的信贷信誉。

15日,贺氏到雅磨合作社,因白天农忙,故在晚上召开理事、监事联席会议,决定在20日内将款还清。

---

① 于永滋等编:《贵州省合作委员会附设合作函授学校讲义集》,贵州合作委员会附设合作函授学校1941年印行,"前言"。
② 《黔省合委会继续推行合作函授教育》,《中国合作》1940年第1卷第11—12期。
③ 《黔省政干团训练合作视导员》,《中国合作》1940年第1卷第7期。
④ 《工作旬报》,民国档案1-1-1147,黔东南州档案馆藏。

16日,到培养堡合作社,晚上在理事主任家召开社员大会。之前该社因遭遇虫灾,一再申请延期还款,但均未获准,故贺氏特前来调查真相。经调查,该社所言属实。但经贺氏详细讲授农贷知识后,该社社员表示"乐于将款还清,再借新款"。

17日,到平夏合作社,晚上召开社员大会,"详解合作大意、农贷主旨","社员颇为感动,决议在1个月内将款还清"。次日"乘滑竿冒雨"返回县城(离县城60里)。

休息两天后,21日,贺氏再由县城乘赶场船行45里到返造合作社,晚上开社员大会,"除详解合作经营外,并促各员努力冬耕",到晚上11点才散会,社员们纷纷表示将如期还款。

22日,到乃受合作社。该社多为苗族,语言不通,且军属较多。当晚在社员大会上贺氏就"详解出征军人家属受合作社之优待办法"。次日返回县城。

从贺之荣的下乡故事中,我们可以看到:第一,社员虽然从合作社贷了款,但对合作金融并无多少了解。第二,合作社的工作人员,包括理事会和监事会,同样对合作金融缺乏深刻理解,故只能操作纯粹的贷款业务工作,不能培养社员们的信贷知识。第三,贺之荣下乡的目的是"催款",但他没有也不能采取简单粗暴的办法逼迫社员还款,而是在充分尊重社员(如都是选择在晚上开会)的前提下,以开会的形式动之以情、晓之以理,并且有针对性地开展工作。从结果来看,他这一方式是有效的。第四,贺氏的身份虽然是农贷技术人员,但是,他有意无意地戴着"上面来的人"的帽子,在对"真理掌握在权威手上"的乡村而言,是一个策略性的办法。同时,他还善于借助乡村权威(理事、监事)开展工作。

四 合作金融的几个特点

从社员的职业来看,以从事农业生产的为主。据浙江大学农学院的调查,湄潭县第二区合作社的155名社员中,务农者有115人,占总人数的74.19%;其次为从商者,32人,占20.65%。工人和学生加入合作社的非常少(见表7-3)。

表7-3　　　　　湄潭县第二区合作社社员职业分类

职业	人数	百分比（%）
农	115	74.19
工	5	3.23
商	32	20.65
学	3	1.94
合计	155	100

资料来源：寿字：《湄潭合作社现况之分析》，《浙大农业经济学报》1942年第3期。

从农民社员的成分来看，以自耕农为主。浙大农学院在湄潭县第三区的调查显示，在该区108名社员中，成分为地主的仅10人，比重不到10%；半自耕农和佃农的比重分别在15%左右。自耕农的人数最多，为65人，占到了60%的比重（见表7-4）。这可能是因为，地主经济条件好，并不急于加入合作社；毫无田地的佃农和田地较少的半自耕农，则因没有或较少有物的信誉保证，不能或较难成为社员；而自耕农由于有田地作为信誉保证，且对资金的需求较大，故入社的积极性最高。

表7-4　　　湄潭县第三区合作社社员职业分类租佃关系

类别	人数	百分比（%）
地主	4	3.70
经营地主	6	5.56
自耕农	65	60.19
半自耕农	16	14.81
佃农	17	15.74
合计	108	100

资料来源：寿字：《湄潭合作社现况之分析》，《浙大农业经济学报》1942年第3期。

贷款的季节性也颇为明显。据表7-5湄潭县1940年合作金库各月放款情况显示，每年的贷款高峰出现在3月，即农历二月，这一时期刚好是春耕开始的时候。此时农具、种子、肥料、人工等都支出很大，故对资金的需求量最大。而八九月份，正值收获季节，故对人工的需求量较大，用于雇工的贷款也就增加了。到了年末的11、12两月，冬耕时节，农具、种子、肥料、人工等的支出再次增加。其他月份因农事较少，故对资金的需求也就降低了。

表7-5　湄潭县合作金库1940年度各月贷款情况比较

月份	贷款情况 金额（元）	贷款情况 百分比（%）	借款社员情况 人数（人）	借款社员情况 百分比（%）
一月	4500	1.31	281	3.32
二月	17840	5.20	1060	12.54
三月	173427	50.60	5495	65.02
四月	0	0	0	0
五月	15460	4.51	305	3.61
六月	13220	3.86	60	0.71
七月	4600	1.34	277	3.28
八月	13680	3.99	263	3.11
九月	26550	7.75	299	3.54
十月	15080	4.4	57	0.67
十一月	32860	9.60	85	1.01
十二月	25490	7.44	270	3.19
合计	342707	100	8452	100

资料来源：寿字：《湄潭合作社现况之分析》，《浙大农业经济学报》1942年第3期。

五　合作社借款用途

借款用于干什么，是金融机构关心的重要问题之一。金融机构希望农民将借款投入生产中。事实表明，农民向合作社借的钱，大都能用于增加收益。据调查，社员能诚实守信如期还款者在70%以上。[①]

在合作运动中，省合委会除指导信用合作社举办储金及兼营其他业

---

① 张羽生：《贵州之农村借贷》，《中农月刊》1945年第6卷第9期。

第七章 力促农贷事业，激活农村金融

务外，并指导合作社，将资金用于垦荒、植棉、种桐、造林、牧畜、水利等生产事业。这从农民贷款的用途上可看出，如表7-6所示。

表7-6　　　　　　合作金库放款用途百分比

项目	种子	肥料	赎田	农具	牲畜	垦荒	修造	偿债	食粮	婚丧	其他	合计
1939年	1.84	2.75	2.48	4.55	45.30	2.65	3.14	2.99	10.42	2.65	21.23	100
1940年	2.18	1.39	4.47	1.76	46.92	3.20	2.23	3.32	11.58	0.83	22.12	100

资料来源：郑厚博：《贵州省县合作金库业绩之分析》，《中农月刊》1941年第2卷第11期。

综观这两年的情形，用于生产活动的占60%左右，以购买牲畜的贷款最多，购买粮食的次之。购买牲畜，主要是购买耕牛、马匹和乳猪。这反映出畜力的严重缺乏。但是，仍有10%以上的款项用来购买粮食，这里有两方面的原因：一是一部分农家粮食生产不足；二是一部分农家在秋收时急于用款钱，就把粮食都卖掉，等到青黄不接时，自家的粮食又不敷用，只好又借款购粮。①

据独山县合作金库经理韩克信的记载，1939年，独山县共发放各项农业贷款，用于购买耕牛（马）等大牲畜的为8.23万元，占贷款总额的36.78%；用于料理婚丧事件的占9.79%；用于购买种子、肥料、农具的占9%；用于赎田、垦荒的占4.19%；用于小本经营的占24.55%；其他占15.7%。②

表7-7　　剑河县南嘉乡合作社借款用途统计（1943年11月）

借款用途	买猪	买牛	农具	生产	冬耕	造产	修屋	合计
人次	88	78	80	9	11	4	2	272
比重	32.4%	28.7%	29.4%	3.3%	4.0%	1.5%	0.7%	100%

资料来源：《剑河县南嘉乡合作社社员借款细数表》，民国档案1-1-1147，黔东南州档案馆藏。

---

① 郑厚博：《贵州省合作金库业绩之分析》，《中农月刊》1941年第2卷第11期。
② 钱存浩：《抗战时期贵州的合作金融》，中国人民政治协商会议西南地区文史资料协作会议编《抗战时期西南的金融》，西南师范大学出版社1994年版，第435页。

如表7-7所示，在南嘉乡合作社借款社员中，将借款用于买猪养殖的最多，占1/3弱，这不难理解，因为养猪是农村最主要的副业。有近30%的借款社员分别将借款用在了买农具和买耕牛上。除了用于购买农具和耕牛外，投入生产、冬耕、造产的也有近10%的比重，将投入农业生产的这5项相加，则占了总数的近67%。而用于修缮房屋的仅有2人次，占0.7%。由此可见，起码在南嘉乡，社员将借款的绝大部分投入到了农业生产之中。

浙大农学院在湄潭县的调查提供了更加详细的数据。表7-8显示，除了修建房屋、还债、买家畜、手工业原料及工资、婚丧等项的支出不属于农业生产外，其余各项均属于农业生产的支出，用于农业生产的借款社员人数占借款社员总人数的80%，借款数占全县信用合作社放款总额的85%。其中，借款用于购买肥料的无论是在人数还是在金额上都是最多的；其次是用于购买耕牛。

表7-8　　1940年度湄潭县信用合作社社员借款用途情况

用途	借款用途人数		借款情况	
	人数（人）	百分比（%）	金额（元）	百分比（%）
种子	450	7.07	21702.22	6.84
肥料	2346	36.85	87742.49	27.67
耕牛	936	14.7	57461.36	18.12
农具	577	9.06	52936.61	16.69
地租	13	0.2	949.26	0.3
雇工	208	3.27	15757.48	4.97
购买耕地	428	6.72	21458.10	6.77
修建房屋	31	0.49	949.26	0.3
还债	457	7.18	18130.78	5.72
买家畜	156	2.45	5884.17	1.86
手工业原料及工资	349	5.48	13858.99	4.37
粮食	376	5.91	18990.17	5.99
婚丧	39	0.61	1297.42	0.41
合计	6366	100	317118.31	100

资料来源：寿字：《湄潭合作社现况之分析》，《浙大农业经济学报》1942年第3期。

第七章 力促农贷事业，激活农村金融

六 合作金库的汇兑业务

各类机关、工厂、人员内迁后，由于交通不便带来资金流通困难，农本局看到了其中的商机，遂于1938年在四川、贵州两省县合作金库试办小额汇兑业务，鉴于试办"成绩尚佳，社会称便"，自1939年起先后推广至广西、湖南、湖北、西康等省，并与其他银行及合作金库订立通汇办法，"因而收效益宏"[①]。汇兑方式分为信汇、票汇和电汇三种，但很多偏远的县份没有电报局，因而不能电汇，故汇兑方式以信汇和票汇为主。在汇兑额度上，"除各省省会及重要县市可略予提高外，普通各县概以五百元为度"[②]。

在开展汇兑业务的上述六省中，汇兑业务量最大的是贵州省。1938年9—11月，试办三个月时间，汇入汇出总额即达321588.10元，同期四川省仅62860.62元。1939年前11个月，仍然以贵州省的汇兑总额最高，为5416609.11元，占当年农本局汇兑总额的比重为65.50%，同期四川省为2652764.22元，广西、湖南则仅有6万余和13万余元。1940年的前10个月，贵州省继续以10239607.66元领跑，但比重降为58.35%（见表7-9）。

为什么会出现这种情况？原因可能有如下数端。第一，四川地处盆地，地势较为平坦，交通便利，人们对于小额汇兑的需求比不上交通闭塞的贵州。第二，四川金融业较贵州发达，其他金融机构纷纷抢占市场。比如，四川省合作金库辅设的47个县合作金库，1939年汇兑总额达29381139元，同年农本局所属县合作金库的汇兑总额仅2652764.22元，仅仅相当于四川省合作金库所属县合作金库汇兑总额的9%[③]。又如，发端于四川的近代西南地区著名的民间运输组

[①] 农本局研究室：《中华民国二十八年农本局业务报告》，农本局研究室编印，1940年，第50页。

[②] 农本局研究室：《中华民国二十八年农本局业务报告》，农本局研究室编印，1940年，第50页。

[③] 四川省合作金库编：《二十八年度四川省合作金库年鉴》，四川省合作金库印，1940年，第63页。

织——麻乡约也从事汇兑业务，并且成立专门的机构——民信局，也抢走了不少市场。第三，广西、湖南、湖北、西康省则是因为县合作金库数量少，农本局辅设的就更少，其汇兑业务量自然也就少了。

开展汇兑业务虽然因内迁之需要而设，客观上却调节了合作金库的资金盈虚，便利了农村尤其是偏远农村的资金往来，活跃了农村金融。

表7-9　　1938—1940年农本局辅设县合作金库汇兑情况　　单位：元

	1938年9—11月		1939年1—11月		1940年1—10月	
	汇兑总额	比例	汇兑总额	比例	汇兑总额	比例
四川	62860.62	16.35%	2652764.22	32.08%	5763002.31	32.84%
贵州	321588.10	83.65%	5416609.11	65.50%	10239607.66	58.35%
广西			66248.86	0.80%	809907.99	4.62%
湖南			133478.38	1.61%	251959.28	1.44%
湖北					345901.66	1.97%
西康					137105.39	0.78%
合计	384448.72	100%	8269100.57	100%	17547484.29	100%

资料来源：农本局研究室：《中华民国二十七年农本局业务报告》，农本局研究室编印，1939年，第26—27页；农本局研究室：《中华民国二十八年农本局业务报告》，农本局研究室编印，1940年，第51页；农本局研究室：《中华民国二十九年农本局业务报告》，农本局研究室编印，1941年，第23页。"比例"栏保留小数点后两位。

第三节　战时农村合作金融的衰落

一　贵州农村合作金融的显著成效和迅速衰落

贵州合作运动的广泛推行，为战时贵州农村提供了急需的农贷资金。据统计，自1936年至1945年各县合作金库发放各项贷款，剔除1936、1937年的救济性贷款，累计为90335913元，8年中实增法币23166214元（约合577.2万银圆）。其中1938—1941年发放的农业贷款，平均每年增加207.9万银圆，扣除同期收回的贷款、由合作社社员及贷款单位占用的贷款余额，平均每年约合132.56万银圆，按全省共有54个合作金库计算，平均每库贷款余额约合2.45万银圆。这些贷款利息一般为一分左右，与高利贷相比此利率是很低的。[①]这从表7-10可以看出。

表7-10　　1938—1945年合作社贷款和高利贷月利率比较

年度	1938	1939	1940	1941	1942	1943	1944	1945
合作社贷款	1.2	1.2	1.2	1.2	1.3	1.5	2.8	3.5
高利贷	2.7	2.9	2.6	2.8	3.1	4.6	7.6	11.1

资料来源：傅宏：《抗战时期贵州的农业合作运动》，《贵州师范大学学报》（社会科学版）2000年第4期。

从表7-10可以看出，合作社贷款的利率一般要比高利贷低一半以上。这些低息的农业贷款资金流向农村，对缓解贵州农村金融枯竭、维持农业的简单再生产具有一定的推动作用，也在一定程度上抑制了高利贷。

然而，自1944年起，农村合作金融开始衰落，民间借贷又重新抬头。如表7-11显示，私人借贷、钱庄、典当、商店等民间借贷的比重在1944年迅速超过农村合作金融，并且有继续上升的趋势。

表7-11　　1942—1945年贵州省农村放款机构统计

年份	报告县数	借款农家	放款机构						
			银行	钱庄	典当	商店	合作社	机关	私人
1942	54	49	7		3	7	29	9	35
1943	54	50	7		5	5	42	9	32
1944	54	50	7		3	10	33	9	38
1945	43	49	6	4	8	14	16	7	45

注：机关指合作金库及农民借贷所等。
资料来源：《各省农村放款机关及放款期限统计》，《中农月刊》1943年第4卷第3期、1944年第5卷第11期、1945年第6卷第4期、1946年第7卷第7—8期。

[①] 《贵州合作通讯》1939年第2卷第8、9期合刊。

县合作金库在经历了1938—1940年的高速发展之后,开始转盈为亏,1941年,贵州省的42个县金库中仅有22个略有盈余。到了1943年,亏损情况进一步恶化。如表7–12所示,各省县合作金库普遍亏损。广西、云南100%的金库亏损,四川、陕西也有80%以上的金库处于亏损状态。甘肃的情况最好,但亏损率也达35%。亏损额在50%以上的库数,云南达86%,四川也达到了41%。相较而言,贵州的情况还算不是最坏的。54家县合作金库中,亏损的有28家,比例是52%,没有一家的亏损额达到了50%以上。但是,继续亏损已是不可避免的趋势。

表7–12　　　　1943年各省县合作金库亏损情况

省份	四川	西康	广西	云南	陕西	甘肃	贵州
总库数（个）	118	10	43	7	18	17	54
亏损库数（个）	103	8	43	7	15	6	28
比例	87%	80%	100%	100%	83%	35%	52%
亏损50%以上库数（个）	48	7	24	6	12	1	0
比例	41%	70%	56%	86%	67%	6%	0

资料来源:李顺毅:《民国时期合作金库研究》,博士学位论文,南开大学,2012年,第98页。

二　贵州农村合作金融的弊端

中国银行农贷视察员张汝俭在报告中指出,抗战初期农村信用合作社对调剂战时农村经济,帮助部分农民解决生产、生活中出现的困难,起到了一定的作用;一般贫困农民虽然可以加入合作社为社员,但申请贷款时限于条件,不易觅得还款保证人,因而不能享受贷款权益。瓮安县合作金库经理韩长润,亦曾专函向贵阳中国银行报告,该县贫苦农民申请借贷的人数多、数额大,原定贷款办法不能满足群众的需求,希望放宽条件,增加贷款总额。

韩克信对独山县凤汝、冗点、拉茂、打完四个信用社的借款情况进行了调查。上述四社142人共借款4300元,平均每人30元;打完社 23 人借款 820 元，人均 35.65 元，为最多；冗点社人均 26.52 元，为最少。从借户的经济情况来看，上述四社人均拥有田土 10 亩以上的人家，财富逐年增加，每年都有盈余的富裕户共 76 人借得 2720 元，人均 35.79 元，占借款总额的 63.26%；每年收支相抵基本平衡的中等农户 48 人共借款 1175 元，人均 24.48 元，占借款总额的 27.32%；而财产逐年减少、终年辛勤劳动入不敷出和租佃他人田土耕作为生的贫困户 18 人共借 405 元，人均借用 22.5 元，占借款总额的 9.4%。四社之中以凤汝社的富裕户 12 人借款 515 元，人均 42.92 元为最多；打完社的贫困户 2 人借用 35 元，人均 17.5 元为最少；而冗点社 33 人借的 875 元，全部为富裕户和中等农户，贫困人家分文未得。因此，农村金融并不能起到应有的作用。

更有甚者，合作金融沦为当地豪绅的牟利工具。中国银行农贷视察员张汝俭报告称："本年内农贷大多为购买耕牛，少部分为赎田。农民过去受高利贷盘剥而丧失土地者，今年受农贷的扶助，已赎回田土百亩以上，添购耕牛近两千头。"但多数信用社被地主、保甲长把持，贫苦农民难以得到贷款，而一些保甲长及合作社职员则利用职权挪用贷款，甚至用来放高利贷剥削农民。据瓮安县合作金库的调查报告称，该县第三区陈家寨信用社，理事主任陈德华为该乡富户，监理主任为甲长，二人勾结出纳张国清挪用合作社资金开设鸦片烟馆，并假造社员名册套借贷款 5900 元。又据贵阳中国农民银行 1942 年 8 月检查清镇县农贷情况报告称，城关镇信用社，在当地豪绅的把持下，于 1941 年向县合作金库借款 9 万多元，多由信用社和职员冒名顶借，并挪用社员归还的贷款做生意，甚至部分贷款被转手以高利贷贷出。[1]

这说明，农村合作金融受益者大多为中等以上的家庭，而最需要贷款的低收入家庭，则较少或较难享受到合作金融的好处。因此，农村金融并不能起到应有的作用。这一情况并非贵州所独有。时人对此

---

[1] 志新：《贵州解放前的合作金融事业》，政协贵州省贵阳市委员会文史资料研究委员会编《贵阳文史资料选辑》第 37 辑，1993 年，第 135—136 页。

有深刻认识:"合作社的最大而最普遍的缺点,是合作社不能成为最大多数的农民的组织。合作社的理事会往往是乡村小绅士所把持,合作社的社员大都是富农所组成。整个合作事业是忙着为这些少数乡村豪富提高地位,对于大多数最需要经济援助的贫农,只能表示'爱莫能助'。"①

---

① 周耀平:《抗战中培养起来的合作金库制度》,《时事类编特刊》1939年第35期。

第八章 抗战时期贵州山地农业开发的绩效与不足

第一节 抗战时期贵州山地农业开发的绩效评估

一 农业种植结构的变化

以稻、麦、棉、烟等作物品种改良、引进和种植为主的贵州农业，在1938年后获得了较大发展，这是继明末至清嘉道年间贵州地区农作结构变化以来的又一大革新和进步，并成为宝贵的农业遗产为新中国成立后农业建设所继承，历史作用和地位不可忽视。这一时期，小麦成为主要的粮食作物之一，美棉、烟草等成为最重要的经济作物，很多蔬菜得到改良推广等。这很大程度上改变了人们的饮食习惯，更丰富、更均匀的营养一定程度上提高了人们的身体素质。

总的来看，民国时期，尤其是抗战时期，贵州农作物的种植结构呈现"三增两升两降"的趋势，即耕地面积增加、种植面积增加、复种指数增高，经济作物比重上升、粮食作物比重下降，旱粮面积上升、水稻面积比重下降。表8-1的数据印证了这一判断。在号召垦荒、限制冬闲的推动下，耕地总面积、总种植面积和复种指数均呈上升趋势。耕地总面积由1914年的2140.7万亩增加到1949年的2697万亩，净增556.3万亩，其中抗战时期增加了176.5万亩；总种植面积则由2054万亩增加到2966.15万亩，净增912.15万亩，其中抗战时期最高增加了884.3万亩；复种指数最高峰出现在战时，尤其以1942年的130.77%为最高。水稻种植面积在1938年有小幅增加外，

1942年和1945年分别下降到822.6万亩和727.3万亩，减少了近150万亩，比重则下降了近7个百分点。与之相反的是，小麦、大麦、玉米等旱粮作物的种植面积则增长明显。但总的来说，粮食作物的比重还是有所下降，降低了1个百分点。油菜、烟叶、棉花、大豆等经济作物的种植面积增加明显。如，抗战时期，油菜的种植面积最高增加了近110万亩，棉花则增加了29万亩。

表8-1　　　　民国时期贵州作物种植面积变化情况　　　单位：万亩

时间		1914	1924—1929	1934	1938	1942	1945	1949
耕地总面积		2140.7	2166.1	2140.8	2140.8	2246.8	2317.3	2697
总种植面积		2054	2296.1	2352.7	2660.8	2938.3	2803.6	2966.15
复种指数%		95.95	106.0	109.9	124.29	130.77	120.98	110.0
水稻	面积	774	843.9	868.9	877.1	822.6	727.3	1175
	比重%	37.68	36.75	36.93	32.96	28.00	26.00	39.62
小麦	面积	284	243.9	233.5	331.9	436.5	436.6	86
	比重%	13.83	10.62	9.92	12.47	14.85	15.57	2.90
大麦	面积	251	177.1	244.2	250.9	306.3	327.4	
	比重%	12.22	7.71	10.37	9.43	10.42	11.67	
玉米	面积	230	292.8	203.1	266.1	293.7	299	988
	比重%	11.2	12.75	8.63	10.00	10.00	10.66	33.31
油菜	面积		273.4	226.4	326.7	434.5	390.9	79.08
	比重%		11.90	9.62	12.28	14.78	13.94	2.66
烟叶	面积	56	3.3	56.1	55.5	55.6	68.6	15.25
	比重%	2.73	0.14	2.38	2.09	1.89	2.45	0.51
棉花	面积	26	75.8	28	26.3	45.2	56.1	31.1
	比重%	1.26	3.30	1.19	0.99	1.54	2.00	1.05
薯类	面积	28	16.7	26.8	32.3	38.4	41.9	95.0
	比重%	1.36	0.73	1.14	1.21	1.30	1.49	3.2
大豆	面积	48	212.8	92.2	131.6	127.2	124.7	122.0
	比重%	2.33	9.26	3.92	4.95	4.33	4.45	4.11

第八章 抗战时期贵州山地农业开发的绩效与不足

续表

	时间	1914	1924—1929	1934	1938	1942	1945	1949
杂粮	面积	3.37	124.8	62.8	52.9	50.5	47.8	20.7
	比重%	16.40	5.44	2.67	1.98	1.72	1.70	0.70
其他	面积	20	31.6	310.7	309.5	327.8	281.3	354.02
	比重%	1.00	1.40	13.20	11.69	11.17	10.07	11.94

贵州省地方志编纂委员会编：《贵州省志·农业志》，贵州人民出版社2001年版，第119—120页。

我们再以水稻和小麦这两种主要粮食作物为例。贵州以占全国水稻耕种总面积2.68%的水稻面积生产出了占全国水稻总产量2.52%的产量，以占全国小麦耕种总面积1.34%的面积生产出了占全国小麦总产量1.89%的产量。尤为可贵的是，无论是水稻还是小麦，亩产量均高于全国平均水平（见表8-2）。

农业推广在经济作物上也取得了较大成绩，特别是棉花、烤烟、油桐等的种植开发最为突出。在以往，贵州"本省气候因雨水过多，不甚适合植棉，省衣着，均仰赖外省运入"，但"自二十八年农改所开始推广棉花以来，一般人始知贵州若干地区亦能植棉，经数年之宣传推广，棉产已经逐渐增加"[1]。1944年贵州全省棉花产量达1753300担，比1937年的8510担增长了200多倍。[2] 1947年全省拟扩大棉区面积30多万亩，增产皮棉6万担，推广开发重点区域是黔西北、黔北地区，对于带动民族地区经济发展是十分有利的。[3] 烤烟的推广种植是此期贵州经济发展的一大特色。烟草的高利润率和适合贵州气候条件特点，使推广较为理想，《贵州财经资料汇编》资料显示，1945年共有36县种植美烟良种，栽种面积达81000亩，产量785万斤，位

---

[1] 杨汝南：《贵州省农业推广之回顾与前瞻》，《贵州经济建设》1947年第2卷第3—4期。

[2] 贵州省人民政府财政经济委员会：《贵州财经资料汇编》，1950年12月编印，第318页。

[3] 杨汝南：《贵州省农业推广之回顾与前瞻》，《贵州经济建设》1947年第2卷第3—4期。

表8-2 贵州省和全国1947年主要粮食产量比较

	水稻					小麦				
	耕种面积（万亩）	占全国比例（%）	产量（万担）	占全国比例（%）	平均亩产（担）	耕种面积（万亩）	占全国比例（%）	产量（万担）	占全国比例（%）	平均亩产（担）	征购量（万担）	占全国比例（%）
贵州	711.7	2.68	2278.2	2.52	7.3	448.4	1.34	932.7	1.89	6.7	20.9	1.26
全国	26567.3	100	90515.5	100	6.9	33540.8	100	49285	100	6.2	1664.5	100

资料来源：贵州社会科学编辑部等编：《贵州近代经济史资料选辑（上）》第1卷，四川省社会科学院出版社1987年版，第177页。

居西南之冠，使贵州成为全国四大烤烟种植区域之一。①桐油是贵州外销特产之一，在乌江、清水江、红水河等流域低地种植良好，以1947年的估算，若以各县每年种植1000亩来讲，三五年后每亩每年可收入10万国币，全省共可收入1亿元。②

我们再来看棉花的种植面积情况。贵州、云南、广西、甘肃、四川5个省份均以战前的种植面积指数为100%，到1941年，贵州的种植面积由25.4万亩增加到了46.5万亩，指数增加到183.1%，差不多翻了一番，在5省中是增加最快的。云南和四川的增长也较快，但是有些年份种植面积有所减少（见表8-3）。单从种植面积来讲，自然无法跟四川相比，除此之外，也仅有广西稍高于贵州。

表8-3　　　　　1938—1941年部分省棉花种植面积　　　　单位：千亩

省份	1931—1937年平均 面积	指数	1938年 面积	指数	1939年 面积	指数	1940年 面积	指数	1941年 面积	指数
贵州	254	100%	263	103.5%	338	133.1%	448	176.4%	465	183.1%
云南	131	100%	217	165.6%	274	209.2%	230	175.6%	232	177.1%
广西	441	100%	454	102.9%	554	125.6%	609	138.1%	648	146.9%
甘肃	188	100%	123	65.4%	141	75.0%	167	88.8%	202	107.4%
四川	2467	100%	2945	119.4%	3650	148.0%	4718	191.2%	4052	164.2%

资料来源：《中农月刊》1942年第3卷第11期。

二　贵州农业发展质量的提高

衡量农业产出质量的一个重要标准就是单位面积的产量。我们来检视一下抗战中后期的1942年部分省夏季作物的亩产量。与其他兄

---

① 贵州省人民政府财政经济委员会：《贵州财经资料汇编》，1950年12月编印，第321页。

② 杨汝南：《贵州省农业推广之回顾与前瞻》，《贵州经济建设》1947年第2卷第3—4期。

弟省份的比较可以看出，在单位面积产量上，贵州是比较高的。籼粳稻、糯稻、高粱、小米、玉米、大豆、甘薯、烟草的产量均高于13省的平均产量。棉花的产量也与平均产量持平。其中，烟草、大豆、小米在13省中产量是比较高的（见表8-4）。可见，抗战以来，贵州省的农业技术改进，效果是非常明显的。

表8-4　　　　　　1942年部分省夏季作物亩产量　　　　单位：斤/亩

省份	籼粳稻	糯稻	高粱	小米	玉米	大豆	甘薯	棉花	烟草
宁夏	124	113	192	190	196	193		27	
甘肃	203	160	131	147	144	107	523	21	101
陕西	257	241	122	107	129	86	727	18	97
湖北	205	172	170	114	115	118	525	24	138
四川	303	278	242	153	241	177	661	26	150
云南	312	301	163	151	134	205	850	27	118
贵州	306	271	223	190	224	194	877	23	207
湖南	395	330	171	122	178	162	897	26	108
江西	315	285	156	147	152	140	1033	23	133
浙江	313	343	115	118	162	127	1071	29	166
福建	366	351	95	118	288	156	1331	22	157
广东	334	311	127	124	171	177	1064	21	209
广西	236	224	128	104	160	107	610	15	91
平均	282	260	157	137	176	150	847	23	140

资料来源：《中农月刊》1943年第4卷第6期。

从总产量来看，大多数的农作物总产量均有显著增长。稻、麦、玉米、小米等作物的总产量表现不俗。如水稻在种植面积减少的情况下，依然实现了总产量的增长，最高增幅达157%；适应性很强的玉米最高产量是1937年的2.38倍。荞麦的总产量则有了400多倍的飞跃，番薯也有20多倍的增长（见表8-5）。

第八章 抗战时期贵州山地农业开发的绩效与不足

表8-5　　　　1937—1945年贵州主要农作物产量增长　　　　单位：石

作物名称	1937年	1945年	最高值：产量（年份）	1945年与1937年增长比较	最高产值年份与1937年增长比较
稻	25149000	25852362	39531104（1939）	103%	157%
麦	4545000	5239428	6385000（1938）	115%	140%
小米	415000	2115770	2115770（1945）	510%	510%
黄豆	2018450	3246516	3360026（1943）	161%	166%
番薯	2825000	2319140	57047500（1939）	82%	2019%
玉米	6435000	8284156	15293827（1939）	129%	238%
洋芋	1122820	1371380	2568964（1944）	122%	229%
荞麦	5689	2306780	2306780（1945）	40548%	40548%
蚕豆	994000	2340400	2340400（1945）	236%	236%
豌豆	980000	653920	1615000（1938）	67%	165%
油菜籽	1885000	3129615	3504574（1943）	166%	186%

资料来源：《贵州统计年鉴》（1947年），贵州省政府统计室编印，第82页。

贵州省的农业开发还为抗战时期大后方建设提供了重要的工业原料，如棉花、桐油、蚕丝、生漆、五倍子、蔗糖、白蜡等。在经济利益和国家政策的双重驱动下，这些经济作物的产量增长明显。比如，1944年与1937年相比，棉花增长了205倍，桐油增长了47倍，蔗糖增长了41倍（见表8-6）。

表8-6　　　　抗战时期贵州省重要工业原料产量

品种	单位	1937	1938	1939	1940	1941	1942	1943	1944
棉花	担	8510	46104	7342	6571	12277	14995	1174965	1753300
桐油	担	134513	157041	234560	216300	175701	77890	163125	6498120
蚕丝	斤	21925	31923	54172	43600	83750	137600	87000	/
生漆	斤	15412	19540	66451	74529	12653	17912	77200	960800
五倍子	担	3451	22130	15000	17685	24568	13848	703610	1805697
蔗糖	担	26085	27048	75258	833651	674735	93333	1151080	1102722
白蜡	斤	3130	2450	47500	83100	73510	2300	1000	56500

资料来源：谭启栋编：《贵州省统计年鉴·胜利纪念特辑》，贵州省政府统计室1947年，第89页。

三 农民生活状况的改善

贵州农业经过抗战时期的爆发式发展后，农民的生活有了哪些变化？如何看待这些变化？这里以1945年5月贵州省第三区农场在兴仁县泗源乡第六保的农民生活状况调查笔记来分析。

第一，农民的饮食结构发生变化。作物种植结构的变化引起了人们饮食结构的变化。原来甚少食用的小麦开始作为主要粮食被端上饭桌，油菜的扩种则为农民提供了更多的食用油。对兴仁县农民生活状况的调查表明，当地农民的主要粮食：秋收后以大米为主，春末以玉米为主，青黄不接时期以麦或玉米代米，每年视年成好劣定之，如收成不佳则多以荞子、红薯、洋芋代米，副食以辣椒、豆豉、蔬菜、猪肉为主。①

第二，在家庭收入方面，各阶层农民的收入差距甚大。如表8-7所示，按上述1斤盐700元计算，贫农的年收入只够买171斤盐，其年收入只相当于中农的22.2%，富农的5.8%，三者之比为1：4.5：17.3。贫农主要靠正业收入，副业仅手工品一项6000元。中农的收入虽然比贫农好得多，但是比起富农来，还是相差甚远。但无论是贫农、中农还是富农，其收入绝大部分还是在正业，副业收入比重非常小。

表8-7　贵州省第三区农场附近乡村农民家计收入比较　　　　单位：元

类别	正业收入			副业收入			其他收入	合计
	农艺	园艺	畜业	赶场	手工品	驮运		
贫农	100000	10000	4000		6000			120000
中农	400000	20000	50000	50000	10000	10000		540000
富农	1000000	250000	100000		50000	80000	10000	2080000

资料来源：《贵州省第三区农场附近乡村农民生活状况调查表》，贵州省农业改进所M62-2-104，贵州省档案馆藏。

---

① 《贵州省兴仁县泗源乡第六保农民生活状况通讯》，贵州省农业改进所M62-2-104，贵州省档案馆藏。

第八章 抗战时期贵州山地农业开发的绩效与不足

第三，在家庭支出方面，贫农入不敷出，中农收支基本平衡，富农纯收入较好。严格说来，支出部分包括家计支出和农业经营费支出两部分。在家计支出上，贫农已经超支，故用在农业生产经营上的支出就非常少。这就陷入恶性循环中，表面上看，得益于农业科技的进步，年收入是增加了不少，但是支出却大于收入，导致农业生产必需的种子、肥料、农具等生产要素投入严重不足，影响农业的扩大再生产。中农的情况虽然要好一点，但是也只能维持收支平衡。富农的年纯收入为555000元，占总收入的26.7%；相比之下，富农更有实力给农业生产经营投入更多，投入农业再生产的费用占总支出的19%（如表8-8）。

表8-8　贵州省第三区农场附近乡村农民家计支出比较　　　单位：元

类别	膳食	衣服	燃料	家具	交际	赋税	教育卫生	消耗	其他	合计
贫农	120000	4000	2000	2000		2400	2000			132400
中农	240000	40000	10000	10000	150000	5000	10000	10000	20000	495000
富农	400000	350000	150000	80000	40000	150000	50000	20000	30000	1280000

资料来源：《贵州省第三区农场附近乡村农民生活状况调查表》，贵州省农业改进所M62-2-104，贵州省档案馆藏。

在农业生产经营方面，中农和富农都有雇佣工人的开支，分别占各自农业经营费的22.2%和24.5%。其次，用于农具和饲料方面的支出较多，中农分别为之支付了6000元和10000元，占13.3%和22.2%，富农均为之投入了40000元，占16.3%（见表8-9）。

表8-9　贵州省第三区农场附近乡村农民农业经营费比较　　　单位：元

类别	工资	农具	种畜	种籽	肥料	饲料	修缮	损害	其他	合计
贫农		3000	1000		1000	4000	1000	2400	2400	14800

续表

类别	工资	农具	种畜	种籽	肥料	饲料	修缮	损害	其他	合计
中农	10000	6000	2000	5000	5000	10000	5000		2000	45000
富农	60000	40000	10000	5000	30000	40000	20000	20000	2000	245000

资料来源：《贵州省第三区农场附近乡村农民生活状况调查表》，贵州省农业改进所 M62－2－104，贵州省档案馆藏。

第四，农民的思想观念也有所变化。饮食习惯的变化本身就反映出农民思想观念的一种变化。从抵制美棉、美烟到主动要求植棉种烟，从坚守"一把锄头三代传"到相信农业现代技术，从"粮食就是填肚子"到务农也能发家致富等，这些言行的背后，折射出农民根深蒂固的传统观念受到挑战，出现松动。"技术改变观念"所向披靡。

第二节 抗战时期贵州山地农业开发的不足之处

但是，我们也要看到，抗战时期贵州山地农业开发仍有诸多不足之处。这种高歌猛进的跨越式增长，是脆弱的增长。

第一，农业开发存在重生物技术的片面性。从推广的内容来看，多集中在品种改良、病虫害防治等生物技术方面，对于农业机械技术即生产工具的现代化、化肥——提高农业生产的重要生物化学技术等方面却着力甚少。生产工具的现代化和化肥的使用是提高劳动生产率最有效的方式之一。然而贵州省从上而下皆注重从生物技术的角度开发农业。这与整个中国农业所处的发展阶段有关。

第二，贫穷成为新技术推广的主要阻力。皖南一位农业推广工作人员记述了他与农民的一段对话：

（农业）推广者问：你们觉得改良稻种怎样？比旧种好吧？

农民答：你先生作好事，我们不能说坏，可是改良种籽太费钱

第八章 抗战时期贵州山地农业开发的绩效与不足

啦！种籽虽不花钱买，可是要好肥料，要多加人工，还要特别保存，不能和其他种籽混杂，真麻烦！

推广者问：但是改良种籽可以多卖钱哪！

农民答：多卖钱是田地多的人得便宜，我们穷人吃还不够，那有富裕卖呢？①

这种情况并非安徽所独有，实乃欠开发地区农民的普遍心态。这段话表明，农民虽然有改变现状、愿意接受良种的内在驱力，但由于贫穷，以及土地的有限，不得不对科技采取冷漠态度，贫穷成为阻碍农业技术推广的重要原因。

第三，经费依然是制约农业发展的瓶颈。事实上，穷的不仅仅是农民，连政府也穷。贵州受地理条件限制，实业很不发达，财源无法扩大，中央政府给予的补助毕竟有限。因此，投入农业生产中的财政经费就非常有限。这里试举一例。1939年11月，筹办第五区联合农场10个月后，经费难以为继，虽然作为农场主任的胡锡文已经将自己的工资全部垫付在里面，依然不能解决问题："然个人筹垫之力有限，经常支出又不能或缺，近且物价飞涨，生活日高，短工缺乏，长工亦渐露求去之意。复以居屋潮湿，有碍卫生，时生疾病，呻吟床笫，寝食不安，诸如此类，益感困难。"②

第四，农业生产的成本依然较高。如表8-10所示，从生产成本上看，以川陕黔甘四省1945年水稻亩产来比较，贵州的生产成本是最高的，比四川高出37.5%，比陕西高出36.2%，比甘肃高出136%。尤其是在工资上支出最大，这可能是劳动力缺乏的缘故；而肥料占到总成本的20%，这说明贵州的土壤比较贫瘠。贵州和四川用于购买种子的支出较低，这可能是抗战时期水稻品种改良和推广较为成功，让广大农民有了自留良种的条件。

---

① 陶然：《陶辛圩的乡村改良工作》，《中国农村》1937年第3期。
② 《贵州省第五行政督察区联合农场与省农改所往来函电》，贵州省农业改进所 M62-1-172，贵州省档案馆藏。

表 8-10　　1945 年川陕黔甘四省水稻生产成本比较　　单位：元

生产成本	贵州 金额	贵州 比例	四川 金额	四川 比例	陕西 金额	陕西 比例	甘肃 金额	甘肃 比例
工资	15618	46.99%	9943	41.12%	11302	46.32%	7189	51.05%
种子	315	0.95%	251	1.04%	622	2.55%	532	3.78%
肥料	6660	20.04%	3688	15.25%	3345	13.71%	1852	13.15%
农具	945	2.84%	846	3.50%	755	3.09%	419	2.98%
土地	6450	19.41%	5505	22.77%	5134	21.04%	1974	14.02%
投资利息	3247	9.77%	3946	16.32%	3242	13.29%	2117	15.03%
合计	33235	100%	24179	100%	24400	100%	14083	100%

注："金额"指的是每市亩水稻所需的费用。

资料来源：林松年：《川陕黔甘四省稻谷生产成本调查》，《中农月刊》1946 年第 7 卷第 5—6 期。

第五，区域发展严重失衡。在优良作物品种的推广种植方面，受限于自然条件和社会发展水平，地域上集中于公路沿线、平坝、河谷地区，广大山地和民族地区受惠不多。从众多民国方志中可以见到，贵州不少山地和民族地区鸦片等种植仍为普遍，致使农业发展地域上不平衡性愈发明显，加大了经济结构调整上的差距。表 8-11 的调查显示，在一系列相关因素中，交通和土地类型对农业生产的影响最大，从而决定了贫富程度。陈占奎家在交通便利的毕阳镇，土地较为平坦，土质为黏土，这样的自然环境优于其他五个乡的五户人家，故同为佃农，陈占奎家是唯一一个盖得起棉被（其余均为草被）、收支平衡（其余均为入不敷出）的家庭。

第六，频繁的自然灾害影响了农业生产活动的正常开展。抗战时期的贵州是一个自然灾害尤为严重的地区。根据有关统计，自 1937 年至 1945 年的 9 年之间，贵州 80 多个县份中，1937 年发生灾害的有 63 县，1938 年为 16 县，1939 年是 5 县，1940 年有 7 县，1941 年是 18 县，1942 年为 12 县，1943 年有 68 县，1944 年是 24 县，1945 年

第八章 抗战时期贵州山地农业开发的绩效与不足

表8-11　　毕节县农民生活状况调查（1945年5月）

	调查地点	毕阳镇	鸭池乡	八寨乡	对坡乡	官屯乡	长春乡
	农户姓名	陈占奎	彭少文	张天佑	张发云	申少成	杨少成
人口及家畜	男	2	2	2	4	2	3
	女	2	1	4	3	3	1
	能工作者	2	2	3	3	2	2
	不能工作者	2	1	3	4	3	1
	教育程度	文盲	文盲	文盲	小学	文盲	文盲
	家畜	/	/	牛1头	牛1头	/	/
	农制	佃农	佃农	佃农	佃农	佃农	佃农
收支	主要收入	苞谷	苞谷	苞谷	苞谷	苞谷	苞谷
	主要支出	苞谷	苞谷	苞谷	苞谷	苞谷	苞谷
食	米	/	/	/	/	/	/
	苞谷	主食	主食	主食	次食	主食	主食
	荞麦	/	次食	主食	/	/	/
	麦	/	次食	次食	/	/	/
	油	/	/	/	/	/	/
	盐	敷食	不敷食	不敷食	不敷食	不敷食	不敷食
	糖	/	/	/	/	/	/
衣	春季	单衣	单衣	单衣	单衣	单衣	单衣
	冬季	单衣	单衣	单衣	单衣	单衣	单衣
	被盖	棉被	草被	草被	草被	草被	草被
	垫单	草席	草席	草席	草席	草席	草席
	鞋	草鞋	草鞋	草鞋	草鞋	草鞋	草鞋
	袜	/	/	/	/	/	/
	枕	布枕	/	/	布枕	/	/
住	草房或瓦房	草房	草房	草房	草房	草房	草房
	庭院	/	/	/	/	/	/
	家具	/	/	/	/	/	/
行	交通要道	泥路	泥路	泥路	泥路	泥路	泥路
	运输方式	人工	人工	人工	人工	人工	人工
	运输工具	箩担	竹箩	背箩	背箩	背箩	背箩
	是否便利	便利	较便利	较便利	不便利	不便利	不便利

续表

<table>
<tr><th colspan="2">调查地点</th><th>毕阳镇</th><th>鸭池乡</th><th>八寨乡</th><th>对坡乡</th><th>官屯乡</th><th>长春乡</th></tr>
<tr><td rowspan="4">自然环境</td><td>土质</td><td>黏土</td><td>黄色砂土</td><td>黄色砂土</td><td>白色砂土</td><td>黑色砂土</td><td>砂土</td></tr>
<tr><td>气候</td><td>温和</td><td>温和</td><td>温和</td><td>温和</td><td>温和</td><td>温和</td></tr>
<tr><td>地势</td><td>平地</td><td>山地</td><td>山地</td><td>山地</td><td>山地</td><td>山地</td></tr>
<tr><td>寨居或独居</td><td>独居</td><td>寨居</td><td>寨居</td><td>寨居</td><td>独居</td><td>独居</td></tr>
<tr><td rowspan="4">娱乐</td><td>庙会</td><td>/</td><td>/</td><td>/</td><td>/</td><td>/</td><td>/</td></tr>
<tr><td>社戏</td><td>/</td><td>/</td><td>/</td><td>/</td><td>/</td><td>/</td></tr>
<tr><td>赌博</td><td>/</td><td>/</td><td>/</td><td>/</td><td>/</td><td>/</td></tr>
<tr><td>茶馆</td><td>/</td><td>/</td><td>/</td><td>/</td><td>/</td><td>/</td></tr>
<tr><td colspan="2">每年经济情形</td><td>相敷</td><td>不敷</td><td>不敷</td><td>较敷</td><td>不敷</td><td>不敷</td></tr>
<tr><td colspan="2">实际困难为何</td><td>/</td><td>收入少</td><td>保甲苛刻</td><td>收入少</td><td>收入少</td><td>收入少</td></tr>
<tr><td colspan="2">备注</td><td colspan="6">改进意见：1. 彻底改善基层自治工作；2. 每保须创设保国民学校；3. 组织各项合作金融机关</td></tr>
</table>

资料来源：《毕节县农民生活状况调查表（三十四年五月）》，贵州省农业改进所 M62-2-140，贵州省档案馆藏。

为34县，平均每年有27.7个县发生灾害。① 这一时期的贵州自然灾害，囊括了水灾、旱灾、蝗灾、虫灾、雹灾、瘟疫等灾种。其中水灾除1937年外，其余年份每年都有。旱灾以1937年最为严重，63个受灾县份全为旱灾。雹灾在其他南方省区应为稀有灾种，但在该时期的贵州却是年年必发的重大灾害之一。蝗灾、虫灾则在整个40年代都显得格外突出。此外，灾荒程度也非常严重。如1937年全省"灾民四、五百万……饿莩［殍］载道，饥馑相望，此实属百年所未有"②。中国银行一个下乡的农贷员观察到台江县"今年（1941年）天旱，最好只收五成，普遍是三成，一粒不收的亦有"③。频发的天灾，加

---

① 袁晓玉选编：《一九三七至一九四五年贵州自然灾害辑录》，《贵州档案史料》1988年第4期。

② 贵州社会科学编辑部等编：《贵州近代经济史资料选辑（上）》第1卷，四川省社会科学院出版社1987年版，第262页。

③ 《中国银行贵州农放工作周报（台江县，30年9月20日至10月3日）》，中国银行贵州分行 M52-1-171，贵州省档案馆藏。

第八章　抗战时期贵州山地农业开发的绩效与不足

上贵州脆弱的喀斯特生态环境，让灾荒的破坏性更大，往往让灾害发生之地的农业生产遭到毁灭性打击，哀鸿遍野的灾民很难在短时间内恢复农业生产。

第七，战时大规模征调导致劳动力短缺，难以扩大再生产甚至无力生产。到1942年止，西南各省农户中，在征调兵役后完全没有壮丁的，四川为16.2%，贵州为52.5%，云南为22%，广西为21.4%；因征调工役而完全失去壮丁的家庭，四川为14.9%，贵州为31.7%，云南为25%，广西为8.8%。① 可见，贵州的情况尤甚。据统计，1938—1945年全省征兵人员达45万余人，"平均每25名壮丁中就有1人在前线杀敌，每3名壮丁中有1人在后方服役"。总计8年之中，贵州总共出兵人数达675432人（其中志愿军近2万余人）。这个数额占当时全省壮丁数（约为160万人）的42.2%，全省总人口数（约1050万人）的6%。但这种征调严重破坏了农业生产力，是阻碍贵州农业发展的一个重要因素。

---

① 周天豹、凌承学：《抗日战争时期西南经济发展概述》，西南师范大学出版社1988年版，第206—207页。

结束语

抗战时期国民政府在包括贵州在内的西南地区大力推进农业生产，是为战时统制经济服务的。国民政府在农业推广方面作用显著，但仍摆脱不了因抗战所需导致的临时性"运动"特点，可谓时间短、任务重、要求高，规划也多于实施。

需要指出的是，虽然贵州农业的迅猛发展随着抗战胜利人员回迁而遭重创，但是本省的农业机构依然艰难地运转着，本省的技术人员依然坚守在岗位上。因此，战后的贵州农业，发展的步子虽然慢下来了，但是并没有停滞。至1948年，省农改所仍然在坚持改进和推广美烟、油菜等，如推广优良烟苗和油菜良种，繁殖优良烟草纯种和油菜良种，指导建筑烤房，修建示范性烤房，会同贵阳社会服务处合办美烟栽培、烘烤技术训练班，分发该所编印的《美烟之栽培及烘烤浅说》和《油菜浅说》，调查全省美烟栽种面积及株数、油菜栽种面积及产量等。① 因此，我们不认为贵州农业的发展因抗战胜利戛然而止，相反，我们认为，战后的农业赓续着战时的农业政策和技术，在向前发展着。

最后，笔者愿意以著名学者、翻译家林同济先生1940年由重庆经川黔滇公路到昆明的一番经历所引发的对山地文明的思考和感叹作为本书的结束语：

---

① 《贵州省农业改进所三十七年度中心工作报告》，贵州省农业改进所 M62-2-167，贵州省档案馆藏。

我们中国文明，一向是在平原上发展，偏重于利用平原；对于山地的价值，始终不了解。我们这次经历了一千公里的山地，尽是牛山濯濯，不见一座森林。我心中起个怪感：一个民族，数千年来，对一切崇高的天然遗产——山——不断地摧残、剥削、蔑视，终不会有好报的。山地弄得全部濯濯之日，就是我们民族富力扫地、精神扫地之日！现在局面，已经迫着我们这个"平原为基"的民族，来到"山地"上寻求复兴的柱石。我们必须要认识山地，爱护山地，发挥山地的威力——养林、开矿、牧畜、果艺……换言之，创造"山地文明"以补我们数千年"平原文明"之不足。即进而就民族精神方面来说，"平原型"的精神，博大有余，崇高不逮。我们这个平易中庸的民族，所急急需要的，也许正是一股崇高奇险的"山地型"气魄！[1]

---

[1] 林同济：《千山万岭我归来》，《旅行杂志》1941年第15卷第5期。

参考文献

一 档案、方志、文史资料

贵阳市志编纂委员会编:《贵阳市志·科学技术志》,贵州人民出版社 1990 年版。

《贵州大学校史》编写委员会编:《贵州大学校史丛书贵州农学院分册》,贵州大学出版社 2007 年版。

贵州省档案馆编:《贵州省农业改进所》(贵州省档案研究史料丛书),贵州人民出版社 2006 年版。

贵州省地方志编纂委员会编:《贵州省志·供销合作志》,贵州人民出版社 2003 年版。

贵州省地方志编纂委员会编:《贵州省志·农业志》,贵州人民出版社 2001 年版。

贵州省地方志编纂委员会编:《贵州省志·水利志》,方志出版社 1997 年版。

贵州省农田水利贷款委员会档案,全宗号:M61,贵州省档案馆藏。

贵州省农业改进所档案,全宗号:M62,贵州省档案馆藏。

贵州省黔东南苗族侗族自治州地方志编纂委员会编:《贵州省黔东南苗族侗族自治州志·农业志》,贵州人民出版社 1993 年版。

贵州省铜仁地区地方志编纂委员会编:《铜仁地区志·农业志》,贵州人民出版社 2010 年版。

贵州省政协文史与学习委员会编:《贵州文史资料选粹·政治军事

篇》（上卷），贵州人民出版社 2010 年版。

民国档案，全宗号：1，黔东南州档案馆藏。

袁晓玉选编：《一九三七至一九四五年贵州自然灾害辑录》，《贵州档案史料》1988 年第 4 期。

政协贵阳市南明区委员会文史资料委员会编：《南明文史资料选辑》第 13 辑，1995 年。

政协贵阳市委员会文史资料委员会编：《贵阳文史资料选辑》第 11 辑，1984 年。

政协贵州省平坝县文史资料研究委员会编：《平坝文史资料》第 1 辑，1984 年。

政协贵州省贵阳市委员会文史资料研究委员会编：《贵阳文史资料选辑》第 37 辑，1993 年。

中国人民政治协商会议西南地区文史资料协作会议编：《抗战时期西南的金融》，西南师范大学出版社 1994 年版。

中国人民政治协商会议西南地区文史资料协作会议编：《抗战时期西南的科技》，四川科学技术出版社 1995 年版。

中国第二历史档案馆编：《国民党政府政治制度档案史料选编》，安徽教育出版社 1994 年版。

中国银行贵州分行档案，全宗号 M52，贵州省档案馆藏。

重庆市档案馆编：《抗战时期国民政府经济法规》（上下册），档案出版社 1992 年版。

二 报刊

《农业推广通讯》

《农报》

《中农所简讯》

《农林新报》

《中国农民月刊》

《工作竞赛月刊》

《中国合作》

《中国农村生活》

《中农月刊》

《农业通讯》

《农情报告》

《合作指导》

《中国农村》《金融周报》

《中国建设》

《边疆半月刊》

《西南导报》

《贵州企业季刊》

《贵州经济建设》

《贵州合作通讯》

《贵州农矿公报》

《四川省合作通讯》

《浙大农业经济学报》

三　资料汇编

陈玉伦编：《贵州省第五区区农场概况》，1947年。

贵州社会科学编辑部等编：《贵州近代经济史资料选辑（上）》第1卷，四川省社会科学院出版社1987年版。

贵州省人民政府财政经济委员会编：《贵州财经资料汇编》，1950年编印。

贵州省政府秘书处：《黔政五年》，贵州印刷所1944年。

《贵州统计年鉴》（1947年），贵州省政府统计室编印。

国民政府主计处统计局编：《贵州省统计资料汇编》，1942年。

秦孝仪主编：《革命文献·抗战建国史料——农林建设》（一、二、三、四），中国国民党中央委员会党史委员会1986年版。

严中平等编：《中国近代经济史统计资料选辑》，中国社会科学出版社2012年版。

于永滋等编：《贵州省合作委员会附设合作函授学校讲义集》，贵州省合作委员会附设合作函授学校 1941 年印行。

张肖梅：《贵州经济》，中国国民经济研究所 1939 年版。

中国工程师学会贵阳分会编：《一年来黔省之工程事业专刊》，1947 年。

周开庆主编：《经济问题资料汇编》，台湾文海出版社 1979 年版。

四 专著

丁道谦：《贵州经济地理》，商务印书馆 1946 年版。

丁道谦：《贵州经济研究》，1941 年版。

《贵州六百年经济史》编辑委员会：《贵州六百年经济史》，贵州人民出版社 1998 年版。

贵州省档案馆编：《贵州社会组织概览（1911—1949）》，贵州人民出版社 1996 年版。

《贵州通史》编委会编：《贵州通史》第 4 卷，当代中国出版社 2002 年版。

何长凤：《吴鼎昌与贵州》，贵州人民出版社 2010 年版。

何辑五：《十年来贵州经济建设》，南京印书馆 1947 年版。

冀朝鼎：《中国历史上的基本经济区与水利事业的发展》，朱诗鳌译，中国社会科学出版社 1981 年版。

姜汝祥：《市场、政府与社会变迁——平塘研究（1911—1993）》，贵州人民出版社 1998 年版。

陆仰渊、方庆秋：《民国经济社会史》，中国经济出版社 1991 年版。

莫子刚：《贵州企业公司研究（1939—1949）》，贵州人民出版社 2005 年版。

沈骊英等：《贵州之小麦》，经济部中央农业实验所 1940 年印行。

寿勉成：《合作与国民经济建设》，1940 年版。

王慧军：《农业推广学》，中国农业出版社 2002 年版。

王荣辉、李俊：《近代中国农业推广研究：1912—1937》，四川大学出版社 2018 年版。

魏文享：《国民党、农民与农会——近代中国农会组织研究》，中国社会科学出版社 2009 年版。

萧正洪：《环境与技术的选择：清代中国西部地区农业技术地理研

究》，中国社会科学出版社 1998 年版。

熊大宽编著：《贵州抗战时期经济史》，贵州人民出版社 1996 年版。

张迦陵等编：《贵州威宁毕节铜仁荒地区域调查报告》，农林部农垦总局编印 1942 年。

张燕萍：《抗战时期国民政府经济动员研究》，福建人民出版社 2008 年版。

周天豹、凌承学：《抗日战争时期西南经济发展概述》，西南师范大学出版社 1988 年版。

周元春等：《贵州近代史》，贵州人民出版社 1987 年版。

朱斯煌主编：《民国经济史》，上海银行学会 1947 年。

［美］李丹：《理解农民中国》，张天虹等译，江苏人民出版社 2009 年版。

［美］彭慕兰：《腹地的构建——华北内地的国家、社会和经济（1853—1937）》，马俊亚译，社会科学文献出版社 2005 年版。

五　论文

戴斌武等：《抗战时期的贵州农村合作事业》，《贵阳金筑大学学报》2004 年第 2 期。

邓丽群：《中央农业实验所在中国近代作物学发展中的作用》，《南京农业大学学报》（社会科学版）2019 年第 3 期。

傅宏：《抗战时期贵州的农业合作运动》，《贵州师范大学学报》（社会科学版）2000 年第 4 期。

顾朴光：《抗日战争时期贵州农林牧业概述》，《贵州民族学院学报》（哲学社会科学版）2001 年第 4 期。

郭建新、惠富平：《〈中华农学会报〉与近代农业科技传播》，《西北农林科技大学学报》（社会科学版）2022 年第 2 期。

韩义义：《贵州省农业改进所发展概况》，载贵州省档案馆编《贵州省农业改进所》，贵州人民出版社 2006 年版。

孔玲：《抗战时期"贵州农业改进所"对贵州农业经济开发的推动作用》，《贵州社会科学》1995 年第 3 期。

李国志：《竺可桢与贵州》，《贵州文史丛刊》2001 年第 3 期。

李力庸：《走出实验室——抗战时期农产促进委员会的农业推广事业（1938—1944）》，《两岸发展史研究》第 6 期，台湾"中央"大学历史研究所 2008 年 12 月。

林建曾：《抗战时期贵州农业的发展及其特点》，《贵州社会科学》1996 年第 6 期。

林建曾：《抗战时期贵州农业经济与现代科技》，《贵州文史丛刊》1999 年第 1 期。

马国君、聂雨欣：《抗战时期贵州茶政及其影响研究》，《古今农业》2021 年第 1 期。

莫子刚：《抗战时期贵州役政之初探》，《抗日战争研究》2008 年第 4 期。

莫子刚：《试论抗战时期国民政府发展"民众教育"的政策与措施——以贵州为例》，《贵州社会科学》2008 年第 2 期。

沈宗瀚：《抗战时期的粮食生产与分配》，《中华农业史：论集》，台湾商务印书馆 1979 年版。

王裕年：《抗战时期贵州省农田水利之发展》，《长江志通讯》1987 年第 4 期。

吴遵林：《抗战时期贵州农业科技发展的启示》，《贵州社会科学》1997 年第 3 期。

夏如兵、由毅：《科学与企业的耦合：穆藕初与中国近代植棉业改良》，《中国农史》2021 年第 3 期。

严奇岩：《历史上的"三无"环境与贵州旱情的特殊性》，《理论与当代》2010 年第 6 期。

杨伟兵：《贵州省农艺作物的品种改良与农业发展（1938—1949）》，《贵州文史丛刊》2012 年第 2 期。

杨伟兵：《由糯到籼：对黔东南粮食作物种植与民族生境适应问题的历史考察》，《中国农史》2004 年第 4 期。

曾庆于：《浙大农学院西迁湄潭时的科研活动》，《贵州文史丛刊》1989 年第 1 期。

朱英：《辛亥革命前的农会》，《历史研究》1991 年第 5 期。

附 录

贵州省农业改进所概况

民国三十五年十二月

目次

前言

 一 沿革及组织

 二 设备

 三 经费

 四 各系会工作概况

  （一）农艺系

  （二）森林系

  （三）园艺系

  （四）农作物病虫害系

  （五）畜牧兽医系

  （六）蚕桑系

  （七）农业经济系

  （八）农业推广联合委员会

 五 附录

  （一）贵州省农业改进所组织规程

  （二）贵州省农业推广联合委员会组织规程

  （三）贵州省区农场组织规程

  （四）县农业推广所组织规程

  （五）贵州省农业改进所现任工作人员名录

（六）贵州省农业推广联合委员会委员名录
（七）贵州省各区农场场长名录

前　言

本所成立虽仅八载，以历任皮、虞两任所长之努力规划，基础粗立。不意敌寇西侵，湘桂连陷，33年冬月，敌骑直逼黔南，本所虽奉令紧急疏散，然事起仓促，缺乏交通工具，且秩序过于紊乱，致所内重要仪器、标本、图书、用具大部遗失，多年育成之优良稻麦种子、林木苗株全部荡然无存。汝南奉命长所，适在胜利复员之际，迄今一年，幸赖层峰领导及所中同仁之协助，萧规曹随，勉复旧观。惟本所经费奇绌，一切预定计划均未能按序进行。然各同仁均就可能范围内从事研究及实验，以期对本省农业尽最大努力。兹值来所一周年，特将本所过去及现在工作情形、未来工作计划择要缀成斯篇，藉供关心本所事业者之参考。尚乞各农业先进、社会贤达有以教正，是所幸甚！

杨汝南谨志
民国35年11月

一　沿革及组织

本省僻处西南，山多田少，地瘠民贫，农业衰落，生产低微。历任省政当局虽不乏出其全力从事倡导扶持，以谋改进本省农业，然或以无一定政策，朝令夕改，或因政局杌陧，功亏一篑，岁月迁延，遂致多年来鲜有成就。26年冬，省座吴公鼎昌适于全面抗战之际来主黔政，下车伊始即以革新本省农业、繁荣农村经济、增加后方生产、加强抗战力量为主要施政方针，乃由建设厅商请农林部及中央农业实验所筹组贵州省农业改进所，专负改进全省农业之责。当时决议，所有经费由省政府与中央农业实验所平均负担，技术方面则由中央农业实验所派员协助。

27年3月，由中农所推荐经济部皮技正作琼充任本所第一任所长，会同本省建设厅共同商讨进行。3月17日，组设筹备处于建设厅内，当选定南门外油榨街原省立林场为所址，并将原省立农事试验场、模范林场及第一第二两棉场合并，以资统筹办理而一事权，及收购本所附近羽高桥民地150余亩，以作为试验用地。基础既定，乃于27年4月1日，呈报本所正式成立。此本所自筹议以迄成立之史略。

本所成立伊始，内部组织计分农艺、森林、畜牧兽医、柞蚕、农业经济5系及防治水旱研究、总务2室，分任各项技术研究及事务工作。一面应事业之需要，先设立施秉棉业试验场（现更名施秉美棉繁殖场）、农事试验场及农具制造厂。次年2月，呈准省府将水旱防治研究室改为农业工程室，并增设植物病虫害研究室，设置遵义柞蚕试验场。29年承中央农产促进委员会及贸易委员会之补助成立农业推广委员会，改第二林场为植桐试验场，于清镇、锦屏、铜仁3县成立植桐推广区。31年4月，皮所长辞职，派虞振镛为所长，设秘书室及会计室，改六广门外农场为园艺试验场，植桐试验场为经济林场。32年贵州省兽疫防治委员会及粮食增产督导团裁撤，业务并入本所办理。是年复奉令扩大育苗，增辟图云关苗圃，设立各区区农场。33年增设第六区区农场。34年与湄潭农林部西南兽疫防治处合办血清菌苗制造厂。是年2月，迁园艺试验场来所办理；10月，虞所长辞职，派杨汝南为所长；11月接收镇远农林部经济林场，并入第一区区农场办理。35年1月，接收农林部平坝农场，改为直辖区区农场；6月接收打鱼寨华侨农场（该场现奉厅令转租贵阳市征属工厂办理）。35年9月，接收社会处平坝乾溪农场，并拟具经营计划及经费预算呈厅核准，以备继续经营，俾能成为本所直属之中心农事试验场。

综计本所内部组织，现有农艺、森林、园艺、畜牧兽医、农作物病虫害、农业经济、农业工程、蚕桑8系，及秘书、会计2室，1推广委员会。附属机构，则有农艺系直辖之农艺试验场及施秉美棉繁殖场；园艺系直辖之园艺试验场（现裁撤，业务并所办理）；森林系直辖之图云关第一林场及长坡岭经济林场；蚕桑系直辖之遵义柞蚕试验场；推广委员会直辖之推广辅导区及最近接收之平坝乾溪农场外，尚有第一、第二、第三、第四、第五、第六、直辖区农场7区场。此为本所成立史略及组织大概也。

二 设备

本所成立之初，正值全面抗战开始之际，以经济、交通、人事诸种关系，各项必需设备未能逐步扩充。虽成立之始，曾接收原省立农、林、棉业等场财产，但亦属有限，故述及本所设备，言之实增惭愧。33年秋季，黔南事变突起，筑地逼近战区，人心惶惶，不可终日，政府迭令饬紧急疏散，本所人员及重要设备，一部虽已迁移，然以交通工具缺乏，秩序紊乱，所有存所未及迁移之设备，大部损毁遗失，尤以仪器为多。故现时所存者更属有限，然为使各界充分明了本所内容起见，亦惟有照实公诸社会而已。兹分次列述如后：

（一）土地

油榨街本所，占地219029市亩，其中各项试验用地占202819市亩，所址及农场场址基地占16212市亩，施秉美棉繁殖场146市亩，森林系试验苗圃7市亩；第一林场苗圃地70市亩，林区3652市亩；经济林场苗圃10市亩，林区2400市亩；遵义柞蚕试验山场595市亩。又最近本所接收之平坝乾溪农场，该场总面积计1万余市亩，内水田270市亩，旱地680市亩，茶园100市亩，油茶林3200市亩，油桐2000市亩，果树60市亩，板栗、白杨等140市亩，其余面积尚待开垦。至各区区农场耕地面积计：一区农场52.54市亩，二区农场150市亩，三区农场21市亩，四区农场107.38市亩，五区农场683市亩，六区农场49.5市亩，直辖区农场3060.5市亩。

（二）建筑

本所建筑，计有两层西式楼房1座，共计42间，系28年春季所建。职员及眷属宿舍、其他杂屋等共6座，计42间，系由原省立模范林场旧址改葺而成。种子挂藏室1座，计共4间。农艺试验场管理室1座，计5间。牛舍及养鸡场共2大间。第一林场办公室及宿舍2座，计14间。以上共计房屋125间，系本所自有。另有遵义柞蚕试验场及各区农场等各附属机关及其他租用房屋等，均未列入。

34年盟军驻筑，借用本所基地，建筑营房8座，计70余间。抗战后，盟军返国，全部房屋交由本所接收，本所当即指定为畜牧兽医系血清菌苗制造厂厂址，惟未及迁入，即为后方勤务部第41后方医院强行占用。现本所预定工作未能如期进行，殊为惋惜。

（三）仪器及图书

本所开办时，接收原农林、棉业试验场旧有仪器及成立后添设，计有显微镜10余架，计算机3架，天平12架，照相机5架，测绘器、平板仪、解剖仪、水准仪、编号机、分度仪、求积仪及其他各项仪器，共190余件。中文图书200余册，西文图书90余部，黔南事变时，几全部损失，现存者寥寥无几，殊为本所之大不幸。至其他项器具及办公用物品，亦损失甚多。本年5月，农林部转发善后救济总署交本所畜牧兽医器材，共160余件，又药品61种，本所设备以该系为最完善。

现时本所，计共有仪器180余件，药品60余种，标本230余种，西文图书50余册，西文杂志180余本，中文图书360余册。

三　经费

本所经费，主由国库开支，以系事业机关，除经、临费外，尚有农林部补助之各种推广增产经费、省机械增产经费、棉花推广机构经费、县机构经费、贵阳兴仁辅导区经费。兹将本所历年各类经费收支，列表如后：

贵州省农业改进所历年各项经费收支表

年度	部分别	经费别	预算数	支付数	给字缴款数	备考
31	本所	经常费	27519500	27892372	27128	铺字第1号
32	同	同	65326500	65325493	1007	铺字第3号
33	同	同	84924500	84717938	6562	铺会字第2号
34	同	同	246114300	246076107	38193	所字第1号

续表

年度	部分别	经费别	预算数	支付数	给字缴款数	备考
31	本 所	临时费	13800000	13787220	12780	镛字第 2 号
32	同	同	53429700	53428522	1179	镛字第 4 号，支出□字第 4 号
33	同	同	80812800	80771303	47497	镛会字第 2 号
34	同	同	300000000	299912940	87060	所字第 2 号
31	本 所	岁入类	480000		480000	镛会字第 1 号库据
32	同	同	520000		520000	同
33	同	同	520000		520000	镛会字第 1 号库据
34	同	同	1040000		1040000	岁入字第 001 号
31	合作经费	粮食增产经费	31800000	17874204	19325796	转入基金
32	同	同	45000000	25149434	19850566	同
33	同	同	54000000	50811110	3188890	同
34	同	同	80000000	79951884	48116	同
31	合作经费	棉花增产经费	1090000	503811	586189	转入 32 年度
32	同	同	10586189	10584346	1843	解缴农推会
33	同	同	150000000	13169081	1830919	同
34	同	同	40000000	39924770	75230	同
31	合作经费	省县机构	6143299	5370497	772802	转入 32 年度
32	同	同	6772802	5999864	772938	汇缴农推会
33	同	同	18000000	16115762	1884238	同
34	同	同	20000000	19951606	48394	同
34	合作经费	蔬菜经费	100000000	62720613	37279387	同
34	同	贵阳兴仁辅导区	140000000	139341690	658310	同

四 各系会工作概况

（一）农艺系

本系成立于民国 27 年，迄今已有八载之历史，各项试验基础为已故国内育种专家沈骊英先生所奠定。现今本所推广之改良稻、麦、棉及美烟种子，均系 27 年时本系所征集之省内外材料经数年之育种过程而选得者。本系基础良好，历史悠久，惜乎 33 年冬季敌寇侵入黔南，本所奉命疏散，所内驻兵，本系各项试验材料及农场设备颇受损失，现正设法整理补充，继续推进业务。兹将本系以往研究成绩、正在进行之各项研究试验及未来工作计划分述如下：

1. 以往研究成绩

甲、稻作：

育成优良稻种在贵阳历年试验结果，平均每亩产量：黔农 2 号 588 市斤，黔农 28 号 557 市斤，又黔纯 356 号 625 市斤，较之农家土种，高产 20% 至 30%，且杆强不易倒伏。

乙、麦作：

育成优良小麦品种在本所历年试验结果，平均每亩产量：遵义 136 号 350 市斤，定农 1 号 350 市斤，仁怀 150 号 340 斤。引进良种：金大 2905 号 350 市斤，中农 28 号 360 市斤，较农家土种高产 15% 至 30%，且多为早熟品种。

丙、棉作：

所属施秉棉场历年育成施秉美棉及施秉 465 号等良种，较农家土种高产 10% 至 50%，且纤维长度在 1 寸以上。

丁、玉蜀黍：

育成贞丰 1044 号，产量颇高。惜该项种子在黔南事变时全部丧失。

戊、大豆：

育成黔农 39 号，产量每亩 275 市斤，黔农 30 号 250 市斤，较农家土种高产 10% 至 20%。

己、油菜（芥菜）：

育成芥菜 1144 号及 227 号、油菜 6 号产量均高。惟所有试验材料在黔南事变时全部丧失。

庚、烟草：

引种"美国黄金烟叶"试验成功，丰产质佳，适制纸烟。

辛、麻类：

育成黄麻优良品种"冬不老"，每亩平均产量396市斤，较农家土种高产10%至40%，且易于剥皮。

2. 现在进行之各项试验

甲、稻作：

（1）贵州水稻区域试验：本试验目的在测定各优良品种之区域适应性，以便推广。

（2）贵州省籼稻品种比较试验：本试验目的在育成丰产、质佳、成熟早、抗虫病而不倒伏之籼稻品种。

（3）贵州省粳稻品种比较试验：本试验目的在育成丰产、质佳、成熟早、抗虫病而不倒伏之粳稻品种。

（4）贵州省糯稻品种比较试验：本试验目的在育成丰产、质佳、抗虫病而不倒伏的糯稻品种。

（5）贵州省旱稻品种比较试验：本试验目的在育成抗旱、丰产、质佳、抗虫病之旱稻品种。

（6）贵州省水稻播种期及插秧期试验：本试验目的在测定本省最适合稻作之播种期及插秧期。

（7）贵州省改良水稻繁殖示范：除继续繁殖黔农2号及黔农28号外，并首次大区繁殖最有希望之改良品种黔纯365号，以便来年推广。

乙、麦作：

（1）贵州省小麦品种比较试验：本试验目的在育成丰产、质佳、早熟、抗病、不倒伏之小麦品种。

（2）贵州省小麦收割期试验：本试验目的在测定本省最适当之小麦收割期。

（3）贵州省小麦杂交育种试验：本试验目的在采用杂交育种法，育成最适合本省农情之早熟、丰产、质佳、抗病、不倒伏之小麦品种，本年开始选定亲本杂交。

（4）贵州省改良小麦繁殖示范：继续繁殖金大2905、中农28及遵义136号等优良品种，以供推广。

丙，杂粮：

（1）玉蜀黍育种试验：本试验目的在育得自交纯系，供日后杂交育种，冀得丰产、抗病虫之玉蜀黍品种。

（2）玉蜀黍施肥试验：本试验目的在测定本省玉蜀黍最适当之施肥法。

（3）大豆品种比较试验：本试验目的在育成丰产、抗虫病之大豆品种。

丁、棉作：

（1）美棉品种比较试验：本试验目的在选得一最适合本省风土之优良美棉品种。

（2）中棉品种比较试验：本试验目的在选得一最适合本省风土之优良中棉品种。

（3）美棉摘心试验：本试验目的在比较4种不同摘心方法，冀得一可恃结果，以为摘心方法之根据。

（4）棉田冬作试验：本试验目的在比较6种不同棉田冬作法，冀得一可恃结果，以为本省棉田冬作之根据。

（5）改良棉种繁殖示范：大区繁殖施秉美棉及施秉465号，以供来年推广。

戊、麻作：

（1）黄麻品种比较试验：本试验目的在育成丰产而易于剥皮之黄麻品种。

（2）大麻品种观察实验：本试验目的在观察国外及外省大麻品种可否在本省生长良好。

（3）苘麻品种观察实验：本试验目的在观察外省苘麻可否在本省生长良好。

己、烟草：

（1）美烟品种比较试验：本试验目的在选得一最适合本省风土、丰产质优之烤烟品种。

（2）良种美烟繁殖示范：大区繁殖美国黄金烟叶，以供来年推广。

庚、除虫菊：

白花除虫菊繁殖示范：大区繁殖白花除虫菊，以供推广。

3. 未来工作计划

甲、稻作：

（1）加强本省各地水稻区域适应试验，划定本省水稻自然区域，以便分区推广良种。

（2）加强各项稻作育种试验，集团选种与纯系育种同时进行，以求短期内选得最合理想之优良稻种。

（3）继续举行水稻播种期及插秧期试验，以便测定最适当之播种期及插秧期。

（4）举办稻田冬作试验，以便确定稻田最适合之冬作方式。

（5）举办水稻肥料试验，以便确定最适合本省之肥料种类及施肥法。

（6）大量繁殖优良稻种，以供推广。

乙、麦作：

（1）加强各项小麦育种试验，引种、选种及杂交育种同时进行，以求选得最合理想之优良小麦品种。

（2）举办小麦播种期及播种法试验，以便确定最适合本省之播种期与播种法。

（3）繁殖良种小麦，以供推广。

丙、棉作：

（1）勘测本省适合棉作区域，以便推广。

（2）继续办理各项棉作育种试验，以求选得最适合本省风土之棉种。

（3）办理各项棉作栽培试验，以便确定最适合本省之棉作栽培法。

（4）在本省冬季温暖地带，试种木棉。

（5）繁殖优良棉种，以供推广。

丁、玉蜀黍：

（1）继续玉蜀黍育种试验，各品系举行人工自交，分离纯系，俾供将来杂交育种用。

（2）举行玉蜀黍栽培及施肥试验，以确定最合本省之栽培法及施肥法。

戊、大豆：

继续办理大豆育种试验，集团选种与单株选种同时进行，以期选得最合理想之优良大豆品种。

己、油菜

办理油菜育种试验，研究其天然杂交情况，并加以人工自交，以期选得最适合理想之优良油菜品种。

庚、烟草：

（1）继续办理烟草品种比较试验，引进国内外品种，以求选得最适合本省风土之烤烟品种。

（2）繁殖优良烟种，举行人工自交，防止天然混杂，以供推广，保持纯种。

辛、除虫菊：

繁殖白花除虫菊种子，以供推广。

壬、麻类：

（1）继续举办各项麻作育种试验，选育适合本省风土之优良麻种。

（2）繁殖优良麻种，以供推广。

癸、绿肥作物：

（1）调查本省野生及栽培之绿肥作物，加以试验研究，以便推广，藉求改良本省土质。

（2）引种国内外之著名绿肥作物，以求选得适合本省风土之优良绿肥作物。

（二）森林系

森林系成立于民国27年，迄今已历8载，惜因抗战时期，一切人力、财力均受限制，故成就甚鲜耳。爰将本系过去之成就、现在进行之工作、将来之计划，摘要于后：

1. 以往研究成绩

甲、育苗试验：

举行本省主要造林树种育苗试验及种子物理性之测验，过去已成就者，计有下列各项：

（1）林木种子之发芽及适应性试验，已完成油桐、油茶及泡桐3种。

（2）林木种子播种时期试验，已完成油桐、梧桐、栎树、漆树、皂荚、棕榈、樟、胡桃、茶、构树、枳椇、女贞及油茶等种。

（3）林木种子播种深度试验，已完成油桐、银杏、侧柏3种。

（4）浸种与发芽生长之试验，已完成油桐、梧桐2种。

（5）树苗夏季移植试验，已完成梓木、杨槐、滇楸、盐肤木、乌桕、构树、油桐、油茶及栎树等种。

（6）苗木移植试验，已完成樟树1种。

（7）林木种子之贮藏方法不同与发芽之关系，已完成香樟、楝楠及天竺桂3种。

（8）林木种子成熟度与发芽之关系，已完成杜仲及洋槐、白桦等3种。

（9）林木种子基本检定，已完成洋槐、侧柏、女贞、梧桐、马尾松、槐树、乌桕、油茶、麻、栎、楝树、泡桐、枳椇、杉木、梓、香椿等25种。

（10）林木种子生机检查，已完成杉木、侧柏、梓木、梧桐、洋槐及滇楸6种。

乙、森林植物标本之采集及调查工作：

冀明了本省现有森林分布之实况、种类、性质，俾便开发利用，并可作选择造林树种之张本计，故进行调查及采集工作，过去已完成本省东、西、北三区，共采得蜡叶标本703种，计84科，287属，及贵阳市70科，141属，220种。

丙、森林副产试验：

整理原有茶园150亩，试制红茶、绿茶等种。

丁、幼苗生长之研究：

观察苗圃一年生幼苗逐月生长情况，现已完成梓木、洋槐、乌桕、构树、梧桐、楸、杜仲、垂柳、女贞及盐肤木等11种。

戊、杉木形数之查测：

现已完成图云关及长坡岭二处杉木形数之测定。

己、贵阳市木材业调查：

34年开始调查，现已完成该项工作。

庚、森林副产之调查：

本项工作现已大部分完成，并绘就贵州省森林副产分布图。

辛、造林及推广工作：

本所第一林场及经济林场历年来造林1217694株，推广植树179147亩，计10363700株，推广苗木1589331株。

壬、贵阳市区主要树木萌芽期及开花期之观察：

现已获初步结果，计观察洋槐、梓木等80种树木。

2. 现在进行之各项研究试验

甲、育苗试验：继续各项育苗试验。

（1）插条期试验：本实验之目的，冀明了各种树木插条期不同对于成活率及苗木生长之关系。现选定垂柳、柽柳、法国梧桐及银杏等种，自2月起至3月止，分别插条以窥其何时插条为最适宜。

（2）每单位面积各种林木种子适宜播种量试验：本实验之目的在采求各种林木种子适宜播种量，特选定本省主要树种，如梓木、洋槐、滇楸及盐肤木等，每厘地播种量自1市两至5市两止，自34年开始试验，35年继续该项试验工作。

（3）移植期试验：冀明了各项苗木移植之适宜时期，本试验自34年12月开始至本年4月止，每隔一月移植一次，以觇其何时为适宜移苗木时期，供试验树种为洋槐、梓木、女贞、梧桐等苗木。

（4）夏季移植苗木试验：试验之目的在明了夏秋两季幼苗是否适宜移植及成活之百分比与其苗木生长情形。本试验自34年开始，本年继续进行，供试苗木为洋槐、梓、楸、侧柏、乌柏、构树及女贞等种。

（5）林木种子生机检查：本检查之目的在明了林木种子之生机率，以作育苗之参考。除已完成6种外，本年当继续检查其他各种林木种子。俟秋季种子采集后，即开始工作。

（6）桉树栽培试验：冀明了桉树是否适于在贵阳种植，今春本所采集种子在贵阳播种，计大叶桉树种子约1斤许。

乙、森林经理计算：

本省重要树木干解析及杉木林材积及形数测定之编制，除34年完成图云关及长坡岭杉木形数外，本年则进行树干解析，以滇楸及响叶杨为解剖材料，以外并测查一年生各种苗木逐月生长量。

丙、树木萌芽及开叶期之观察：

本观察之目的冀明了各种树木之萌芽及开叶时期，以作育苗造林之参考。本观察于34年3月开始，本年继续进行，期以三年为完成期限。

丁、森林植物标本之采集及调查：

冀明了本省森林分布及森林植物种类统计，倘本年经费许可，拟派员赴红水河流域采集。

戊、育苗造林及推广苗木：

育苗除由森林系第一林场及经济林场本年扩大育苗外，造林则由第一林场及经济林场负责。至于推广苗木，预计明年较本年约多三四倍以上。

3. 未来工作计划

甲、育苗试验：

因范围广大，故自采种起以迄苗木出山为止，其中间所需进行研究试验者甚多，本试验期以十年为完成，以循序渐进之方法，将历年试验结果编成专门报告，以作本省各县负责实地育苗者之参考。

乙、森林经理计算：

继续测定本省主要树木，先自贵阳着手，次则进行其他各县之主要树木解剖，拟于五年内为完成期限。

丙、森林植物之采集及调查工作：

为明了本省森林分布及森林植物之种类起见，除已完成者外，其他各区未进行采集及调查工作者，拟于五年内完成。俟调查完竣后，即着手编制《贵州森林植物志》及《贵州森林概况》二书。

丁、树木性态之观察：

冀明了贵阳市郊主要树木之开叶落叶、开花及结果等之习性。

戊、制茶试验：

明年拟利用科学方法，试制龙井、红、绿茶等种。

己、经济树木之栽培及改进：

经济林木如油桐、漆、乌桕、油茶等，均为本省主要经济林木，每年输出为数颇巨，惜以栽培墨守旧法，不求改进，至生产量日减，品质日劣，亟宜改进，以增生产。

庚、育苗造林及推广：

关于育苗者，除现有苗圃尽量育苗外，将来如经费许可，拟扩充至二三百市亩。至于造林，则按照本所各林场造林施业计划，逐年按步进行。此外，如指导民间造林，以完成贵阳附近荒山绿化为止。再次，关于推广方面，除育成苗木能供自行造林外，其余悉供民间造林之用。

辛、保育林：

本所第一林场蓝家土、季家庄一带之森林，纯为保育林经40年之试验，显著成效，惜为驻军不断砍伐，现犹残存不少，亟应扩充，积极继续保育。

壬、水土保持试验：于荒山被狂风暴雨之袭击作用而发生之冲刷，山崩地塌，危险堪虞。防治之法，惟有于倾圮崩颓之山坡周围或凹陷之处进行造林植草工作，一面清理沟冲，毋使雨水再行流聚，增加崩塌凹陷，以轻水势而减冲刷。迨森林杂草逐渐长成，根之固结作用愈大，腐植层之堆积亦愈厚，此时即为水土保持试验之成功。拟于本所第一林场之崩塌地带，作为试验区，每年造林植草100亩至300亩。

（三）园艺系

本系成立于民国32年，迄今甫经三载。过去成绩，如马铃薯、甘蓝等蔬菜之各项试验及推广记载，于前年黔南事变疏散时全部遗失，迨至去年春，又以迁移场地及人事变迁，致过去成绩几毫无稽考。兹谨陈述34年研究之结果，列数如后。

1. 以往研究成绩

甲、番茄品种比较试验：

以本场15个品种，在同样管理下作比较试验，结果以黔园15号为最佳。

乙、甘蓝播种期试验：

结果以 4 月播种，8 月收获者，结球率达 70%，结球平均直径为 15 厘米，每球平均重量为 1060 克，但结球松。5 月播种，9 月上旬收获者，结球率达 60%，平均球径达 12 公分，平均重量为 1030 克，结球松。6 月播种，10 月下旬收获者，结球率达 58%，球径 12 公分，平均重量 800 克，但结球紧。

丙、番茄整枝试验：

供试品种为黔园 14 号，其结果以 100 株为平均，单株产量：单杆式为 1710 克，双杆式为 1650 克，四杆式 1600 克，不整枝 1500 克，以单杆式之单株产量最高，果实之平均直径亦最大，为 8 公分；四杆式最低，果实亦最小，平均直径仅为 5.6 公分。

丁、推广：

向农家推广番茄 157 市亩，四季豆 70 市亩，甘蓝 60 市亩，胡萝卜 56 市亩，菠菜 153 市亩，莴苣 46 市亩，花椰菜 103 市亩，茄 36 亩。

2. 现正在进行之各项研究试验

甲、果树：

（1）调查本省优良果树品种，藉资研究繁殖。

（2）调查本省最著名果树，如威宁、惠水之梨，兴义、罗甸、惠水之柑橘，清镇、修文之花红，赤水之荔枝，藉明了其分布及产销状况，以供研究改进之参考。

（3）惠水金嘴梨与野梨砧、海棠果树之芽接亲和力观察。

（4）桃树整枝方法与结果之影响观察。

（5）桃、李砧木之培育。

乙、蔬菜：

（1）洋葱之春季播种期试验。

（2）番茄与茄及南瓜品种观察实验。

（3）洋葱与石陌花椰菜等之引种栽培。

（4）继续甘蓝之播种期试验。

（5）甘蓝各种扦插法及产量比较试验。

丙、花卉：

（1）繁殖庭院观赏树木。

（2）国内外优良花卉之引种。

（3）品种、形色、高度分区观察实验。

（4）观赏瓜之纯系选种。

（5）大丽花扦插时期及方法之比较。

3. 未来工作计划

甲、果树：

（1）继续调查本省果树优良品种。

（2）就本省优良果树品种，分别于适当区域举行繁殖与推广。

（3）引种适合本省土质、气候之国内外优良果树，藉供研究。

（4）继续果树管理技术上之一般实验。

（5）果实储藏方法比较试验。

乙、蔬菜：

（1）继续引种适合本省土质、气候之国内外优良蔬菜，并大量繁殖以供推广。

（2）肥料施用与比较研究。

（3）以杂交方法育成新的优良品种。

丙、花卉：

（1）搜集本省野生花卉，以供观赏。

（2）蔷薇之扦插时期及方法试验。

（3）以人工授粉方法育成新的花卉品种。

（4）菊花之扦插及嫁接试验。

（四）农作物病虫害系

1. 已往工作概况

甲、植病部分：

（1）调查工作：

①本省各种作物病害之调查：

计大麦病害5种，小麦11种，燕麦3种，油菜4种，蚕豆3种，豌豆3种，崧类3种，笋类3种，莴苣2种，菠菜1种，葱蒜1种、桃4种，梨4种，李3种，梅3种，葡萄1种，柑橘1种，苹果1种，油菜1种。

②本省各地重要农作物病害猖獗度之调查：

小麦以叶锈病为严重，腥黑穗病猖獗于黔西，线虫病以黔东、黔南为普遍；大麦之散黑穗病、坚黑穗病、粉霉病、小锈病，随处有之；燕麦以麦斑病、冠锈病、坚黑穗病为普通；油菜以菌核病、露菌病最普遍。

③本省最重要冬作物种子健康状态之调查：

小麦赤霉病各地皆有，被害多在2%—5%，黔西有达29.7%者，线虫病三合县较严重，小麦腥黑穗病以盘县较严重。

④重要麦种罹锈度之调查：

麦种中褐锈病以金大之2905为最重，黑锈病以南宿州种为最重；美玉种对上两种病皆有强大抵抗性。

⑤贵阳市夏季农作物之病害调查：

稻病害计有8种，玉米3种，高粱1种，大麻1种，大豆4种，小豆2种，豇豆2种，番茄1种，辣椒1种，茄子1种，慈菇1种，棉花4种，烟草5种，菜豆5种。

⑥贵州全省麦病调查：

大小麦之散黑穗病，殆无处无之；小麦杆黑穗病，以贵阳等12县有之；小麦线虫病，以后坪等36县有之；大麦坚黑穗病，以沿河等40县有之；燕麦坚黑穗病，以青溪等11县有之。各病最高被害率为46%—81%，全省每年麦产损失量：大麦257169担，小麦161439担，合计418608担。

（2）推广工作：

①27年度防治麦病试行推广：

推行5县，共计186户，处理种量9747市斗，应用各种温浸处理。

②28年9月中旬，派员12人，分赴定番、贵定、盘县、平坝、安顺等5县，应用碳酸铜粉及本所所制之线虫选除机，指导处理麦种

816担，约施治16300亩之黑穗病及线虫病害，预计可增加收成3717担之麦产。

③29年派员分赴滇省之平彝，及黔省之广顺、盘县、贵定、定番等县，指导农民防治麦病，计37000亩，预计可增产9000余担。

④30年度麦病防治，防治亩数共计12950亩。

⑤调各县推广所职员10人，回省训练麦种检验器械用法。制线虫分离器9架，水温测定器25付，碳酸铜拌粉器14架。派员出发黔东北路及贵筑、惠水一带，实施指导防治。

⑥31年度防治大麦坚黑穗病，麦种共播187112亩，小麦线虫病231813亩，小麦腥黑穗病2678亩，燕麦坚黑穗病13367亩，共计434968亩。

⑦32年、33年、34年防治麦病工作由各县自行推动。

（3）研究工作：

①线虫病害田间诊断准确数之检讨：

调查时，肉眼视之无病而实际有病者占全部病株56.52%，即肉眼所不能见的之病穗，实居半数以上。

②麦种温浸处理用简易水温测定器之制造：

以熔点68℃之石蜡及熔点48℃之凡士林、熔点极低之植物性油，各以不同之分量配合成熔点46℃、50℃、52℃、54℃、56℃五种水温计。

③药剂处理与温度处理效果比较试验：

污染病毒之种子，苟用铜剂或温汤加以处理后，即得恢复应有之产量，而较诸不加处理者，约可增收一倍以上。酒类效果最劣，防治腥黑穗病仅60%，铜剂至少防止75%，温浸最有效，能除腥黑穗病80%以上，治愈95%之散黑穗。碳酸铜效力远不如硫酸铜，在花器传染性病害猖獗之处，非厉行温浸种不可；在种苗传染病流行成灾之时，尽可推广硫酸铜液浸种。

④麦类重要病害病毒接种量与作物发病量之关系：结果探知线虫病毒含量虽仅0.5%，已使作物发病16%，减收产量22%，故染病毒者，不可不严加汰选。杆黑穗病毒含量0.5%时，不显著为害。腥黑

穗病毒含量0.5%之微，已足使作物发病22%，以需防治。

⑤麦黑穗病药剂防治之效果比较：17种药剂中，以昇汞、硫酸铜液、王铜等最有效。施药后，发病率不足10%，产量较不施药者增6倍以上。红砒效力可防止98%以上，但有药害。

⑥线虫病毒土中传播距离之观察：间隔空地二尺以上即绝无传播现象。倘间以大麦，乃能传播二尺左右，间小麦则能传播四尺。

⑦小麦重要病害对于播种期之关系：

散黑穗病发率不受播种期影响。杆黑穗病，于10月下旬后播种者全不感染。腥黑穗病于9月以前播种仅6%染病，线虫病于11月中旬以后播种，发病最多。

⑧小麦黑穗病防治用渐冷温浸法，所需温度及时限之检讨：散黑穗病于48℃温浸3小时或49℃温浸2小时，可收防治之效。腥黑穗病须于49℃温浸2小时，可收全效。抽穗数则经50℃以上之温浸处理，故以49℃至49℃温浸3小时为宜。

⑨麦类线虫、腥黑穗及坚黑穗病毒生存力之探究：干燥虫瘿经45℃温浸3小时即死亡，故可防治黑穗病。线虫对抗药物力极强，故不宜用药剂。腥黑穗病及坚黑穗病对药物抵抗力极弱。

⑩线虫麦病汰除器之制造：此机至少能汰除线虫病麦99.5%，一小时内可选精麦8斗至1担，造价每具30元（28年8月份价）。

⑪碳酸铜粉拌种器之制造：每小时处理麦种七八斗。

⑫探究国内麦种有无对线虫病抵抗力：全国各地1500种纯系小麦中，有25个品种对线虫病有强抵抗性，以徐州麦场选得之一二纯系为最者。

⑬麦病防治试验：温浸处理，手续烦絮，可任温汤渐冷。温浸后，纵因天气恶劣，播前有萌动之虞，与日后之生育产量亦无严重关系。国内黑穗病、线虫病毒，确因地域而异，其性质，在贵阳地方，黑穗及线虫病毒极少有土地传染之可能，故仅处理种子即可防除之。

⑭研究重要麦病病原之形性：线虫潜居瘿粒内部，得水温后，须经二周，方匍出为害。麦苗麦株上所寄生之线虫，至麦孕穗时方集中穗部而迅速成长。麦罹黑点病后，其含筋量、出粉量及发芽力均大

减，产量减 1/3。

⑮探得本所 P. C. 433、P. C. 876 号有强抵抗线虫病毒力。

乙、昆虫部分：

1. 调查工作：

①本省白蜡虫之饲育及近况之调查：详调查报告书。

②油菜病虫害之调查：共 4 种，以潜蝇危害最烈。

③湘黔路经济植物害虫：水稻有害虫 30 种，以稻苞虫、二化螟为害最烈。玉米有 5 种，薯 3 种，大豆 3 种，烟草 2 种，麦类 3 种，油桐 1 种，蔬菜 5 种。

④仓库害虫调查：有米象、麦蛾、大谷蠹盗、谷蠹、豌豆象、绿豆象、锯谷盗。

2. 推广工作：

①蔬菜害虫防治法推广：以往各年度就筑市附近示范推广中农砒酸钙。

②稻苞虫防治推广：以本所自制稻梳及拍板送往各县推广防治，33 年度防治面积约 84000 亩，34 年度防治面积约 191000 亩。

3. 研究工作：

①玉米螟天敌卵寄生蜂寄生率测验：仅 Irchogramma 一种寄生率达 98%。

②玉米螟生活史观察：在夏秋间段落不分明。盖至 7 月中旬以来，无日不检得新鲜卵块。

③水稻秧虫虫害实测：7 月份被害株迟迟不脱萎病之态。8 月间健全株穗头垂下，被害株抽穗较迟，月底仍直挺。9 月份健病差异隐伏。

④割秧尖测验：7 月份割尖者，不及对照区旺盛，8 月底全部抽穗，割尖剩 8 寸者开始抽穗，5 寸者尚未抽穗，9 月份差异消隐。

⑤大豆尺蠖药剂杀除试验：17 种处理中，以用 Redarrow 及除虫菊皂液喷射杀虫率最高。

⑥玉米螟越冬及初夏活动情形之考察：室外帘下过冬，死亡百分率为 5.19%；田间植立过冬，死亡百分率最高仅达 1.49%，以 1、2 月死亡率最高，5 月底至 6 月初蛹化率最高。

⑦土壤色泽、温度与切根虫越冬之影响：以泽润黄土越冬虫存活数最高，干燥之红、黄、黑3种土壤几无越冬存活虫，黑土极湿区越冬存活虫有少数。

⑧冬作与切根虫春季活动之关系：冬作为豌豆时，被害率大；冬作为萝卜，被害率小。

⑨玉米品种播种期避螟检查：以九支白发芽期在5月底者，每株虫孔平均数最小，为0.22。

⑩贵阳玉米螟周年羽化代数及高潮测验：

第一代蛾羽化期5月16日至7月3日，最盛在6月中旬。第二代蛾7月24日至9月9日，最盛期在8月上旬。

⑪稻苞虫竹梳之改良制造：该器适于本省稻田情形，已推广各县。

⑫白蜡虫之研究：过去经刘廷蔚先生主持研究，时间凡6年，结果有研究报告4本，述载甚详。

2. 现在工作概况

甲、植病部分：

（1）调查工作：

①主要作物病害之调查：新发生病害有番茄疫病（Phytophthora intfeston）及烟草疫病（Phtophthora tabaci）。今年（35年）定植后，适逢霉雨，病菌传播迅速，蔓延颇广。其他作物病害，仍如过去调查者，惟小麦腥黑穗病（Tilletia tritici）过去在贵阳附近未曾发生，今年则普遍严重，明年大有猖獗之趋势。

（2）推广工作：

①麦病防治：通令各县照往年防治办法实施，随时呈报本所。本系编印《麦病防治浅说》，重防患于未然，以留种区黑穗未成熟前将病株焚烧为上策。必要时，再行浸种或药物拌种。

②茄科蔬菜疫病防治：就贵阳近郊，劝菜农作高畦排水，焚烧病株，病株所在地土壤，亦拌石灰消毒。

（3）研究工作：

①番茄疫病发生后，防止蔓延处理实效之测验：

方法：一般处理皆加增畦沟深度，拔除病株焚烧之，全园喷波尔多液，停止施用氮素肥料。比较试验结果，分缺株处喷硫酸铜溶液与拌石灰二种，处理前，缺株处编号，并以其最邻近6健全株为1组，以5组为喷硫酸铜溶液者，5组为拌石灰者，即两种处理，各重复5次。另以不加处理者为对照，正进行中。

②拔除玉米黑穗实效之测验：

玉米种子甚大，非浸种、拌种等防治法所能奏效，故惟拔除病穗株及抗病育种二法可行。玉米黑穗病症明显，肉眼检查准确，病株不致遗漏，且病穗孢子未成熟前，其肿大部可供蔬菜食用，味优于茭白。若在该时摘取病穗，即可食用，又可防病，一举两得也。

试验方法：就农艺系玉米育种试验区，注意摘取病穗或拔病株，待翌年观察所播之种子（今年采取者）有无黑穗发生。

乙、昆虫部分：

（1）调查工作：

①食粮作物害虫之调查：随时调查，除过去已知病虫害而外，新发现者有麦负泥虫及稻负泥虫各1种。

②蔬菜害虫之调查：黄芽白及四季萝卜新发生芫菁蜂，甘蓝有另一种粉蝶为害，幼虫黄色，有黑虫纹，一龄以前喜群居，学名为 Pieris protodice。

③稻苞虫为害猖獗度之调查：由各县县政府随时调查各该县受害株百分率，按月报告来所。

（2）推广工作：

①稻苞虫防治：各县防治用具（如稻梳、拍板）皆已备齐，现将最近改良稻拍板装置绘装图说，分发各县，饬令于拍板前添装竹钉5枚，以便于拍毙稻苞虫后，梳伸稻叶。又新制稻钳夹，亦绘制图说附寄各县，于必要时仿制试用。

②蔬菜害虫防治：就贵阳附近设示范农家20户，推广中农特种砒酸钙及土产杀虫药剂。

（3）研究工作：

①土产杀虫植物之研究：土产杀虫植物曾为农家所习用，虽药效不及化学药品，然山野自生，不费一钱。若浓度适当亦可收全效，故

有探究其适宜之配合量之必要。

A. 目的一：探讨苦参、檬子刺、乌头、蔓陀萝、鸦胆子等根、茎、叶、种子各部最有效部分。

方法：以青虫为实验对象，将各植物分根、茎与叶种子三部，各以50、40、30、20、10倍水，分别浸出，加肥皂为水量的十分之一后加药剂为溶液1%。而鸦胆子之种子含油55%，则加药量三分之一的石碱，各处理重复3次，正进行测验中。

B. 目的二：探讨上列药剂对各种蔬菜害虫有效浓度。

方法：以青虫、黄条、跳蚤、瓜虫、芜菁蜂分别供试，各重复3次，正进行测试中。

C. 目的三：探讨鸦胆子乳剂用石碱适当配合量。

方法：以加药量1/2、1/3、1/4之石碱，分别测验其乳化程度及有无药害，正进行中。

D. 目的四：探讨上列乳剂杀虫速率及后效。

方法：附于目的二试验中，记录施药后死虫时间，并观察其后效。

E. 目的五：上列乳剂药效及施药后产量田间比较试验。

方法：就室内试验结果，以各剂最有效配合量实施田间，以秋季甘蓝青虫为供试目标。除上列4种乳剂外，另加巴豆乳剂处理，并加对照区。每小区定植甘蓝10株，各重复4次，随机排列。产量比较以每株地上部分平均重量为标准，品质比较以每株卷心部分（以无绿叶为度）平均重量为标准，杀虫比较以施药1次1日后每株死虫平均百分率为标准。除对照区不施药外，其他各区施药次数及时间皆一律。现进行整地划区工作。

F. 目的六：上列杀虫植物繁殖法之探讨。

方法：巴豆、鸦胆子、檬子刺、蔓陀萝已知只能用种子繁殖，现只作标本栽植。乌头、苦参则用分根繁殖与种子繁殖比较观察，正进行中。

②稻苞虫研究：

A. 目的一：鉴定种属：

方法：弄蝶科种属甚多，本省尚未经鉴定，今拟采集而鉴定之。

B. 目的二：生活史观察：

方法：探悉各代及变态所需时间，各代成虫产卵数，分室内饲养与田间对照观察。

C. 目的三：探悉越冬幼虫死亡率及温度之关系：

方法：分室内温度与室外温度两种比较观察，以铁丝笼6个，内置杂草，各盛成熟虫20头，以3笼置室内，3笼置室外，室内温度自备温度计记录气温，室外温度以贵阳气象所记录为标准，再以三年之幼虫死亡率及气温比较，以明二者相关现象。

D. 目的四：为害猖獗区环象之研究：

方法：研究稻苞虫为害猖獗之地形、山势、荒地情形，并与轻灾区及无灾区比较，研究其有无相关现象。

E. 目的五：天敌之调查及保护、繁殖天敌方法之探讨：

方法：调查天敌之科属、种名，观察其生活史、习性，被寄生虫之习性、保护及繁殖□，待明了其生活史及习性后，依种类而另设计之。

F. 目的六：防治稻苞虫用具之改良与研究：

a. 稻铗钳之制造：铗钳之杆，长2尺1寸，宽厚各8分，两杆中部贯以铁轴，柄部刨为圆柱，杆之他端各附以木板，木板4寸5分见方，前端厚1寸，后端厚5分，木板内侧雕刻三角沟，以两板之沟齿能完全吻合为度。用法以两手握柄使木板分合，拍毙稻上包虫。

优点：工作时不弯腰；省力；拍时无须顾虑，木板是否对准；稍远距离亦能拍到，一人可处理6行稻；木板上有齿，虫体易压破。

b. 稻拍板之改良装置：

将拍板任中一块于背面一端之前方匀钻5孔，加钉竹钉5枚（与板面垂直），钉长1寸5分，直径1分5厘，前端削成尖圆头状，太尖恐伤稻叶。用法：将拍板拍毙稻苞虫后，立即用背面竹钉，梳伸被虫丝缠缚之稻叶。

优点：若无此新装置，拍毙叶上苞虫后，须以一拍板夹置腋下，用空手溜伸稻叶，至为麻烦。有此新装置，则省力省时，工作效率可大为增加。

c. 喷果树用竹质自动喷雾器之制造:

吾国农村经济衰落,即在抗日战争爆发以前,一般农家亦无力购置喷雾器,战时不必谈,战后亦非短时期可能办到,故有以竹质代替铜质制喷雾器之必要。

制造及原理:根据空气压缩原理,用3种大小竹筒,就其竹节构造加活塞球2枚,皮活塞撑1枚制成。喷头开关仿农林部药械厂所制者,全器长6尺,故不需用橡皮管,不另用竹竿支撑。灌药一次,能自动喷射3分钟,制法简易,造价低廉。

③白蜡虫饲育技术之研究:

目的:挂虫时包种虫用最适材料之测验。

方法:分稻草、桐叶、棕3种材料包藏种虫。其比较结果:

A. 稻草包:先将草扎成长6寸、粗1寸半之束,再分开草束,夹种虫其中,再以稻草捆枝上。

B. 桐叶包:用桐叶包好种虫,下方刺孔若干,就每包之叶柄两两联系成一组,用叉杆挂枝上。

C. 棕包:棕剪取3寸见方小块,用麻线将种虫扎其中,一线两端,各扎一包,合成一组,用叉杆挂枝上。

结果:3种材料包种虫,若手术纯熟,皆可采用。然因种虫运到务须迅速挂虫,故包虫、挂虫需多数人同时进行,人多则手术不免优劣不齐者,因此稻草、桐叶两种处理多有弊端。惟有棕包一法,小孩亦能为之,挂虫后万无弊端发生。兹将三种处理优劣比较如下:

比较事项	包扎手续	放虫	时间经济与否	种虫出路	滤雨水	散包机会	材料价
稻草包	难	极难,枝高不易捆绑	放虫时费人力与时间	容易	不良,稻草湿后不易干	极多	
桐叶包	难	容易	时间经济	难	不良	多	低
棕包	容易	容易	时间经济	容易	不良	无	稍高

目的二:天敌之防除。已知天敌为寄生蜂及象鼻虫两种,学名未

定，正观察其习性生活史，以为防除法之根据。现已知两种虫之成虫发生最盛时期在蜡虫卵成熟期及幼虫期之间。

象鼻虫——幼虫发现于蜡虫雌虫内（卵囊内），以蜡虫卵为食料，成虫仍以卵囊为潜伏所，卵囊中卵食完后，方外出能追食已孵化之蜡虫幼虫。若无卵及幼虫可食，卵囊壳亦可充饥。成虫寿命及蜡虫泌蜡开始，至春来生活史及习性，尚待继续观察。

寄生蜂——属卵寄生蜂，羽化成虫孵出后，再嚼穿卵囊壳外出，故被寄生之卵囊，有1/10MM大之圆孔，此蜂是否有第二宿主，或其二代又寄生于蜡虫，尚属不知。

目的三：饲蜡虫林木适宜树型之研究。

方法：就蜡园密植圆头型与庭园疏植高杆型，放虫比较观察。

结果：密植圆头型最适饲虫，故有进一步研究栽植距离、树型剪定与树枝修剪之必要。此将比较结果列表如下：

项目 树型	暴风雨打击力	枝摆动摩擦力	光线空气之流通与否	挂虫难易	收蜡或种虫难易
密植圆头型	可减轻暴风雨打击	密植风力受阻，枝短摆动小，枝摩擦少	阳光不充足，空气不甚流通，适介壳虫科习性	枝矮挂虫容易	枝矮收蜡或收种虫容易
疏植高杆型	易受暴雨打击，排杆前种虫损失极大	枝细长摆动大，枝与枝摩擦机会多	阳光充足，过于通风空气，与介壳虫科习性不适	枝高细挂虫不易	枝高细收蜡或收种虫不易

④五倍子虫饲育法之研究：

农家饲育五倍子虫，皆任其自生自长，至期采取之。凡植有盐肤木树之处，即有此不劳而获之利，然亦有植盐肤木树，而无倍子虫寄生者，系因倍子虫蚜亦如其他种蚜虫，必有其中间宿主植物，吾人尚不知耳。若能调查此植物为何，则可将其混植少数于盐肤木林中，则倍子虫更可任其自然繁殖矣。现本系正进行解决此问题，产倍区各植物上之蚜虫，皆采集而鉴定之，以求寻得中间宿主为目的，当秋季有翅迁移虫发生时，于盐肤木上倍子虫发生前，此调查工作最重要。又冬季越冬卵在何处何树，亦为必须探悉者。

3. 将来工作提要：

甲、植病部分：

A. 玉蜀黍抗黑穗病育种。

B. 玉蜀黍留种区隔离及拔病株预防黑穗病成效测验。

C. 番茄施肥排水与抗病关系之探讨。

D. 麦类留种区隔离及拔病株，预防黑穗病成效测验。

乙、昆虫部分：

A. D.D.T 之仿制。

B. 除虫菊大量栽培。

C. 黄蚂蚁防除法之探讨。

D. 土蚕最有效防除法之探讨。

E. 饲育白蜡虫林木，适宜株距、树型剪定及整枝法之研究。

F. 山地、平地、低湿地留种白蜡种虫比较观察。

G. 五倍子虫接种法之研究。

H. 饲育五倍子虫林木适宜株距、树型剪定及整枝法之研究。

（五）畜牧兽医系

1、以往研究成绩：

甲、畜牧部分：

（1）推广白猪：白猪鬃可供制刷原料，为国际贸易输出之商品，每年外销为数颇巨。本省农民虽以养猪为副业，惟均系黑猪。如能饲养白猪，出产白猪鬃（白鬃较黑鬃价约高2倍），则增加农村经济及国家收益不少。本所因鉴于此，遂有推广白猪之举，于民国28年元月派员赴荣昌购白猪55头，公仔猪10头，迄4月始运抵威宁，举行推广。迨民国30年，繁殖纯种白猪达200余头，与黑色本地猪杂交，产生白色显性杂交猪种，达2000余头，推广成绩良好，乃扩大至水城及贵筑二县。至民国33年初，统计繁殖白色猪已达17000余头。

（2）繁殖山羊：本省多山，适于牧羊。本所为提倡养羊，育成乳肉兼用羊种，特于民国32年初派员赴湄潭一带选购优良母山羊48头，公羊2头。运抵筑后，设场繁殖研究。迄33年秋间，已繁殖山羊70余头，惟产乳量甚少，最佳者每日产乳量仅1磅，产乳期只三四个月，似不适于乳用。至于羊怀妊期记载结果，约125日，小羊产重由3市斤至6市斤。饲养半年，公仔羊可达约20市斤，母羊14市斤至18市斤。公仔羊4个月发情，母羊需6个月至7个月。其余各种试验，为色角等之遗传及屠宰率等，均以事业费中断，现未能继续研究。

（3）畜牧概况及家畜市场之调查：为明了本省畜牧情形以资计划改进之根据，曾拟制调查表格多种分寄各县填报。又各防治人员出发各县工作，亦制定顺便实地调查，结果因各县政府忙于征兵征粮，多无暇填报，兹将22个县份填报本所下乡人员调查结果及简列于后：

①家畜种类、数目及分布：

水牛约383000头　　　黔东南各县

黄牛约467000头　　　全省

马约205000头　　　　黔西一带

山羊约205000头　　　黔东沿河、湄潭

绵羊约50000头　　　　黔西、威宁、大定一带

猪约1265000头　　　　全省，尤以威宁、水城、郎岱等县为多

鸡约3322000头　　　　全省

鸭约815000头　　　　黔东北

②家畜市场：

黔中以贵筑之花溪为最大，每12日赶一场，每场牛只约五六百头至八百头，马二三十头至五十头。黔东北以湄潭之永兴及闵家场为最大，每场牛只五百至一千头，马二三十头至四五十头。黔南以丹寨及独山为最大，每场牛只二三百头至四五百头，马二三十头至五六十头。黔西以黔西及威宁之柯乐为最大，每场牛只二三百头至五百头，马五六十头至七八十头，猪四五百头至八九百头。

乙、兽疫防治：

（1）兽疫调查：本省马、牛、羊、猪等家畜疫病，种类繁多，此

起彼伏，因未有相当之调查研究，以致常有一病数名，或数病同名，于防治上发生极大不便。兹为增加防治效率起见，特请专家调查研究结果：马有马鼻疽、炭疽，牛有牛瘟、牛出血性败血症及炭疽，流行全省，27年曾死亡达5万头。猪有猪肺疫、猪霍乱，每年死亡约一二万头。羊有肝胫，每年死亡五六千头。鸡有鸡瘟及鸡虎列拉，死亡甚多，无确实统计。

（2）防治实施：民国27年，本省全东北各县牛瘟流行，告急电文纷至沓来。幸得中央农业实验所资助组织兽疫防治委员会，并成立兽疫防治督导团，积极进行紧急防治。经时半年，疫势稍平，即告结束，业务仍由兽疫防治委员会继续办理，采分区防治办法，各区行政专署派防治人员三四名，常川驻署，随时分赴各县防治。迄33年，该会奉令撤销，人员及业务并入本所畜牧兽医系。兽疫工作，至此基础略奠。转侧重于政治方法防治，省府公布《各县兽疫防治实施办法》，令饬各县组织兽疫情报网，并列兽疫防治为各县级考绩之一。兹将历年防治结果，列表如后：

贵州省历年兽疫防治统计

年份	发生	死亡牛数（头）	死牛价值（元）	防治	保全牛只（头）	保全牛只价值（元）
24—27	21县	41536	1038400	73县	140087	3502176
28	10县	5571	178550	10县	562	28100
29	28县	57376	13811970	28县	94854	14001050
30	34县	47103	16847500	34县	32300	7796770
31	11县	17483	19199200	11县	24100	1943600
32	11县	1381	2319902	11县		8452000

丙、生物药品之制造：

本省每年用于防治之菌苗及血清为数众多，均完全由川桂供给，每因交通不便，运输困难，常有药品失时，或缓不急。为解决是项困难，民国28年成立血清厂，虽以战时物质缺乏，但仍能制出供应，据实验应用报告，效力尚确。惜于民国34年黔南事变，筑市奉令疏散，本所血清厂房屋及设备，为过境军民拆毁，现尚未能恢复工作。兹将历年出品名称及数量列后。

年份	牛瘟菌苗	牛瘟血清	败血症菌苗	败血症血清	备考
29	66600	73000			
30	160400	289000			
31	25000	50000			
32	89000	136000	12000		单位为公摄
33	5400	45000	12100	4000	
34			7000	19560	
合计	346400	5936000	24100	4000	

2. 现在进行之各项研究试验：

甲、畜牧部分：

繁殖耕牛、推广乳用种牛：本所奉令接收农林部湄潭耕牛场荷兰公牛2头，乳用土黄牛40余头，现已赶运回筑，设场继续繁殖推广，预计今年可繁殖耕牛20余头，另有杂交乳用牛50头。

乙、兽疫防治：本省兽疫经数年之防治，基础奠定，年来兽疫无大流行，惟尚有零星散发。本年3月间，贞丰县报有牛瘟，曾派员驰往防治，治疗20余头，预防注射100余头，工作月余，即告平息。4月份，据册亨、安龙等县报称发生牛瘟，除即派员携大批生物药品及药械驰往防治外，并函请农林部西南兽疫防治处派员协助防治，为时月余，业告平息。5月据罗甸报称发生牛瘟，经派员携大量血清、菌苗及药品器械前往防治，时经月余亦告平息。

丙、试办耕牛保险：本所为推行兽疫防治、发展畜牧事业，特与贵阳中国农行合作，试办独山县耕牛贷款与保险，计投保牛只200余头。农民深感兴趣，现派员驻独山，继续与农行合作办理。

丁、制造生物药品：本所血清厂目前尚无法恢复工作，已如前述。兹为补救用药起见，经商得农林部西南兽疫防治处同意，互相合作，派员并携带一部分仪器药品，前往该处协助制药，本省紧急防治兽疫，遂得配合完成。

3. 未来工作计划：

甲、畜牧部分：

（1）繁殖耕牛：将接收农林部湄潭耕牛场移交之耕牛50余头继续繁殖，并以寄养种畜办法推广于民间。

（2）繁殖推广乳用牛：将农林部拨发之荷兰公牛及善后救济总署分拨之瑞士乳用牛设场自行纯种繁育外，并设配种站举行杂交，普遍改良民间牛为乳役兼用，以增人民营养。

（3）增加羊毛生产：本省威宁及其附近各县，天时地利适于饲养绵羊，现有羊数达四五万头。惜品种驳杂，羊毛量、质均不佳。拟引入优良外种，增加毛产，以裕民生，

乙、兽疫防治：今后本省兽疫防治工作，仍以防治牛瘟为主要目标，猪瘟、猪肺疫及出血性败血症次之。防治方法，应采取分区与巡回混合制。分区制即依照行政区域，各区署派防治指导员四五人，常川驻署，平时按季出发所属各县调查畜牧概况，以备提倡发展畜牧之参考。巡回制即所方组防疫队，以应各区、各县疫势扩大，协助紧急防治。

丙、恢复血清厂：本省现需防治药品仰给于西南兽疫防治处，该处所辖范围五省之广，且战后复员，该处有迁离本省之可能，彼时本省防治用药不免发生不便。为配合防疫之急需，亟应恢复血清厂，目前人才及一部分药械均尚具备，惟缺乏经费耳。兹已专案呈请省府拨发专款，办理复原。

丁、继续举办耕牛保险并扩大至各县：34年秋，本所与中国农行合作试办独山耕牛贷款及保险，农民深感兴趣，推行兽疫防治亦因之便利。拟继续办理外，并扩大于各县。

戊、训练人才：本省籍畜牧兽医人才至感缺乏，与其他各种事业同。估计未来需畜牧兽医高级人才约5到8名，拟请中央派充，或呈请省府考送本省籍之大学生公费留学，毕业后返省服务；中级人员20名至30名，由省府招考高中毕业生而有志于畜牧者，选送国内专

科或大学肄业；初级人才100名至150名，于省训团设班训练，6个月结业，注重实习，分发各县工作。

（六）蚕桑系：

1. 以往研究成绩：

甲、柞蚕林微粒子病原孢子传播试验：

黔省柞蚕微粒子病为害极烈，影响蚕业之发展甚巨。本所有鉴于此，于32年至33年春，先后就遵义柞蚕试验场研究微粒子病原孢子是否由柞蚕林传播，以作防除本病源之参考。法先择定曾经饲育柞蚕茧儿之柞蚕林，分为：

（1）清山区：于年前冬季将所有柞树、杂草等概行砍伐，普遍用火烧毁，待萌芽后使用。

（2）未清山区：于稚蚕将出前，方将柞林内杂草残株砍伐。届蚕期至，则用无毒种卵每区50公分（约50个母蛾），分成5组，每组卵量10公分编号催青，蚕出同区域内随机饲育，于各规定之区内详细观察其各龄期柞茧发育状况。32年春，因为时间所限，清山区林地未能如规定以火烧过，故改用未经饲育柞蚕之柞林。及至33年春，乃照原办法进行。其比较结果，则曾饲育柞蚕儿之柞林，有病原孢子残留其间，而未经饲育柞蚕儿之柞林，则鲜有病原孢子之存留。

乙、交尾时间试验：交尾时间之长短与受精及孵化大有关系。盖以时间过短，产卵数少，且多不受精，反之过长，则蛾体虚弱。桑蚕曾有详确之研究，在9分钟内即开始射精，柞蚕是否与桑蚕相同，尚无学理之证实。据各地一般柞蚕制种之研究，则采24小时为交尾时间，此是否适宜，实有研讨之必要。本试验系先划分若干单位时间，于每一单位时间中，重复5次至10次，然后计算各时间内各蛾之平均产卵数、收蛾头数及孵化率及其标准差，再于各时间互求总卵、收蛾头数及孵化率之T值有无显著之差异。本试验单位时间，规定为2、4、6、8、10、12、14、16、18、22等10级，试验结果为交尾时间在4小时至10小时为最佳。10小时以上，4小时以内之孵化率及收蛾头数为最劣。故交尾时间，以4至10小时间方行拆对，对于其孵化产卵等最适宜。

丙、选育优良品种试验：查黔省柞蚕向称发达，惟蚕种一项，年年须向鲁、豫购运，因影响柞蚕业前途之发展甚巨，拟就各地购来蚕种中，选育一抗病力强而适合本省环境用之品种，繁殖而推广之。本试验之执行，系将豫、鲁、川及民间土种等为供试品种。第一年先将获得来之蚕种中，将其形色纯正、丝质鲜明而大者，选择烘蛾，复就其蛾体健强，产卵数多而粒大者，并经镜检查无毒之种卵予以催青。蚕出，则分别编号、饲育，详细观察稚蚕期各龄发育状况，随时淘汰其蚕体虚弱有病态之蛾号，并计算其产卵率、孵化率、结茧率等。及至第二年度，仍照上年标准选优办法，取其佳好较为有希望之蛾区雄雌蛾，自行同号交尾，仍分别编号，以一蛾饲育之。如是反复经年选优弃劣，而达所期之目的。本试验尚正继续进行中，其结果如何未便预言，姑将几年来之经过情形，概要述之如次：

查本试验始于32年春，是年因时间所限，未及向各地征集蚕种，则就现有之四川綦江二代种蛾，选择40头，编成40单位蛾区参加饲育，历经严格次第淘汰，去劣而留优者，则该数十蛾区几被弃之完尽。截至35年春，业经四载，尚存7号及25号两系区，并已繁殖达30余蛾区矣。33年春，征得河南种茧，选拔100蛾，编成100区号参加饲育。又得遵义民间土种50蛾，因检查病毒过重，当即摒弃未用。其参与试验之河南种，至今业已三代，尚存38区系，繁殖已至300余区系。34年，复征获民间土种茧100粒，制得母蛾100蛾号，参加迄今，尚存8区系，繁殖亦有30区系。统观上述实验结果，其病毒已呈逐年减轻，其产卵平均及孵化率、结茧率等，虽有差异，或因近亲交配而优劣分离也。拟继续选优数年后，实不难达到所期之目的也。

2. 现正进行之研究试验：

现正进行之各项试验工作，除继续"选育优良品种试验"外，尚有下列二者：

（1）储种温湿度比较试验：查柞蚕种茧保护储藏之温湿度，究以何者为宜，尚未有以证实。盖温湿度之得失对于茧儿之生理及茧家之丰凶，颇有密切之关系，故作储种温湿度比较试验，以作留种之参考。法用种茧若干粒，穿之成串，悬挂于室外东南向之屋檐下，另将一部挂于储茧室中，每天规定5、8、11、14、17、20等六小时，详细记录其温湿度变迁状况。及至来春，则将两处所储藏之种茧作同样烘蛾制种蚕，于同一地区内饲育之，并于稚蚕各龄期中详细观察记载其发育性形，并计算其储种期之平均温湿度及产卵数、孵化率、收茧率等，比较确定储种之温湿度。

（2）冬藏与柞蚕生理之关系及异地性比较试验：查黔省柞蚕难于保留种子，或谓因黔北温度太高，亦有谓柞蚕富于异地性。统观上述两点，则不无因。盖与柞蚕留种有关，故有以学理确定之必要。拟将本场柞蚕所有种茧，半数于今年冬季送往赫章越冬。来春则将遵义、赫章两地越冬种蚕互相交换各半数，就地烘蛾制种，同一环境内饲育，计算其产卵数、孵化率、结茧率等而比较之。

（七）农业经济系：

1. 以往研究成绩：

甲、农业概况调查及农政设计：

（1）概况调查：本所曾就前军事委员会资源委员会在本省所调查之资料，由中央农业实验所派员帮同整理，编成本省《农业概况调查》一种，现已分送无余。

（2）农业普查：28年，本所曾发动全省各县、县以下各级工作人员举行全省农业普查，惟以当时农业状况进展甚速，整理完成后资料已略显陈旧，故未能付印。

（3）剪集经济资料：本所在已往经费尚觉宽裕时，曾订有重庆《大公报》、贵阳《中央日报》、《贵州日报》共3种，平时剪集经济资料，详细分类，年终装订成册。经黔南事变，现只有32年以后者尚完好存在。本年度以经费支绌，只订有《贵州日报》1种，仍继续剪集分类。

（4）农情报告：此种工作，在30年终即已发动，惟以经费、人员及需与各地方机关密切合作之种种困难，时作时息。本年度因公务统计法规之限制及各县农业推广所裁撤之影响，又曾一度中断，惟省级作物生产估计始终照旧进行，供给国内外参考。

（5）实地考察：29年至30年之间，本所曾与中央农业实验所合作，派调查员3人分赴本省各县，作本省主要农作物生产成本、农业金融及佃租制度之调查，同时实地考察农业状况。

（6）农政设计：根据种种研究结果，完成本省农政设计工作两种。

本省农业经营之集约性问题：本系曾研究本省地形及气候等关系，指出本省不宜实行大规模之机械耕种与集约经营。

山地农业：本系曾研究、调查本省山地生产力之状况及其出路，可供山地经营之参考。

乙、专题研究：

（1）农家记账：此项工作为研究农家经济之最好方法，但以两种困难而中缀。

工作人员必须长久继续不断：因记账人员之认识农家与田场及记账工作之训练均须相当时间，人事如有变动，则前功尽弃。

代表性薄弱：此种详细而琐碎之农家记账，只能于一地方择十余户农家继续进行，代表性薄弱，则应用价值自小。但在此次工作以后，关于此项工作之内容，记账、过账、折账方法，账目分类及应备账册种类等，已完成有系统之研究。

（2）冬作制度之建立：本省过去盛行冬季休闲，冬作田地不及百分之一二，而山多田少之处，田地之重复利用极其重要。本所成立以还，对于此项工作即报最大决心，继续努力不辍，历年派人四出实地推动，近已成效大著。

（3）贵州省主要农作物生产成本调查：从本调查研究经营之原理，原为最理想之方法，惜此项工作计算极其烦琐，而本所员额有限，是以积6年之工作，始能期于本年度全部完成。

（4）贵州省农业金融调查：现已完成研究报告一种，待梓。

（5）农产品价格报告：此种工作只有28、29两年资料，曾编成

《贵州省农产品价格报告》一种，惜于黔南事变时全部散失。现工作亦告停顿。

（6）贵州省粮食消费之研究：本所28年曾就视察农业普查之便，在本省各县调查，得有一部分资料。29年夏，委托调查一部分作为补充。随经整理、分析完成专门报告一种。关于粮食问题，现仍继续研究中，其结果将于本省农业刊物陆续发表。

（7）贵州省租佃制度之研究：已完成专门报告一种，待梓。现仍继续研究中，其结果将于本省《黔农月刊》第三期发表一次。

（8）农业合作：合作制度对于农业经营关系甚为密切。本所为研究此项问题起见，曾于31年下半年派员参加社会部合作事业管理局合作工作辅导第二团在本省工作半年，认为农业合作目前有二事最值得注意：

合作社业务：自给经济之农村社会，经济活动比较简单，大规模经营之利益在生产、运销及消费各方面均不易显甚大之效果。比较容易推进者，只有信用业务，为合作事业之核心，业务简单，事业自易发展。

民主管理：一般农民之知识水平甚差，对于开会选举及查账等等，均觉茫然，合作社容易受一二人之操纵。一切业务，如不在民主管理之原则下进行，即失去合作之意义。以上种种，曾有详细报告提供合作主管机关参考。

丙、制作农业统计图表：原有十余种，于黔南事变时散失。

2. 现正进行之各种研究工作：

甲、继续以往之工作：

（1）剪集经济资料：继续办理。

（2）农情报告：在设法推动中。

（3）贵州省主要农作物生产成本调查：现正继续整理分析，期于年内全部完成。

乙、概况调查：

已有资料，即经陈旧，则目前竟无一本完善之本省农业概况足资参考，重行调查之表格，虽已于上年度拟就，但因受公务统计法规之限制，未能分发调查。现在多方商洽中，仍希能实现。

丙、农业统计：本所承办本省公务统计之农业统计部分，惟尚在试行之初。

3. 未来工作计划：

未来工作进展，约可分为两部分说明：

甲、经常工作：

（1）剪集经济资料：可以继续进行。

（2）农情报告：应继续进行。

（3）农家记账：此种工作虽自有其弱点，然究不失为研究农家经济之良好方法，如经费、人力许可，仍继续进行。

（4）农业概况调查：此种工作在农业状况变化甚速时，应5年重作一次，即在平时10年一次，仍应赓续进行。

（5）公务统计所规定之农业统计。

（6）农业经济问题解答：此种工作，为农业机关设置农业经济部门之主要理由，自应视为日常工作之一，必要时须进行专门研究。

（7）制作统计图表。

乙、专题研究：

此种工作，须视实际环境的需要而定。以目前情形而论，举凡农场经营、农业运销、移民垦殖、作物制度、农业劳动力的补充及机械利用等等，均甚为值得注意之问题也。

（八）农业推广联合委员会

1. 概述：

农业研究机关对农业研究、改良所得之结果，必须使能实地达到各农家，农业推广工作等于是一桥梁，连贯二者间，发生密切联系。本所成立后，即开始办理推广，惟初期系由各系、室单独局部办理，嗣以推广材料渐多，区域扩大，深感推广部门有单独成立之必要。29年乃由本所联合农林部农产促进委员会、农林部贵州省推广繁殖站、农林部中央农业实验所、贵州省粮食增产督导团等机关，组织联合农业推广委员会，农推机构方得开始正式树立。34年抗战胜利，以复员区需人孔急,各中央机关在黔人员多先后撤回。为符合实际起见,于35年4、5月,复由本所联合农林部农业推广委员会、农林部西南兽医防治处、贵州大学、贵阳中国农民银行等5机关,组织联合委员会,并决定各机关研究部门不办推广工作,所有材料全部交由联合推委会统筹办理。

2. 历年来工作鸟瞰:

贵州在战时为后方重镇,数年间积极增加粮食产量,以应前、后方需要,促使农推工作长足进展。本会除将所内各系、室试验改良材料直接间接向农民推广外,复对县级推广机构之辅导成立,尤不遗余力。兹略述如下:

(1) 辅导成立基层推广机构:

县农业推广所:辅导各县筹备成立县农业推广机构,至29年划一名称为县农业推广所,是年已成立者全省达63县。至33年,为71县,尚余8县,亦在协助组织中。

区农场:本所在各行政区内设立一规模较大之试验繁殖场,以便协助该区内各农推所。32年在平越、镇远、独山、兴仁、毕节、遵义、铜仁等县成立区农场7处,除试验繁殖良种外,并办理推广工作。

辅导区:34年农林部农业推广委员会为使各县级推广机构健全起见,辅助全省建立推广辅导区,计成立直辖区、兴仁辅导区2处,督导协助该区内工作进行。

(2) 改良材料之推广:

A. 粮食作物改良种子推广:

稻作:本所育成之品种,有黔农2号等78种之多,均极受农家之欢迎。自27年至34年,推广贵筑、遵义、惠水等17县市,计159623市亩。较农家品种,每亩增产量约15%至30%。

麦作:本所育成及引种者,有遵义136号、金大2905号等品种。计自27年至34年止,推广遵义、惠水等12县,共43720市亩,增产量为15%至30%。

蔬菜推广:33年黔南事变后,因盟军及本国部队驻此,一时蔬菜供应甚感缺乏，农林部农推会派员来此协助增产，先后运来四川菜种及救济总署菜种在筑推广。前者尚受农民欢迎，后者以发芽率太低，成效不著。计在贵阳市、贵筑县、独山、遵义等地推广3713市亩。

B. 特用作物推广：

棉作：抗战期间，力求本省棉花能于自给，于28年起试验改良中棉及引种美棉，在施秉等15县区推广。由28年自34年间，共计推广43247市亩，约可产棉1297410市斤。惟以本省环境、气候均不适宜，今后是否再行推广，颇需考虑者。

美种烟草：于29年开始在贵定等县推广，后因种烟经济价值特高，农民已间接推广，普遍种植于贵定、麻江等10余县境，就近年情形看来，其在本省之适应可能性当较棉为大，似为本省特作最有希望者。

（3）冬耕推广：利用冬季休闲农田，推广种植冬作。办理以来，成效特著。计自28年起至33年止，全省各县市总计推广冬耕面积4792677市亩，每亩平均产量以6市斗计，约可增产28756063市担。

（4）造林推广：29年至34年间，共计植树造林1081938株，播种造林584亩，推广苗木1711650株。

（5）其他：

麦病防治：27年至34年间，共防治237274亩。

防治牛瘟：自28年起至34年，共计保全耕牛125627头。

推广荣昌白猪：28年至33年，共计推广17055头。

柞蚕：29年开始推广，33年复由豫购种132000枚在遵推广，计可增加收入800万元。

推广马车：29年起试制双轮马车200辆，推广作农家副业。至目前该项马车，已遍布全省矣。

介绍农贷：自32年起至34年止，介绍农民及农民团体向农行贷款，计分良种收购、生产贷款、农田水利贷款、耕牛贷款等，总额213140306.27元。

历年推广成效比较列表于后：

项目	28年推广数	29年推广数	30年推广数	31年推广数	32年推广数	33年推广数	34年推广数	合计	备考
食用作物 稻				4017亩	13580亩	17026亩	75000亩	109623亩	黔农2号及28号推广于贵筑县、贵阳市、龙里、清镇、惠水等县市，各较农家品种增产15%至30%
食用作物 麦		10767亩	184700亩	110417亩	68905亩	16148亩	17410亩	437108亩	金大2905号、遵义136号推广于遵义、湄潭、惠水、贵阳、贵筑、贵定等县市，可较农家品种增产15%—30%
特用作物 棉				160370亩	116760亩	86150亩	69190亩	423470亩	美国脱脂棉及施秉美棉推广于施秉、湄潭等县，可增棉产1297410市斤
特用作物 烟									烟草自28年推广于贵定、迄今已由民间间接推广于龙里、平越、瓮安等县
蔬菜推广			550亩				3713亩	4263亩	美种蔬菜及川种蔬菜推广全省，尤以贵筑、贵阳、遵义、惠水等县市为多
推广冬耕面积	1194941亩	1879654亩	12328592亩	7119330亩	11813002亩	13590357亩		47926773亩	34年冬耕面积尚未具报，共计各年增产287560638市担

· 274 ·

续表

	项目	28年推广数	29年推广数	30年推广数	31年推广数	32年推广数	33年推广数	34年推广数	合计	备考
造林	植树造林	626716株	32930株	75651株	28175株	100764株	16400株	21310株	801938株	以贵阳市附近为最多
	播种造林	115亩	53亩	68亩	109亩	205亩	18亩	16亩	584亩	以贵阳市附近为最多
	推广苗木	321314株	216825株	252825株	395835株	262378株	176715株	85755株	1711650株	以贵筑县为最多
畜牧	白猪	55只					17000余只		17055只	推广于威宁、水城、瓮安、贵阳、贵筑、平越等县市
	防治牛瘟	561头	74854头	22020头	24170头	3474头		540头	165627头	注射防瘟血清得以保全者, 在黔东北、正东、东南各县最多
柞蚕	河南蚕种		36264亩	46400亩	43396亩	39932亩	1320000枚	33681亩	132000枚	推广于湄潭、遵义、绥阳、正安等县市, 可增收益800余万元
	防治碳酸铜浸麦病泡除线虫	27年 16231亩 195亩					28175亩		237274亩	

· 275 ·

续表

项目		合计	备考
马车推广		508 辆	本所竹簧马车及双轮货车自 28 年至 30 年制出推广者 500 余辆，现全省仿制不下 4000 余辆
介绍农贷	收购改良种子	1314030627 元	32 年贷款 138000 元，收购改良稻种 294 担，可推广面积 7350 亩；33 年贷款 7995749 元，收购改良麦种 28589 担，可推广面积 29972 亩。33 年度贷款 1214303 元，收购改良稻种 48655 担，可推广面积 9731 亩。34 年贷款 30814837 元，收购良种小麦 4454 担，可推广面积 11311 亩
	其他		34 年度生产贷款（美烟）6177000 元，增加收益 147600000 元；耕牛贷款 26410000 元，购牛 401 头；改良农场经营贷款 11327010 元；农体水利贷款 16392980 元

3. 目前工作推进情形：

（1）机构方面：35年2月，以各县经费拮据，经省府会议议决，裁撤各县农业推广所，业务由县建设科接办。目前呈请恢复，已准保留者，有独山1县。本年10月复经省府决议：各县农推所明年元旦一律恢复。尚呈请中者，有遵义、桐梓2县，直辅区继续办理，兴辅区已撤销。在各县农推所未恢复前，各县原有业务除加强各区农场办理外，并辅导县府建设科接办农推工作。

（2）本年度工作计划：除一般业务如造林、冬耕、农贷等，继续督导协助各县办理外，专业推广方面，完全参照农林部农推会，35年度计划，集中贵阳区附近九县市，继续推广改良稻种10000亩，麦种10000亩，蔬菜4000亩，并配合防治病虫、肥料推广等业务。棉作仍在施秉区17县推广。

（3）本年度新举办业务：

①在贵阳区及各区农场举办示范农家：预计贵筑200户，贵阳100户，各区农场试办50户。

②推广鱼苗：已与贵阳水利林牧公司合办，育成鱼苗10万尾，推广稻田养鱼，目前正推广中。

③试办绿肥及堆肥推广：预备采集绿肥种100斤繁殖，于冬季推广，并在贵阳区推广堆肥。

④试办推广水稻秧苗及美烟苗：本年已在本所附近推广水稻秧苗120亩，美烟苗45亩，颇受农民欢迎，明年拟扩大。

4. 预算中之业务：

①创办《贵州农业》月刊：本所原有《黔农通讯》因故暂停，6月份创办月刊一份，现正付印中。

②在花溪成立农业推广示范实验区：与贵州大学、社会处、卫生处等合办，计划正拟定中。

③成立骨粉厂：与企业公司合办，计划正拟定中。

自黔南事变后，所内各系推广资料损失殆尽。今年各县农推所撤销以后，工作推动较感困难，惟贵州过去基础尚好，希望一度整理后农推工作仍可继续迈进。

附言：

以上各项，系所本部各系、会之主要研究试验及推广工作。然其执行则按情形分配在各附属区场，例如农艺系之稻麦杂作等研究试验，在本所所辖之农艺试验场举行；而棉花之研究改良，则在施秉美棉繁殖场；森林系除研究试验及调查工作而外，所有育苗造林在第一林场及示范经济林场；园艺系各项工作则在园艺试验场，蚕桑系所有研究试验工作均在遵义柞蚕试验场。至推广工作，除本所推广联合委员会外，一部分由直辖推广辅导区按计划执行，故本所各直辖区场工作，未及分别叙述，以免重复。又本所附属机构，除上述各区农场而外，尚有第一、二、三、四、五、六及直辖区农场等7区农场，所有研究、试验、推广等工作，大都系本所各系、会工作之重复，以限于篇幅，未及列入，特此附志。

五、附录

（一）贵州省农业改进所组织规程（略）

（二）贵州省农业推广联合委员会组织规程（略）

（三）贵州省区农场组织规程（略）

（四）县农业推广所组织规程（略）

（五）贵州省农业改进所现任工作人员名录（略）

（六）贵州省农业推广联合委员会委员名录

（七）贵州省各区农场场长名录

后　　记

本书是在本人博士学位论文的基础上修改而来的。

从攻读博士学位到博士论文出版，十二生肖都"走"完一轮，我也从一个20多岁的青年学子，变成了一个40岁的中年学人。四十不惑。在此时刻，回首往事，历历在目，令人唏嘘。借此机会，感怀过往、感恩长辈、感谢亲友。

导师朱英教授不嫌我才疏学浅，将我收入门下，这些年来，我诚惶诚恐，生怕给先生丢脸抹黑。先生学问精深、心无旁骛，毕生从事商会史研究（先生称之为安身立命之所在），却始终小心翼翼地守护着学术与名利、史学研究与现实关怀的距离。先生对我的学业指导帮助甚多，从小论文的发表到大论文的写作，先生都倾注了大量的心血。先生之道德文章，值得我终身学习。近代史研究所的严昌洪教授、罗福惠教授、彭南生教授、郑成林教授、魏文享教授、付海晏教授以及答辩委员会主席何晓明教授，他们或授课让我受益，或点评给我启发。我的硕士生导师章育良教授，从学业到工作再到生活，都给予了我太多指导和帮助。虽然我已从其门下毕业十多年，但他仍然一如既往地教导我、关心我、支持我，甚至驱车数百公里参加我的婚礼。

从高中时代开始，"常回家看看"的日子就越来越少，独留双亲在农村日出而作日落而息，当自己努力经营着"小家"时，却很少去关心"老家"，竟然觉察不到，花甲之年的双亲，黑发渐渐被银丝覆盖，而我依然有太多亏欠。我的另一对双亲，不但将他们苦心培养出来的优秀女儿交给了我，而且在我们最困难的这几年中，不断施以最无私的援手，帮助我们迈过一道又一道"坎"，而他们自己却相继病倒。我的岳母是我这一生中遇到的最伟大的女性，没有她对我们的小家庭的最细心的呵护，我的学业很难画上一个句号。多年来，我的姐姐和弟弟给予我多方面的支持和帮助，而我对他们的帮助却很少。

  这些年来，我在异地漂泊如浮萍，谋生坎坷如山路。正是有了一群朋友的陪伴、关心、鼓励、帮助，让我这个异乡之异客，感受到了亲人般的温暖、家乡般的亲切。在华中师范大学求学期间，结识了张荣杰、王瑞庆、舒前毅、何兵、张继汝等一帮好友；在湘潭大学认识的好友张强、刘顺、陈洁、唐波、梁贵超等时常问候，时相帮助。论文写作期间，贵州省档案馆的韩义义先生等，不但赠予我诸多宝贵资料，而且多次为我查阅档案提供力所能及的帮助。我在贵州省社会科学院工作至今，金安江、吴大华、张学立、雷厚礼、王朝新、唐显良、索晓霞、郑云跃、李胜、黄勇等院领导以及于民雄、郭丽、肖勉之等部门领导给予过我诸多关怀和帮助，翟宇、李华红、丁胜、沙飒、张云峰、范松、郭旭、韩缙、李德生、王跃斌、杨星等诸多好友，以关心让我感到暖心，以关爱让我感到友爱。贵山史学论剑会的同仁李飞龙、欧阳恩良、常明明、周石峰、夏保国、肖高华、岳仁崇等以文会友、对文论剑，营造了一隅学术净土。

  本书能够顺利出版，还要特别感谢南京大学历史学院教授马俊亚先生、浙江师范大学人文学院教授王荣华先生、本书的责任编辑刘芳女士和匿名审稿人。经王荣华教授牵线搭桥，在刘芳女士的支持下，蒙马俊亚教授不嫌简陋，将拙稿纳入他主持的教育部人文社会科学重点研究基地重大招标项目"中国经济抗战研究（1931—1945）"中。马俊亚先生虽为史学大家，却为人低调谦和、做事细心细致。在马先生的精心组织下，让后辈如我，有幸第一次目睹六朝古都的风采、有幸第一次见到久仰盛名的俊亚先生。出版期间，频频叨扰先生，于我而言，受益良多，在吾余生，定会时常忆及。

后　记

　　当然，最应该感谢的人，还是和自己相濡以沫多年的"她"。她往往出现在后记的最后，却居功最伟。从恋爱到结婚，从组建小家庭到孕育小生命，十多年来，我们以爱相守、不离不弃，将陪伴彼此到生命的最后。她有一个和她一样美丽的名字——田花。

许　峰

2022 年 6 月 23 日于贵阳花溪